2

18860

BIBLIOTHÈQUE

LATINE-FRANÇAISE

PUBLIÉE

PAR JULES PIERROT.

C. L. F. PANCKOUCKE ÉDITEUR.

BIBLIOTHÈQUE
LATINE-FRANÇAISE
COLLECTION
DES CLASSIQUES LATINS

AVEC LA TRADUCTION EN REGARD

PUBLIÉE

PAR JULES PIERROT

PROFESSEUR DE RHÉTORIQUE AU COLLÉGE ROYAL DE LOUIS-LE-GRAND
ET PROFESSEUR SUPPLÉANT D'ÉLOQUENCE FRANÇAISE
A LA FACULTÉ DES LETTRES DE L'ACADÉMIE DE PARIS.

QUATRIÈME LIVRAISON.

PARIS
C. L. F. PANCKOUCKE
CHEVALIER DE L'ORDRE ROYAL DE LA LÉGION D'HONNEUR
ÉDITEUR, RUE DES POITEVINS, N° 14.

M DCCC XXVI.

SATIRES
DE JUVÉNAL

TRADUITES

PAR J. DUSAULX

NOUVELLE ÉDITION REVUE ET CORRIGÉE

PAR JULES PIERROT

PROFESSEUR DE RHÉTORIQUE AU COLLÉGE ROYAL DE LOUIS-LE-GRAND
ET PROFESSEUR SUPPLÉANT D'ÉLOQUENCE FRANÇAISE
A LA FACULTÉ DES LETTRES DE L'ACADÉMIE DE PARIS.

TOME SECOND.

PARIS
C. L. F. PANCKOUCKE
CHEVALIER DE L'ORDRE ROYAL DE LA LÉGION D'HONNEUR
ÉDITEUR, RUE DES POITEVINS, N° 14.

M DCCC XXVI.

AVERTISSEMENT.

Dans l'introduction placée à la tête du premier volume, nous avons cité seulement quelques-unes des nombreuses traductions françaises de Juvénal : on en trouvera à la fin de ce volume un tableau plus étendu; nous y avons indiqué toutes les traductions ou complètes ou partielles que nous avons pu découvrir, depuis celle de Michel d'Amboise, seigneur de Chenillon (1544), jusqu'à celle de M. Fabre de Narbonne, publiée en 1825.

Je ne terminerai pas cet ouvrage, sans reconnaître ce que je dois à l'utile coopération de M. Lesieur, qui m'a proposé souvent d'heureuses corrections des phrases de Dusaulx. Si je le nomme ici, ce n'est point pour lui faire partager une responsabilité que j'accepte tout entière : jamais, je le déclare, je n'attacherai mon nom à un ouvrage sans en avoir travaillé moi-même toutes les parties avec une scrupuleuse sévérité; à défaut d'autre mérite, je veux du moins qu'on puisse louer dans mes publications un zèle plein de courage et de bonne foi. Mais, au milieu des soins de tout genre que m'impose cette vaste entreprise, si mes collègues et mes amis consentent à m'aider quelquefois de leurs conseils et de leurs recherches, ils ont droit d'attendre de ma franchise la justice que je réclame pour moi-même : c'est là le premier motif de cette libre profession de foi. Peut-être y verra-t-on encore une précaution d'amour-propre, et pensera-t-on qu'en marquant la part de mes collaborateurs, je songe à prévenir, dans l'opinion publique, l'erreur qui leur attribuerait quelque chose de la mienne : c'est un soupçon légitime, et que je n'ose me flatter de n'avoir pas mérité.

Jules PIERROT.

AVIS ESSENTIEL.

Nous donnons, comme dans le premier volume, l'indication des premiers mots des nouvelles corrections dans chaque satire :

Sat. VII. p. 3. jeté sur les muses.... allaient se faire.... lorsque Clio.... Car si vous ne trouvez pas..... Laissons ce vil métier..... inspiré par le laurier. p. 5. il encourage.... sur un autre appui.... compose des vers.... qu'admirer nos vers..... et le talent vieilli.... Apprenez comment.... vous pourrez disposer.... ne payera les frais.... p. 7. nous n'en écrivons pas moins.... Que faut-il pour former.... de soucis et de.... de ses chants.... qui ne sait point.... toute son énergie.... p. 9. L'estomac d'un poète.... dorme à l'ombre.... s'ils n'ont rien.... tant sa voix et..... un histrion dispense..... tu fais ta cour.... où sont les.... p. 11. ainsi l'ordonnent.... produisent aux avocats.... ou si, plus âpre.... leurs poumons.... ont pris place.... p. 13. quatre procès te rapporteront-ils.... Le même sort.... il lui est utile.... Cicéron lui-même.... p. 15. Va, si tu veux vivre.... tu enseignes l'art.... ce qu'il vient de lire.... en est il un qui.... telle est la plainte.... p. 17. on prodiguera l'or..... Passons cet exemple.... p. 19. l'étonnante influence.... d'autres ont gémi.... Le grammairien.... p. 21. d'autant de lampes.... après cela, qu'un précepteur.... et, l'année révolue....

Sat. VIII. p. 45. de pouvoir vanter.... à quoi bon étaler.... si l'on ne se couche.... et de l'autel d'Hercule.... si ses membres épilés.... p. 47. élevé au consulat.... par tes actions.... vieille lampe.... Tu t'enorgueillis.... p. 49. le jurisconsulte.... les plus vigoureux.... qui l'ait nourri.... si la victoire.... Là on ne tient.... dont nous honorons.... Mais laissons là.... p. 51. Pour toi, Ponticus.... privée de l'ormeau.... renoncer, pour la vie.... Lorsqu'enfin, après.... songe aux récompenses.... Mais à quoi bon.... après avoir tout perdu.... p. 53. dont les vaisseaux rapportaient.... Que leur ravir.... ou bien encore.... le farouche Espagnol.... p. 55. si tu sais l'entourer.... place parmi tes ancêtres.... alors la noblesse.... Pourquoi me vanter.... Il est consul.... p. 57. ami respectable.... immole-t-il, suivant.... retourne-t-il veiller.... p. 59. Mais vous, fiers tyrans.... quoi, malgré l'infamie.... Lentulus aussi... on n'a pas droit.... qu'importe le prix.... Cependant cette bassesse.... il y aurait encore... p. 61. s'offre, la tête.... Si la liberté... à ce Néron.... Va donc décorer.... p. 63. Cependant, dignes rivaux... naguère encore chevalier... arrête les Cimbres... p. 65. valaient seuls.... né d'un esclave.... qui franchit à la nage.... j'aime mieux te voir....

Sat. IX. p. 91. il devait trembler... Sans pouvoir... les tourmens où... tu as changé de projets... p. 93. Ce métier a fait... ses billets passionnés... p. 95. de verser le nectar... à chaque anniversaire... Dis-moi, passereau... la montagne qui domine... mais mon esclave... pendant les froids... p. 97. j'ai pour témoins... tu jouiras même... p. 99. fermez portes et fenêtres... mais soyons-le surtout... p. 101. me voilà bien averti... tant que les sept collines... Offre cette riante... pour moi, je suis... d'apaiser avec... vingt mille sesterces.

Sat. X. p. 119. Les dieux trop faciles... mais ce qui est... une farouche cohorte... Voyagez-vous la nuit... p. 121. que nous faisons entendre... porté sur le même... marchant à la tête... p. 123. sa sagesse... Pour lui, méprisant... Il est des hommes... servir de matière... p. 125. ils se rangent du côté... qu'Ajax vaincu... de peur qu'ils... les bruits qui... à l'un les chaises curules... p. 127. des centuries... à la simple magistrature... tant d'étages accumulés... quelle cause... Il envie déjà... p. 129. que n'a-t-il fait... un astre ennemi... une cuirasse attachée... cependant cette gloire... p. 131. Pesez la cendre... envain la nature... cet illustre client... p. 133. d'avouer combien... plus sévère qu'Eole... vous adressez... p. 135. comme celui d'un enfant... Des désirs unis à... qu'importe la place... La fièvre seule... p. 137. l'autre, privé de... mais la démence... il méconnaît jusqu'à... les séductions de cette... Mais qu'il conserve... p. 139. d'avoir pu suspendre... eût construit ses... et Polyxène... tel un vieux taureau... mais enfin, tout affreux... p. 141. Ce Crésus, à qui... fut étendu... mais elle l'implore... p. 143. les avantages de la figure... et la nature, plus... un jour, adultère... p. 145. Demandez à Hippolyte... il est vertueux... le voile, le lit... cette tête charmante... p. 147. Laissons aux dieux... ils aiment... un aveugle élan... s'il faut cependant... qui supporte les peines... Ces biens que je...

Sat. XI. p. 187. Apicius sans fortune... leur créancier, trop... en attendant, tous... leur prodigalité... avec ces habitudes... p. 189. gravez-là profondément... qu'un goujon dans... Ce n'est point un trépas... Voici leur marche... p. 191. ils s'enfuient... ils n'ont qu'un... leur front ne sait... si mes belles... de gros œufs... p. 193. préparait lui-même... morceau de porc... avant l'heure ordinaire... Dans les temps où... p. 195. avait pour toute... C'est sur des plats... p. 197. chez lequel on apprend... et dont le souper... p. 199. il ne connaît que... tu ne verras... il ne porte point... ne te flatte pas... p. 201. à ceux qui... écarte aujourd'hui... S'il m'est permis... p. 203. tu peux sans honte... car elle a...

Sat. XII. p. 227. j'immole une brebis... secoue impatiemment... son sang, en coulant... lui-même d'y avoir... un nuage avait... p. 229. déjà les vagues... il connaît bien... et il voulait... précipiter dans... des bassins... p. 231. Catulle jette... et il est réduit... enfin les flots... On découvre le sommet... p. 233. esclaves, soyez attentifs... de longs rameaux couronnent... p. 235. ressentent le moindre accès... Aussi Novius et... quoiqu'il ne puisse... p. 237. et d'un mot donnera... ce que peut rapporter...

Sat. XIII. p. 253. Calvinus, penses-tu... les regrets trop... p. 255. ose tous les crimes... cependant nous... ignores-tu quel... alors les dieux... p. 257. et le farouche Pluton.... c'était un crime.... en expiation.... p. 259. Il en est qui.... n'hésitera pas à... p. 261. S'ils s'appliquent à... L'audace du crime... tu t'écrieras... tu restes muet... Pourquoi l'offrir... p. 263. de te frapper la poitrine... devant témoins... déposent contre leur... Compare à ton dépositaire... p. 265. fabricateurs de poisons... veux-tu connaître... trop faible pour... p. 267. Suppose que... il te reste donc... Ce n'est pas ainsi que... la bienfaisante philosophie.... c'est un cruel... p. 269. Un Spartiate hésitait.... la crainte l'emporta.... médite un forfait.... la nuit, si ses... ton spectre gigantesque... p. 271. ils ne doutent point... la mobilité et... Rassure-toi...

Sat. XIV. p. 291. Il est bien des vices..... Rutilus peut-il enseigner..... p. 293. Il est heureux.... les exemples domestiques.... Interdisons-nous donc... Ecartez des murs... p. 295. On ne saurait trop... comme il l'est... tu t'agites dans... mais tu t'inquiètes... p. 297. que tu le rendes utile... tels seront encore.... avait la manie de.... c'est ainsi que.... p. 299. Le fils d'un superstitieux.... cependant qu'avec contrainte.... p. 301. Le vice aussi a ses... n'est-ce pas plutôt... paraît plus vaste... p. 303. si j'étais réduit... si tu possèdes seul... p. 305. l'insatiable désir.... jamais il ne sera criminel.... p. 307. va, ne t'inquiète... portez un faux témoignage.... elle passe le seuil... p. 309. et par d'imprudens avis.... naturellement disposé.... ne t'interdis aucun.... cette Thèbes si célèbre.... p. 311. c'est un antidote.... plus amusant que... depuis que Mars.... p. 313. se défendre du froid... une nouvelle flotte... pour revenir.... Mais l'avare... p. 315. tu seras enseveli... lorsqu'après son naufrage... Ces richesses acquises... O fortune, ton pouvoir... Contentez-vous de... p. 317. tempérez-la, j'y....

Sat. XV. p. 337. à quelles monstrueuses... On voit briller... racontait des horreurs... p. 339. Croit-il donc... je vais rapporter un... déteste les dieux.... où quelquefois la.... autant que j'ai pu.... p. 341. D'ailleurs la victoire.... peu ou point de nez.... les pierres, armes.... aussi les dieux.... p. 343. De nouveaux combattans.... la troupe triomphante.... au reste, ceux.... les horreurs d'un... p. 345. dont les corps pâles... oserait condamner... il ne permet pas... ces derniers, il est vrai.... étaient-ils pressés.... p. 347. assez grands pour.... lle plus beau présent.... et à revêtir.... prêtent les grâces.... de porter la torche..... C'est la pitié qui... p. 349. aux animaux que... fit chercher... à bâtir des demeures... immolé des hommes.

Sat. XVI. p. 375. qui pourrait compter.... Poursuit-il son agresseur.... p. 377. et si ma plainte.... et qui voudra courir.... le serment militaire.... encore éprouvons-nous.

SATIRES

DE

JUVÉNAL.

SATIRA VII.

Literatorum egestas.

Et spes et ratio studiorum in Cæsare tantum:
Solus enim tristes hac tempestate Camenas
Respexit, quum jam celebres notique poetæ
Balneolum Gabiis, Romæ conducere furnos
Tentarent; nec fœdum alii, nec turpe putarent
Præcones fieri; quum, desertis Aganippes
Vallibus, esuriens migraret in atria Clio.
Nam, si Pieria quadrans tibi nullus in umbra
Ostendatur, ames nomen victumque Machæræ,
Et vendas potius, commissa quod auctio vendit
Stantibus, œnophorum, tripodas, armaria, cistas,
Alcyonen Pacci, Thebas et Terea Fausti.
Hoc satius, quam si dicas sub judice, Vidi,
Quod non vidisti. Faciant equites Asiani,
Quanquam et Cappadoces faciant equitesque Bithyni,
Altera quos nudo traducit Gallia talo.

Nemo tamen studiis indignum ferre laborem
Cogetur posthac, nectit quicunque canoris
Eloquium vocale modis, laurumque momordit.

SATIRE VII.

Misère des gens de lettres [1].

Les lettres n'ont plus que César qui les soutienne et les anime [2]; lui seul, dans ce siècle ingrat, a jeté sur les muses éperdues un regard favorable, lorsque déjà nos poètes les plus célèbres allaient se faire boulangers à Rome ou baigneurs à Gabie, lorsque les autres ne trouvaient rien de honteux ni d'abject dans le métier de crieur, lorsque Clio elle-même [3], chassée par la faim des bords de l'onde Aganippide, mendiait à la porte des grands. Car, si vous ne trouvez pas même un sesterce sous les ombrages du Parnasse [4], ne vaut-il pas mieux avoir le titre et les profits de Machéra [5], et, comme lui, mettre à l'enchère vases, trépieds, cassettes, l'Alcyon de Paccius [6], la Thébaïde et le Térée de Faustus [7], que d'aller dire en présence d'un juge, *J'ai vu,* quand vous n'avez rien vu? Laissons ce vil commerce à ces aventuriers [8] que l'Asie, la Cappadoce, la Bithynie et la Galatie envoient nu-pieds en cette ville.

Que dis-je? on ne verra plus désormais ces mortels inspirés par le laurier d'Apollon [9], ces créateurs de l'harmonie du langage, contraints de se livrer à des tra-

Hoc agite, o juvenes! circumspicit et stimulat vos,
Materiamque sibi ducis indulgentia quærit.
Si qua aliunde putas rerum exspectanda tuarum
Præsidia, atque ideo croceæ membrana tabellæ
Impletur, lignorum aliquid posce ocius, et, quæ
Componis, dona Veneris, Thelesine, marito;
Aut claude, et positos tinea pertunde libellos.
Frange miser calamos, vigilataque prælia dele,
Qui facis in parva sublimia carmina cella,
Ut dignus venias hederis et imagine macra.
Spes nulla ulterior : didicit jam dives avarus
Tantum admirari, tantum laudare disertos,
Ut pueri Junonis avem. Sed defluit ætas
Et pelagi patiens, et cassidis, atque ligonis :
Tædia tunc subeunt animos; tunc seque suamque
Terpsichoren odit facunda et nuda senectus.

Accipe nunc artes, ne quid tibi conferat iste
Quem colis, et Musarum et Apollinis æde relicta.
Ipse facit versus, atque uni cedit Homero
Propter mille annos. At, si dulcedine famæ
Succensus recites, Maculonus commodat ædes;
Ac longe ferrata domus servire jubetur,
In qua sollicitas imitatur janua portas.
Scit dare libertos extrema in parte sedentes
Ordinis, et magnas comitum disponere voces.
Nemo dabit regum, quanti subsellia constent,

SATIRE VII.

vaux indignes de leur noble enthousiasme. Courage, jeunesse studieuse! notre auguste chef vous contemple, il encourage vos efforts, et sa munificence n'attend que l'occasion de récompenser vos talens. Pour toi, Thelesinus, si tu comptes sur un autre appui, et que cet espoir encourage ta fécondité [10], va, cours jeter au feu tes écrits, sacrifie-les à l'époux de Vénus, ou laisse-les devenir dans ton coffre la pâture des vers. Et toi, brise ta plume, efface ces combats, triste fruit de tes veilles, toi qui, dans un misérable réduit, composes des vers sublimes pour n'obtenir un jour qu'un lierre stérile ou de maigres statues [11]. N'attends rien de plus : le riche avare, tel qu'un enfant à l'aspect de l'oiseau de Junon, ne sait qu'admirer nos vers. Cependant les années s'écoulent; nous devenons inhabiles aux travaux de Neptune, de Mars et de Cérès : dès lors le dégoût s'empare de notre âme, et le talent, vieilli dans l'indigence, maudit et les muses et lui-même.

Apprenez comment le protecteur, pour lequel vous désertez le temple d'Apollon et des neuf sœurs, se dispensera d'être généreux. Il fait aussi des vers [12]; et, s'il le cède à Homère, c'est par déférence pour ses mille ans d'antiquité. Séduit par l'amour des applaudissemens, voulez-vous réciter vos œuvres? Maculonus vous prêtera sa maison [13] : vous pourrez disposer en maître de cet édifice, où les portes, armées de fer, ressemblent aux barrières d'une citadelle [14]. Il ira même jusqu'à disposer ses affranchis au fond de la salle, et préparer en votre faveur les voix sonores de ses cliens. Mais aucun de vos riches patrons ne

Et quæ conducto pendent anabathra tigillo,
Quæque reportandis posita est orchestra cathedris.
Nos tamen hoc agimus, tenuique in pulvere sulcos
Ducimus, et litus sterili versamus aratro.
Nam si discedas, laqueo tenet ambitiosi
Consuetudo mali; tenet insanabile multos
Scribendi cacoethes, et ægro in corde senescit.

Sed vatem egregium, cui non sit publica vena,
Qui nil expositum soleat deducere, nec qui
Communi feriat carmen triviale moneta;
Hunc qualem nequeo monstrare, et sentio tantum,
Anxietate carens animus facit, omnis acerbi
Impatiens, cupidus silvarum, aptusque bibendis
Fontibus Aonidum. Neque enim cantare sub antro
Pierio, thyrsumve potest contingere sana
Paupertas; atque æris inops, quo nocte dieque
Corpus eget. Satur est, quum dicit Horatius, Euoe!
Quis locus ingenio, nisi quum se carmine solo
Vexant, et dominis Cirrhæ Nysæque feruntur
Pectora nostra duas non admittentia curas?
Magnæ mentis opus; nec de lodice paranda
Attonitæ, currus, et equos, faciesque deorum
Aspicere, et qualis Rutulum confundat Erinnys.
Nam si Virgilio puer, et tolerabile deesset
Hospitium, caderent omnes a crinibus hydri;

paiera les frais des bancs, des gradins et des siéges de l'orchestre [15], qu'il faut remporter aussitôt après la séance. Nous n'en écrivons pas moins [16], traçant sur le sable d'inutiles sillons, et labourant un rivage stérile. Voulons-nous briser nos fers, une funeste habitude, une ambitieuse manie nous retient et nous arrête : la rage d'écrire, qui possède aujourd'hui tant de gens, cette rage incurable vieillit avec nous dans notre cœur malade [17].

Que faut-il pour former le grand poète, le poète qui marche hors des routes frayées, et dont le vers soit marqué au coin d'une heureuse originalité, le poète tel que je ne saurais le peindre, mais tel que je le sens? C'est un esprit exempt de soucis et de contradiction, amant de la retraite, et qui puisse à loisir boire aux sources d'Aonie. La froide pauvreté [18], que les besoins renaissans assiégent jour et nuit, ne peut, dans un heureux délire, saisir le thyrse, ni faire retentir de ses chants les grottes du Parnasse. Horace a bien dîné, lorsqu'il s'écrie : Euoé [19]! Comment le génie se développerait-il, si la poésie n'est notre unique tourment, si Bacchus et le dieu de Cirrha [20] ne transportent seuls notre âme qui ne sait point se partager? Celle du poète a besoin de toute son énergie, et doit être affranchie des soins vulgaires pour se représenter les chars, les coursiers, l'auguste front des dieux et la furie qui agite le cœur du Rutule [21]. Otez à Virgile son esclave et son modeste asile, Erynnis n'aura plus de serpens; on n'entendra plus les sons lugubres de la trompette infernale [22]. Rubrenus peut-il s'élever à la hauteur du cothurne antique, lui qui est réduit à hypothé-

Surda nihil gemeret grave buccina. Poscimus, ut sit
Non minor antiquo Rubrenus Lappa cothurno,
Cujus et alveolos et laenam pignerat Atreus.
Non habet infelix Numitor quod mittat amico;
Quintillae quod donet, habet : nec defuit illi,
Unde emeret multa pascendum carne leonem
Jam domitum : constat leviori bellua sumptu
Nimirum, et capiunt plus intestina poetae.

CONTENTUS fama jaceat Lucanus in hortis
Marmoreis; at Serrano tenuique Saleio
Gloria quantabilet quid erit, si gloria tantum est?
Curritur ad vocem jucundam, et carmen amicae
Thebaidos, laetam fecit quum Statius urbem,
Promisitque diem, tanta dulcedine captos
Afficit ille animos, tantaque libidine vulgi
Auditur! sed quum fregit subsellia versu,
Esurit, intactam Paridi nisi vendat Agaven.
Ille et militiae multis largitur honorem,
Semestri vatum digitos circumligat auro.
Quod non dant proceres, dabit histrio. Tu Camerinos
Et Bareas, tu nobilium magna atria curas!
Praefectos Pelopea facit, Philomela tribunos.
Haud tamen invideas vati, quem pulpita pascunt.
Quis tibi Maecenas? quis nunc erit aut Proculeius,
Aut Fabius? quis Cotta iterum, quis Lentulus alter?

quer sur le succès futur de son Atrée le paiement d'un manteau et d'un meuble grossier [23]? Numitor est trop pauvre pour aider un ami malheureux : il est assez riche pour payer les faveurs de Quintilla, pour acheter ce lion dompté qu'il nourrit à grands frais. L'estomac d'un poète est sans doute plus difficile à satisfaire que les entrailles d'une bête féroce.

Que Lucain, satisfait de sa renommée, dorme à l'ombre de ses jardins; mais qu'importe à Serranus, au pauvre Saleïus, la gloire, quelle qu'elle soit, s'ils n'ont rien que la gloire? Stace a-t-il promis de réciter sa Thébaïde tant désirée [24], la joie se répand dans la ville : au jour prescrit chacun accourt avec transport; tant il sait toucher le cœur! tant sa voix et son génie sont en faveur auprès du public! Mais après avoir excité de bruyantes acclamations [25], la faim le surprend s'il ne vend à Pâris les prémices de son Agavé [26]. Un histrion dispense les honneurs militaires; il accorde aux poètes l'anneau de chevalier [27]. Ce que les grands ne sauraient donner, un histrion le donne [28]. Tu fais ta cour aux Camerinus, aux Bareas, tu fréquentes les salons des grands! Oublies-tu que la tragédie de Pélops valut un gouvernement, et celle de Philomèle, le tribunat? Gardons-nous cependant d'insulter au poète que nourrit son talent. Où sont les Mécène, les Proculeius, les Fabius? où trouver un Cotta, un autre Lentulus? Alors les dons égalaient le génie;

Tunc par ingenio pretium, tunc utile multis
Pallere, et vinum toto nescire decembri.

VESTER porro labor fecundior, historiarum
Scriptores; petit hic plus temporis, atque olei plus:
Namque oblita modi millesima pagina surgit
Omnibus, et crescit multa damnosa papyro.
Sic ingens rerum numerus jubet, atque operum lex.
Quæ tamen inde seges? terræ quis fructus apertæ?
Quis dabit historico, quantum daret acta legenti?
Sed genus ignavum, quod lecto gaudet et umbra.

Dic igitur, quid caussidicis civilia præstent
Officia, et magno comites in fasce libelli?
Ipsi magna sonant, sed tunc, quum creditor audit,
Præcipue: vel si tetigit latus acrior illo,
Qui venit ad dubium grandi cum codice nomen.
Tunc immensa cavi spirant mendacia folles,
Conspuiturque sinus. Veram deprendere messem
Si libet, hinc centum patrimonia caussidicorum,
Parte alia solum russati pone Lacernæ.
CONSEDERE DUCES: surgis tu pallidus Ajax
Dicturus dubia pro libertate, Bubulco
Judice. Rumpe miser tensum jecur, ut tibi lasso
Figantur virides, scalarum gloria, palmæ.
Quod vocis pretium? siccus petasunculus, et vas
Pelamidum, aut veteres, Afrorum epimenia, bulbi,

alors il était utile de pâlir sur un ouvrage, et de s'abstenir de vin pendant tout le mois de décembre [29].

Vos travaux, historiens, sont-ils mieux récompensés? ils exigent plus de temps et de constance; car vous enflez souvent de mille pages un stérile volume qui vous ruine en papier. Ainsi l'ordonnent la multiplicité des faits et les lois du genre; soit, mais que vous en revient-il? quelle est la moisson de ce champ si péniblement défriché? Qui donnera à l'historien autant qu'au greffier? Mais, dira-t-on, cette race casanière n'aime que le repos et la retraite.

Voyons donc ce que produisent aux avocats la défense des citoyens, et les liasses de papiers qu'ils traînent avec eux. Ils font grand bruit, surtout s'ils plaident en présence d'un créancier; ou si, plus âpre encore, quelque autre créancier, ses registres à la main, les anime à soutenir un titre douteux [30]. C'est alors que leurs poumons vomissent le mensonge, avec des flots d'écume, dont leur sein est arrosé. Veut-on apprécier au juste les fruits de ce métier? que l'on mette d'un côté les fortunes réunies de cent avocats, de l'autre celle du cocher Lacerna [31]. LES JUGES ont pris place [32] : pâle d'inquiétude, tu te lèves, nouvel Ajax, pour défendre, en présence de Bubulcus, la liberté douteuse de ton client. Allons, crie, malheureux; brise ta poitrine, afin de trouver à ton retour, vainqueur épuisé de fatigue, les murs et l'échelle de ta maison décorés de palmes verdoyantes [33]. Quel sera le prix de tes efforts? un jambon desséché,

Aut vinum Tiberi devectum, quinque lagenæ.
Si quater egisti, si contigit aureus unus,
Inde cadunt partes ex fœdere pragmaticorum.
Æmilio dabitur quantum petet; et melius nos
Egimus. Hujus enim stat currus aheneus, alti
Quadrijuges in vestibulis, atque ipse feroci
Bellatore sedens curvatum hastile minatur
Eminus, et statua meditatur prælia lusca.
Sic Pedo conturbat, Matho deficit; exitus hic est
Tongilli, magno cum rhinocerote lavari
Qui solet, et vexat lutulenta balnea turba,
Perque forum juvenes longo premit assere Medos,
Empturus pueros, argentum, murrhina, villas :
Spondet enim Tyrio stlataria purpura filo.
Et tamen est illis hoc utile ; purpura vendit
Caussidicum, vendunt amethystina ; convenit illis
Et strepitu, et facie majoris vivere census.
Sed finem impensæ non servat prodiga Roma.

Fidimus eloquio? Ciceroni nemo ducentos
Nunc dederit nummos, nisi fulserit annulus ingens.
Respicit hoc primum qui litigat, an tibi servi
Octo, decem comites, an post te sella, togati
Ante pedes. Ideo conducta Paulus agebat

quelques mauvais poissons [34], de vieux ognons dont nous gratifions nos esclaves Africains [35], ou cinq bouteilles d'un vin arrivé par le Tibre [36]. Quatre procès te rapportent-ils une pièce d'or, n'oublie pas que tu en dois une partie aux praticiens qui t'aidèrent. — D'où vient qu'Æmilius, moins éloquent que nous, obtient tout ce qu'il veut? — C'est qu'on aperçoit dans son vestibule un char d'airain attelé de quatre coursiers superbes; c'est qu'on y voit sa statue équestre [37], dont l'air martial semble respirer les combats, et l'œil oblique diriger au loin un javelot [38]. Voilà ce qui rend Pédon insolvable, et Mathon banqueroutier. Le même sort attend ce Tongillius [39], qui ne va jamais au bain sans sa corne de rhinocéros [40], et dont le cortége crotté fait murmurer ses voisins; ce Tongillius, que de jeunes Mèdes, courbés sous le poids de sa litière, promènent autour du forum, comme s'il voulait y acheter des esclaves, de l'argenterie, des vases murrhins [41], et des métairies; car l'éclat de son riche vêtement lui tient lieu de caution [42]. Au reste, la pourpre et l'améthyste [43] font valoir l'orateur et doublent ses honoraires : il lui est utile, j'en conviens, de mener un train que ne soutient pas son revenu. Mais, dans cette Rome prodigue, les dépenses n'ont plus de bornes.

Fions-nous à nos moyens oratoires [44]; Cicéron lui-même n'obtiendrait de personne deux cents sesterces, à moins qu'un anneau précieux ne brillât à son doigt. Le plaideur examine d'abord si vous avez huit porteurs [45] et dix cliens, si vous êtes suivi d'une litière, et précédé par vos amis revêtus de leurs toges [46]. Paulus n'oubliait

Sardonyche, atque ideo pluris quam Cossus agebat,
Quam Basilus. Rara in tenui facundia panno.
Quando licet Basilo flentem producere matrem?
Quis bene dicentem Basilum ferat? Accipiat te
Gallia, vel potius nutricula caussidicorum
Africa, si placuit mercedem ponere linguæ.

DECLAMARE doces, o ferrea pectora Vecti!
Quum perimit sævos classis numerosa tyrannos.
Nam quæcunque sedens modo legerat, hæc eadem stans
Proferet, atque eadem cantabit versibus isdem.
Occidit miseros crambe repetita magistros.
Quis color, et quod sit caussæ genus, atque ubi summa
Quæstio, quæ veniant diversæ forte sagittæ,
Nosse velint omnes; mercedem solvere nemo.
Mercedem appellas? quid enim scio? Culpa docentis
Scilicet arguitur, quod læva in parte mamillæ
Nil salit Arcadico juveni, cujus mihi sexta
Quaque die miserum dirus caput Annibal implet,
Quidquid id est, de quo deliberat, an petat Urbem
A Cannis, an post nimbos et fulmina cautus
Circumagat madidas a tempestate cohortes.
Quantumvis stipulare, et protinus accipe, quod do,
Ut toties illum pater audiat. Hæc alii sex,
Vel plures, uno conclamant ore sophistæ,

jamais de louer une sardoine chaque fois qu'il devait plaider ; aussi se faisait-il mieux payer que Cossus et Basilus. L'éloquence et la pauvreté semblent incompatibles. Quand vit-on Basilus présenter aux juges une mère éplorée? En vain Basilus serait éloquent; qui daignerait l'écouter? Va, si tu veux vivre de ton talent, cherche un asile dans la Gaule, ou plutôt en Afrique, la nourrice des avocats.

Tu enseignes l'art de la déclamation [47], Vectius : ta poitrine est donc de fer? Le voilà au milieu de ses nombreux écoliers, qui s'exercent à juger les tyrans [48]. Ce qu'il vient de lire assis, il faut, debout, qu'il le relise encore, répétant sans repos les mêmes choses en mêmes mots : tel qu'un aliment insipide, et vingt fois reproduit [49], ce triste refrein le tue d'ennui et de dégoût. Cependant si tant de disciples désirent d'apprendre l'art de traiter, d'embellir une cause, d'en connaître le genre, le vrai but, et de savoir prévenir les traits d'un adversaire [50], en est-il un qui veuille donner le salaire? — Le salaire! mais qu'ai-je appris? — Est-ce ma faute, à moi, si rien ne bat au cœur de ce jeune Arcadien [51]? M'en a-t-il moins périodiquement rompu la tête avec son mortel Annibal [52], quand il le faisait délibérer, que sais-je sur quoi? si de Cannes, par exemple, il doit marcher à Rome, ou, plus prudent, replier sur les villes voisines ses cohortes battues de la tempête? Stipulons, n'importe quelle somme; je suis prêt à la compter, si le père de cet enfant est lui-même assez patient pour l'écouter aussi souvent que moi. Telle est la plainte commune de pres-

Et veras agitant lites, raptore relicto;
Fusa venena silent, malus ingratusque maritus,
Et quæ jam veteres sanant mortaria cæcos.
Ergo sibi dabit ipse rudem, si nostra movebunt
Consilia, et vitæ diversum iter ingredietur,
Ad pugnam qui rhetorica descendit ab umbra,
Summula ne pereat, qua vilis tessera venit
Frumenti : quippe hæc merces lautissima! Tenta
Chrysogonus quanti doceat, vel Pollio quanti
Lautorum pueros, artem scindens Theodori.
Balnea sexcentis, et pluris porticus, in qua
Gestetur dominus, quoties pluit : anne serenum
Exspectet, spargatque luto jumenta recenti?
Hic potius; namque hic mundæ nitet ungula mulæ.
Parte alia longis Numidarum fulta columnis
Surgat, et algentem rapiat cœnatio solem.
Quanticunque domus, veniet qui fercula docte
Componat, veniet qui pulmentaria condat.
Hos inter sumptus sestertia Quintiliano,
Ut multum, duo sufficient : res nulla minoris
Constabit patri, quam filius. Unde igitur tot
Quintilianus habet saltus? Exempla novorum
Fatorum transi : felix, et pulcher, et acer;
Felix, et sapiens, et nobilis, et generosus,
Appositam nigræ lunam subtexit alutæ :
Felix, orator quoque maximus, et jaculator;

que tous les rhéteurs : aussi renoncent-ils bientôt à de vaines déclamations pour suivre le barreau : plus de ravisseur, de poison, d'époux ingrat, de préparation magique qui rende la vue aux vieillards [53]; ils aiment mieux traiter de véritables causes. Moi, je leur conseille de ne pas choisir les luttes du forum, et d'avoir recours plutôt à toute autre profession [54] : ils perdront au barreau le produit de la ration de blé qu'ils ont reçue pour prix de leurs leçons; car c'est la récompense la plus magnifique que les rhéteurs doivent attendre des parens de leurs disciples. On prodiguera l'or à Chrysogon et à Pollion, enseignant aux enfans des riches l'art futile de Théodore [55]. On dépensera six cent mille sesterces à construire des bains, et plus encore pour un portique [56] où le propriétaire se fait porter quand il pleut : attendra-t-il que le ciel soit serein? ira-t-il salir ses chevaux dans la fange nouvelle? Du moins, à l'abri d'un portique, la corne de ses mules reste toujours brillante. Du côté opposé, il élèvera une salle à manger, soutenue par des colonnes de marbre africain, et exposée seulement aux rayons affaiblis du soleil d'hiver [57]. Ce n'est pas tout : il lui faut encore, et le maître-d'hôtel le plus habile, et le cuisinier le plus fameux. Parmi ces frais énormes, il donnera tout au plus, croyant donner beaucoup, deux mille sesterces à Quintilien : ce qui coûte le moins à un père, c'est l'éducation de son fils. — Mais d'où viennent donc à Quintilien tant de vastes domaines [58]? — Passons cet exemple moderne des faveurs du destin. Est-on heureux, la beauté, le courage, la sagesse, les avantages de la naissance, le droit de porter la lunule [59], le don de la

Et, si perfrixit, cantat bene. Distat enim, quæ
Sidera te excipiant modo primos incipientem
Edere vagitus, et adhuc a matre rubentem.
Si fortuna volet, fies de rhetore consul;
Si volet hæc eadem, fies de consule rhetor.
Ventidius quid enim? quid Tullius? Anne aliud quam
Sidus, et occulti miranda potentia fati?
Servis regna dabunt, captivis fata triumphos.
Felix ille tamen corvo quoque rarior albo.
Pœnituit multos vanæ sterilisque cathedræ,
Sicut Thrasymachi probat exitus, atque Secundi
Carrinatis; et hunc inopem vidistis, Athenæ,
Nil præter gelidas ausæ conferre cicutas.

Di, majorum umbris tenuem et sine pondere terram,
Spirantesque crocos, et in urna perpetuum ver,
Qui præceptorem sancti voluere parentis
Esse loco! Metuens virgæ jam grandis Achilles
Cantabat patriis in montibus: et cui non tunc
Eliceret risum citharœdi cauda magistri?
Sed Rufum atque alios cædit sua quemque juventus,
Rufum, qui toties Ciceronem Allobroga dixit.

Quis gremio Enceladi doctique Palæmonis affert
Quantum grammaticus meruit labor? et tamen ex hoc,

parole, la force du raisonnement, on obtient tout en partage [60]. Fût-on enroué, la voix n'en semble pas moins mélodieuse. Il importe beaucoup sous quel signe tu vins au monde et poussas les premiers cris, encore teint du sang de ta mère. S'il plaît à la fortune, de rhéteur tu deviendras consul; de consul, rhéteur [61]. Que prouvent un Ventidius, un Tullius [62], sinon l'étonnante influence d'une destinée mystérieuse? elle élève à son gré l'esclave sur le trône, le captif sur un char de triomphe. Mais cet homme heureux est plus rare qu'un corbeau blanc [63]. Combien d'autres ont gémi d'avoir embrassé un art stérile! Le sort de Thrasymaque, celui de Secundus Carrinas en est la preuve [64] : n'as-tu pas vu Carrinas dans l'indigence, Athènes, ingrate Athènes, qui ne sus jamais offrir à tes citoyens que la froide ciguë [65]?

Faites, dieux immortels, que la terre pèse plus légèrement sur les mânes de nos ancêtres; faites que les urnes de ces grands hommes recèlent des fleurs odorantes et un printemps éternel [66], eux qui voulaient que leurs enfans respectassent dans un gouverneur la sainte autorité d'un père. Achille, déjà grand, craignait la verge de Chiron quand il répétait sur le mont de Thessalie les accens de ce maître sévère : et cependant qui n'eût pas éclaté de rire en voyant la queue du Centaure? Mais aujourd'hui Rufus et ses collègues sont battus par leurs élèves [67]; Rufus, qui traita tant de fois Cicéron d'Allobroge [68].

Le grammairien [69] Encelade, le docte Palémon sont-ils dignement payés de leurs travaux? leur salaire n'é-

Quodcunque est (minus est autem quam rhetoris æra),
Discipuli custos præmordet Acœnonoetus,
Et, qui dispensat, frangit sibi. Cede, Palæmon,
Et patere inde aliquid decrescere, non aliter quam
Institor hibernæ tegetis niveique cadurci,
Dummodo non pereat, mediæ quod noctis ab hora
Sedisti, qua nemo faber, qua nemo sedebat,
Qui docet obliquo lanam deducere ferro;
Dummodo non pereat totidem olfecisse lucernas,
Quot stabant pueri, quum totus decolor esset
Flaccus, et hæreret nigro fuligo Maroni.
Rara tamen merces, quæ cognitione tribuni
Non egeat. Sed vos sævas imponite leges,
Ut præceptori verborum regula constet,
Ut legat historias, auctores noverit omnes,
Tanquam ungues digitosque suos, ut forte rogatus,
Dum petit aut thermas aut Phœbi balnea, dicat
Nutricem Anchisæ, nomen patriamque novercæ
Anchemoli; dicat quot Acestes vixerit annos,
Quot Siculus Phrygibus vini donaverit urnas.
Exigite ut mores teneros ceu pollice ducat,
Ut si quis cera vultum facit : exigite ut sit
Et pater ipsius cœtus, ne turpia ludant,
Ne faciant vicibus. Non est leve tot puerorum
Observare manus, oculosque in fine trementes.
Hæc, inquit, cures, et, quum se verterit annus,
Accipe, victori populus quod postulat, aurum.

gale pas celui du rhéteur : encore le pédagogue et l'économe infidèle ont-ils soin d'en garder quelque chose. Pauvre Palémon! tel qu'un marchand de manteaux d'hiver grossièrement tissus, il faut souffrir cet injuste rabais 70 : trop heureux si tu n'as pas vainement précédé le lever de l'aurore, lorsque le forgeron et le cardeur de laine reposaient encore : trop heureux, te dis-je, si tu n'as pas en vain respiré l'odeur d'autant de lampes que tu comptais d'élèves dans ta classe, et vu noircir entre leurs mains les Virgile et les Horace! Ce misérable salaire, vous l'obtiendrez rarement sans l'aide du tribun 71. Courage, parens ingrats! exigez, après cela, qu'un précepteur connaisse les lois du langage, qu'il sache l'histoire, qu'il possède ses auteurs au point de pouvoir vous dire, si vous l'interrogez par hasard en allant aux thermes ou aux bains d'Apollon, quelle fut la nourrice d'Anchise, le pays et le nom de la belle-mère d'Anchemolus, combien Aceste vécut d'années, combien il donna d'outres de vin aux Phrygiens? 72. Exigez qu'il façonne le cœur flexible de vos enfans 73, comme un sculpteur habile sait façonner la cire; qu'il les surveille en père, de peur qu'ils ne se livrent à des jeux obscènes. Ce n'est pas une tâche légère que d'épier tant de mains libertines, tant d'yeux convulsifs. « N'importe, dit-on, c'est votre affaire : » et l'année révolue, tu recevras l'écu d'or que le peuple fait donner à l'athlète victorieux 74.

NOTES

SUR LA SATIRE VII.

---

1. Argument. Juvénal déplore la condition des poètes de son temps, et peint la dureté de leurs patrons. Ensuite il parcourt plusieurs branches de la littérature, telles que l'histoire, l'art oratoire, la grammaire, l'institution de la jeunesse, et montre qu'elles sont, pour ceux qui les cultivent, aussi stériles que la poésie.

Plusieurs de ces satires, lorsqu'on n'en considère que le titre, semblent n'avoir pas la même importance que les autres : mais qu'on les médite toutes, excepté la dernière que je ne crois pas de Juvénal, et j'ose dire qu'à bien des égards, on y retrouvera le même esprit, la même intention.

A mesure que l'on réimprimera ce volume, je tâcherai de me rappeler quelques idées fugitives qui, dans le cours de mes longs travaux sur cet auteur, ont souvent frappé mon esprit. Peut-être en résultera-t-il des vues nouvelles sur l'ensemble et la marche progressive des satires de Juvénal. Par exemple, j'ai senti que la satire des hommes, ébauchée par Lauronia dans la satire 2, vers 36, préparait celle des femmes; ainsi du reste, car ce n'est pas ici le lieu d'une dissertation.

Pour indiquer clairement l'objet de ces remarques posthumes, il suffira d'observer que Juvénal a semé rapidement dans la première partie de son ouvrage les grands principes qu'il a développés dans l'autre; que, sur le ton de son maître Lucilius (*voyez* satire 1, vers 165), il ne fait d'abord, pour ainsi dire, que s'essayer, et qu'il cherche bien plus à terrasser le vice triomphant qu'à faire aimer la vertu, à dicter des leçons de sagesse et de conduite. Mais, s'apaisant par degrés, il réprime enfin une partie de son indignation; et c'est alors que sa bonté naturelle lui apprend qu'il ne suffit pas de châtier les hommes avec une verge de fer, qu'il faut encore les éclairer et les persuader; qu'il faut surtout rappeler les sentimens naturels dans les âmes dégradées par des passions viles ou brutales; ce qu'il a si bien exécuté; qu'après nous avoir fait partager sa colère dans la première partie, il finit dans la seconde par nous attendrir sur le sort de nos semblables. (*Voyez* le Tableau de la pitié, satire 15, vers 131.)

Je mettrais volontiers cette satire au rang des plus brillantes et des plus philosophiques, ne fût-ce qu'en vertu de deux tirades sublimes, l'une concernant l'enthousiasme poétique, l'autre la reconnaissance que l'on doit à ceux qui ont le courage de se dévouer à l'institution de la jeunesse. Mais il est une autre considération non moins honorable, du moins pour le caractère de Juvénal: Remarquez qu'il n'a guère parlé de la misère des gens de lettres que pour y compatir, et la reprocher aux patrons avares, ignorans et ingrats qui se plaisaient à l'agraver, bien différent de ces écrivains, tant anciens que modernes, qui ont cru s'illustrer eux-mêmes en dénigrant leurs confrères. Lorsque Piron, né malin, mais sensible et généreux, donna sa Métromanie au Théâtre-Français, on s'attendait à voir traîner les poètes dans la boue: quelle fut la surprise de l'envie, quand elle se vit contrainte d'applaudir aux sentimens et aux mœurs de son extravagant, mais aimable Métromane!

2. *Les lettres n'ont plus que César qui les soutienne et les anime*, etc., v. 1. J'ai cru d'abord, sur la parole de plusieurs savans, que cet éloge regardait Domitien; mais tout y répugne, et l'histoire et le caractère de Juvénal. Ce prince, dit Suétone, feignit d'aimer la poésie qu'il n'avait jamais cultivée, et qu'il méprisa bientôt (*Vie de Domitien*). D'ailleurs, comment se persuader que notre auteur, après l'avoir si maltraité dans la satire 4, fût revenu sur ses pas dans la satire 7? On répond à cela que ces satires n'ont pas été publiées dans l'ordre chronologique, et que celle-ci a été écrite du temps de Domitien. Quel que soit cet ordre, Juste-Lipse, Saumaise et Dodwel ont prouvé, d'après le texte, que toutes les satires sont postérieures à cet empereur: or,

je ne sache pas que, parmi les flatteurs de ce tyran, il s'en soit trouvé d'assez mal avisés pour le louer gratuitement après sa mort, et Martial en est la preuve.

A qui donc rapporter l'éloge dont il s'agit? Quelques-uns veulent que ce soit à Trajan; mais le savant Dodwel prétend que ce doit être à Adrien. Si le calcul de Dodwel est juste, ce qui est très-vraisemblable, il s'ensuit que Juvénal, né sous Caligula, mort sous Adrien, a composé le plus grand nombre de ses satires passé soixante ans, et quelques-unes à près de quatre-vingts.

3. *Lorsque Clio elle-même*, etc., v. 7. Juvénal comprend sous le nom de la muse Clio, tous ceux que la misère avait forcés de renoncer aux arts libéraux, pour se livrer à des travaux mécaniques capables de les faire subsister.

4. *Car, si vous ne trouvez pas même un sesterce sous les ombrages du Parnasse*, etc., v. 8. Les meilleures éditions, celles d'Henninius, de Foulis, de Cambridge, de Baskerville, etc., que j'ai suivies, ont:

> Nam si Pieria quadrans tibi nullus in umbra
> Ostendatur, etc.

Schrevelius, qui a procuré l'édition des *variorum*, a mal à propos changé cette leçon : *Pieria in arca* ne signifie rien. Il y a ici une espèce de comparaison : *Aganippes vallibus* et *Pieria umbra* expriment la même chose, et se rapportent l'un et l'autre. Il ne m'a pas été possible de faire passer toutes ces nuances dans la traduction.

5. *Le titre et les profits de Machéra*, v. 9. Machéra, crieur public du temps de Juvénal. J. P.

6. *L'Alcyon de Paccius*, etc., v. 12. Trait satirique lancé contre de mauvais ouvrages et de mauvais poètes. J'ai adopté la leçon de l'édition de Ruperti : il y avait dans celle de Dusaulx, *Alcithoen Pacci*. D'autres veulent *Bacchi;* on sent combien il est difficile de retrouver la véritable leçon entre tous ces noms d'auteurs et d'ouvrages inconnus aujourd'hui. J. P.

7. *Et le Térée de Faustus*, etc., v. 12. MARTIAL (lib. XI, epigr. 65) dit de ce poète tragique :

> Nescio tam multis quod scribas, Fauste, puellis;
> Hoc scio, quod scribit nulla puella tibi.

8. *Laissons ce vil commerce à ces aventuriers*, etc., v. 14. Quelques commentateurs entendent par le mot *equites* des esclaves affranchis, parvenus par l'intrigue au rang de chevaliers : mais n'est-il pas plus vraisemblable de croire que Juvénal fait allusion à tous ces aventuriers qui abondaient à Rome pour chercher fortune ? J. P.

L'auteur reproche aux Romains d'accorder aux aventuriers de l'Asie-Mineure, qui ne parvenaient que par la délation, des grâces et des honneurs dont les gens de lettres étaient privés. Ce qu'il appelle *altera Gallia*, vers 16, était une province voisine du Pont-Euxin, nommée Galatie ou Gallo-Grèce, parce qu'elle fut long-temps occupée par des Gaulois et par des Grecs.

9. *On ne verra plus désormais ces mortels inspirés par le laurier d'Apollon*, etc., v. 18. Le texte porte : « On ne verra plus ceux qui mâchent du laurier, etc., » *laurumque momordit.* Les anciens croyaient que les feuilles de cet arbuste procuraient l'enthousiasme et l'esprit prophétique ; c'est pourquoi Lycophron, *in Alexandra* (vers 6), dit que *laurivoro vaticinata est ore.* Martial (lib. V, epigr. 4), parlant d'une femme qui cherchait à tromper : *Fallat ut nos, folia devorat lauri.* Les Sibylles s'en nourrissaient : *Sic usque sacras innoxia laurus Vescar*; etc. (TIBULL., liv. II, élég. 5, v. 63.) On attribuait encore au laurier la vertu de rendre les hommes plus sages et plus prudens. (*Voyez* l'auteur *Geoponicorum*, lib. II, cap. 2.)

(C'est à l'imitation de Juvénal, de Martial et de Tibulle, que notre Ronsard appelle un poète, *gosier mâche-laurier.* J. P.)

10. *Et que cet espoir encourage ta fécondité*, v. 23. Mot à mot, que la membrane (*la feuille*) de tes tablettes couleur de safran soit remplie pour toi. Les commentateurs ont pensé que les anciens avaient plusieurs manières de relier les ouvrages, et que celle

dont parle ici Juvénal ressemble à la nôtre. Le volume renfermait des feuillets (*membrana*), et la couverture (*tabella*) était couleur de citron (*crocea*). J. L.

11. *Qu'un lierre stérile ou de maigres statues*, v. 29. On mettait dans la bibliothèque d'Apollon Palatin les bustes ou statues des grands poètes et des grands orateurs. Nous avons déjà vu (sat 2, v. 6) que les particuliers rendaient chez eux le même honneur aux hommes de génie :

> Si quis Aristotelem similem vel Pittacon emit,
> Et jubet archetypos pluteum servare Cleanthas.

Juvénal donne à ces statues l'épithète de maigres, par allusion à ceux qui les avaient obtenues, et qui s'étaient ordinairement épuisés, soit par la composition, soit par la fureur qu'ils avaient de réciter leurs ouvrages. Quant au lierre, Horace nous apprend (liv. 1, ode 1) qu'il était spécialement consacré aux poètes :

> Doctarum hederæ præmia frontium.

12. *Il fait aussi des vers*, etc., v. 38; c'est-à-dire, il s'acquitte en vous récitant les siens. Il paraît que Juvénal fait allusion à cette anecdote : on lit dans Macrobe qu'un pauvre Grec récitait ses vers à Auguste dans l'espoir d'en tirer quelque fruit ; mais ce prince se contenta de lui rendre vers pour vers, épigramme pour épigramme. Ce poète indigent loua beaucoup le talent de l'empereur, tira sa bourse, et lui dit, en lui offrant deux oboles : « Si j'avais plus, je donnerais davantage. »

13. *Maculonus vous prêtera sa maison*, etc., v. 40. Les poètes et les orateurs romains récitaient leurs ouvrages, tantôt à leurs amis pour les consulter, tantôt dans les assemblées publiques pour s'attirer des applaudissemens. Quintilien, ou plutôt Tacite, dans l'ouvrage intitulé, *De causis corruptæ eloquentiæ*, parle d'un certain Bassus, auquel il en coûtait beaucoup pour ces sortes de séances : *nam et domum mutuatur, et subsellia conducit, et libellos spargit*. Il y avait aussi, dit Pline le jeune (lib. II, epist. 14), des gens gagés pour applaudir au barreau, et il ajoute: *Tanti constat ut sis disertissimus*. Martial reproche à quelqu'un, qui ne

récitait rien, d'ambitionner cependant la réputation de poète ; mais il consent à lui tout accorder, pourvu qu'il ne récite point :

> Nil recitas, et vis, Mamerce, poeta videri.
> Quidquid vis esto, dummodo nil recites.
>
> Lib. xiv, epigr. 46.

14. *Où les portes, armées de fer, ressemblent aux barrières d'une citadelle*, etc., v. 42. *Janua* se dit en latin de la porte d'une maison de particulier, et *porta*, de celle d'une ville ou d'une citadelle. Juvénal donne à ces dernières l'épithète de *sollicitas*, parce qu'elles sont ordinairement gardées ; et peut-être a-t-il voulu par là décocher un trait contre les cliens et les parasites, dont la foule était si grande à Rome, et si importune, que les riches prenaient contre eux autant de précautions que si l'ennemi avait été à leurs portes.

15. *Aucun de tes riches patrons ne paiera les frais des bancs, des gradins et des sièges de l'orchestre*, v. 47. Juvénal donne à ces patrons le nom de *reges*; il peint leur orgueil d'un seul mot. — Il faut distinguer *subsellia* de *anabathra*; l'un signifie les bancs où la multitude se plaçait, les banquettes du parterre : *anabathra*, les gradins, d'ἀναβαίνω, *ascendo*. Au lieu de *pendant*, que je trouvais dans l'édition de Dusaulx, j'ai écrit, avec les meilleurs éditeurs, *pendent*; c'est un mot bien choisi en parlant de gradins élevés, qui semblent suspendus. J. P.

L'orchestre, chez les Romains, était l'endroit le plus voisin du théâtre : du temps de Scipion l'Africain, ce fut la place des sénateurs et des vestales ; et, dans les séances pareilles à celle dont il s'agit ici, c'était la place des personnes distinguées qui venaient écouter la lecture d'un drame ou de quelque autre poëme.

16. *Nous n'en écrivons pas moins*, etc., v. 48. BOILEAU, sat. 8, v. 215 :

> Après cela, docteur, va pâlir sur la Bible ;
> Va marquer les écueils de cette mer terrible....
> Afin qu'en ta vieillesse un livre en maroquin
> Aille offrir ton travail à quelque heureux faquin
> Qui, pour digne loyer de la Bible éclaircie,
> Te paie, en l'acceptant, d'un « Je vous remercie. » J. P.

17. *Vieillit avec nous dans notre cœur malade*, v. 52. Dusaulx, d'après Grævius, avait substitué *ægre* à *ægro*, qui, selon lui, formait un pléonasme. J'ai rétabli cette ancienne leçon, ne trouvant rien de superflu dans la phrase de Juvénal, et ne pouvant, d'ailleurs, interpréter *ægre* dans le sens de *difficulter*. *Ægre senescere*, vieillir avec souffrance, et non *avoir peine à vieillir*. J. P.

18. *La froide pauvreté*, etc., v. 60. Henninius écrit *mœsta paupertas*; il faut *sana*, etc. Juvénal parle d'Horace, et fait allusion aux vers où ce poète dit :

>Prisco si credis, Mæcenas docte, Cratino,
>Nulla placere diu nec vivere carmina possunt,
>Quæ scribuntur aquæ potoribus. Ut male sanos
>Adscripsit Liber Satiris Faunisque poetas,
>Vina fere dulces oluerunt mane Camenæ, etc.

Sana paupertas signifie donc ici la pauvreté, qui, ne buvant que de l'eau, est dénuée du feu poétique.

19. *Horace a bien dîné, lorsqu'il s'écrie :* Euoé! v. 62. Cette exclamation était usitée dans les sacrifices que l'on faisait à Bacchus, et Juvénal l'a empruntée d'Horace : *Euoe! recenti mens trepidat metu*, etc. *Euoe! parce, Liber*, etc. (*Carmin.*, lib. II, od. 16). On trouve dans quelques éditions de Juvénal *Ohe*, *Eœ*, ou bien *Euhoë*; mais il faut *Euoe*; ces deux diphthongues forment un spondée. — BOILEAU, *Art poét.*, liv. IV, v. 181 :

>Un auteur qui, pressé d'un besoin importun,
>Le soir entend crier ses entrailles à jeun,
>Goûte peu d'Hélicon les douces promenades :
>Horace a bu son soûl quand il voit les Ménades..... J. P.

20. *Si Bacchus et le dieu de Cirrha*, etc., v. 64. Juvénal appelle Bacchus le dieu de Nyse, parce que, selon Diodore de Sicile, il avait été élevé en Arabie, dans un antre de ce nom, situé entre la Phénicie et le Nil : il fut appelé *Dionysius, quasi deus Nysæ*. Apollon était surnommé *Cirrhœus*, parce qu'il rendait des oracles dans une petite ville de la Phocide, voisine de Delphes.

21. *Pour se représenter les chars, les coursiers*, etc., v. 67. *Voyez l'Énéide*, liv. VII, vers 456, et liv. XII, vers 331.

22. *On n'entendra plus les sons lugubres de la trompette infernale*, v. 71. Juvénal paraît faire allusion à ces beaux vers de Virgile, *Énéide*, liv. VII, v. 513 :

> Pastorale canit signum, cornuque recurvo
> Tartaream intendit vocem; qua protenus omne
> Contremuit nemus, et silvæ intonuere profundæ, etc..... J. P.

23. *Lui qui est réduit à hypothéquer sur le succès futur de son Atrée le paiement d'un manteau*, etc., v. 73. Dusaulx avait traduit : *Lui qui fut réduit à mettre tous ses effets en gage pendant qu'il composait son Atrée*. Je crois avoir mieux interprété *pignerat* : son Atrée est un gage qu'il donne d'avance pour obtenir du crédit. *Pignerare aliquid* peut signifier donner des gages, servir de gage pour qu'une chose soit obtenue. J. P.

24. *Stace a-t-il promis de réciter sa Thébaïde*, etc., v. 83. Publius Papinius Statius, né à Naples : son père avait enseigné la poésie et l'éloquence à Rome, où il avait eu Domitien pour disciple. Statius dédia ses poëmes de la Thébaïde et de l'Achilléide à ce prince. Il mourut à Naples vers l'an 100 de Jésus-Christ. Outre sa Thébaïde, en douze livres, et son Achilléide, en deux livres, nous avons encore de lui les Silves, en cinq livres, dont le style est plus pur, plus agréable et plus naturel que celui de la Thébaïde et de l'Achilléide. Quoique plusieurs savans aient estimé ce poète, il n'approche point des bons auteurs du siècle d'Auguste.

25. *Mais après avoir excité de bruyantes acclamations*, etc., v. 86. Ce vers de la satire 1, *assiduo ruptæ lectore columnæ*, explique *sed quum fregit subsellia versu*. Sidonius Apollinaris (lib. V, epist. 10) a dit aussi, en parlant d'un orateur vivement applaudi : *Rhetorica sedilia plausibili oratione frangentem*, etc.

26. *Les prémices de son Agavé*, v. 87 ; c'est-à-dire, de sa tragédie, dont le sujet était Agavé, fille de Cadmus et d'Hermione, qui fit mourir son fils pour avoir méprisé les fêtes de Bacchus.

27. *Il accorde aux poètes l'anneau de chevalier*, v. 88. Grævius

croit qu'*aurum semestre* n'a de rapport ici qu'à la forme de l'anneau, comme on dit de la lune lorsqu'elle est dans son plein, *Luna semestris*, id est, *formæ rotundæ*. Turnèbe (*Adversar.*, lib. XX, cap. 2) pense qu'il s'agit des bagues d'été et des bagues d'hiver, dont il est question satire 1, vers 28, et que cela signifie seulement que l'histrion Pâris enrichissait les poètes qui lui offraient leurs ouvrages. Il peut se faire aussi qu'*aurum semestre* désigne la qualité de tribun militaire, dont les fonctions duraient six mois, et qui donnait, selon Pline (lib. XXXIII), le privilége de porter l'anneau d'or. *Voyez*, sur le Pâris dont il s'agit ici, satire 6, note 24, page 231.

28. *Ce que les grands ne sauraient donner, un histrion le donne,* v. 90. Les Romains ne connaissaient que les jeux du cirque lorsqu'on institua ceux du théâtre, où des baladins que l'on fit venir d'Étrurie dansèrent avec assez de gravité, à la mode de leur pays et au son des flûtes, sur un simple échafaud de planches. On nomma ces acteurs histrions, parce qu'en langue toscane un farceur s'appelait *hister*, et ce nom resta toujours aux comédiens.

Quod non dant proceres, dabit histrio, etc.

Ce vers et les deux suivans furent la cause de l'exil de Juvénal: mais ce ne fut point le Pâris de Domitien qui le fit exiler; ce fut, long-temps après la mort de celui-ci, un autre histrion en faveur auprès d'Adrien, et dont le nom ne nous est pas parvenu. Cet histrion, dit l'ancien auteur anonyme de la vie de notre poète, jouissait alors d'un si grand crédit, que ses amis parvenaient à tout, et l'on soupçonna Juvénal d'avoir fait allusion au temps présent : *Venit igitur Juvenalis in suspicionem, quasi tempora figurate notasset*, etc.

29. *De s'abstenir de vin pendant tout le mois de décembre,* v. 97. Le mois de décembre était consacré chez les Romains aux fêtes appelées Saturnales : c'était leur carnaval. Pendant ce temps de folie, les citoyens s'abandonnaient à tous les excès qui privent l'homme de sa raison et de ses plus nobles facultés. Les poètes, plus sages, vivaient dans la retraite. J. P.

Sous Numa, les Saturnales ne duraient qu'un jour : mais par des additions successives, elles furent portées au nombre de sept. MARTIAL, liv. XIV, epig. 72 :

> Saturni septem venerat ante dies.

30. *Ou si, plus âpre encore, quelque autre créancier*, etc., v. 109. Dusaulx, avec presque tous les commentateurs, croit qu'il s'agit ici d'un débiteur. Mais, comme l'a fort bien remarqué M. Achaintre, un débiteur n'a pas à produire de titre et de registres ; c'est au créancier de fournir ces pièces au procès ; et si le titre est douteux et la créance incertaine, on sent combien il doit animer et presser son avocat. J. P.

31. *Celle du cocher Lacerna*, v. 114. Ce Lacerna fut, sous Domitien, le chef d'une des factions qui se partageaient les jeux du cirque. Comme les citoyens mettaient un grand zèle à soutenir la couleur qu'ils avaient adoptée, il n'est pas étonnant que le représentant d'une faction quelconque fût extrêmement riche. J. P.

Les savans ne s'accordent pas sur l'interprétation de ce vers ; j'ai suivi l'interprétation de l'ancien scoliaste. (*Voyez* Henninius, page 205.)

32. *Les juges ont pris place*, v. 115. C'est le début du liv. XIII des Métamorphoses d'Ovide, dans lequel Ajax et Ulysse se disputent les armes d'Achille.

33. *Les murs et l'échelle de ta maison décorés de palmes verdoyantes*, v. 118. La coutume était de mettre des palmes et des rameaux à la porte des orateurs qui s'étaient distingués, mais on ne voit pas qu'il fût d'usage d'en introduire dans leurs maisons. Lubin et Britannicus ont été chercher bien loin ce que Grangæus explique sans effort. Juvénal, dit-il, pour faire sentir la misère des avocats, insinue qu'ils ne pouvaient entrer dans leurs maisons qu'à l'aide d'une échelle qui leur servait d'escalier.

34. *Quelques mauvais poissons*, v. 120. Pline (liv. IX, c. 15) prétend que le mot *pelamides* vient du grec πηλος, bourbe, fange,

parce que cette espèce de poisson aime le fond des marais. Sa chair avait le goût de la vase, et était très-peu estimée. On la découpait pour la conserver. J. P.

35. *De vieux ognons dont nous gratifions nos esclaves africains*, v. 120. Le texte porte *epimenia*. D'autres écrivent *epimenida* pour *epimenidia*, espèce d'ognon qui naît en Afrique. Mais cette dernière leçon est peu vraisemblable, puisque, d'après le témoignage de Pline, liv. XIX, les ognons d'Afrique étaient fort estimés. J'ai conservé *epimenia*, qui signifie proprement la ration que l'on distribuait chaque jour aux esclaves. Juvénal dit *esclaves africains*, parce que c'étaient ceux qu'on estimait le moins. *Voyez* satire 5, v. 53, *Gætulus cursor, et manus ossea Mauri*, opposés à *flos Asiæ*, etc., qui vient quelques vers après. J. P.

36. *D'un vin arrivé par le Tibre*, v. 121. Ce vin, bien différent de ceux de Falerne, de Sétines, de Massique, etc., était à vil prix, et venait de la Campanie.

37. *C'est qu'on y voit sa statue équestre*, etc., v. 128. Martial n'a pas oublié ce ridicule des avocats :

> Tam grave percussis incudibus æra resultant,
> Caussidicum medio quum faber aptat equo.
> Lib. IX, epig. 59.

38. *Et l'œil oblique diriger au loin un javelot*, v. 128. Lorsqu'on vise un but, par un mouvement naturel on ferme un œil; c'est l'idée exprimée par *lusca*. J. P.

39. *Ce Tongillius*, etc., v. 130. Tongillius, selon Martial, était aussi gourmand que fastueux; car il se disait malade afin de faire bonne chère tout seul :

> Omnes Tongilium medici jussere lavari.
> O stulti, febrem creditis esse? gula est.
> Lib. II, epigr. 40.

40. *Qui ne va jamais au bain sans sa corne de rhinocéros*, v. 130. Les riches Romains avaient coutume de mettre dans une corne de rhinocéros l'huile précieuse dont on les frottait au sortir du bain. J. P.

41. *Des vases murrhins*, v. 133. *Voyez* Satire 6, v. 156, et la note sur cet endroit.
J. P.

42. *L'éclat de son riche vêtement lui tient lieu de caution*, v. 134. Turnèbe (*Advers.*, lib. XIX, cap. 32) explique le mot *stlataria* d'une manière assez ingénieuse, quoique forcée. *Stlata* est une espèce de vaisseau corsaire : l'adjectif *stlataria*, formé de ce mot, signifie donc *trompeur comme un corsaire, éclat mensonger*. Je crois qu'en conservant l'étymologie de *stlataria*, on peut encore trouver un sens plus naturel : *vestis stlataria*, un vêtement qui a passé la mer.
J. P.

Il faut remarquer que Juvénal, parlant ici des avocats, emploie leur langage, c'est-à-dire qu'il se sert des termes de droit, *conturbat, deficit, spondet*.

43. *Au reste, la pourpre et l'améthyste*, etc., v. 135. Il ne s'agit pas ici de la pierre appelée améthyste, mais de la couleur de cette pierre, qui est violette : ainsi au mot *amethystina*, suppléez *vestimenta*. Juvénal dit que ce faste forçait les cliens trompés à doubler, à tripler les salaires de ces magnifiques avocats qu'ils croyaient sottement dans l'opulence, tandis que la plupart se ruinaient.

« Cependant, ajoute-t-il, plusieurs ont tiré parti de ce luxe imposteur : »

. . . . Convenit illis
Et strepitu, et facie majoris vivere census;

ce qui signifie littéralement : « Il n'a pas été inutile à quelques-uns de vivre à plus grands frais que ne le permettaient leurs facultés. »

Ce mensonge éternel de la cupidité, ou d'une vaine émulation de richesses et de jouissances, se fait remarquer surtout vers le déclin des empires corrompus par le luxe, et lorsqu'une pauvreté ambitieuse (*ambitiosa paupertas*, sat. 3, vers 182) fait sortir les citoyens de leur sphère. Nous l'avons vu chez nous, quand des hommes qui n'avaient pas de chemises portaient des dentelles ; quand nos médecins à la mode ne tâtaient le pouls de leurs malades que le diamant au doigt, le bec de corbin et la tabatière d'or à la main.

44. *Fions-nous à nos moyens oratoires*, v. 139. Les éditeurs sont partagés sur la manière d'écrire le commencement de ce vers : les uns mettent *ut redeant veteres*, etc., les autres *vidimus* ou *fidimus eloquio?* Cette dernière leçon m'a paru la meilleure, parce qu'elle forme une liaison plus naturelle.

45. *Si vous avez huit porteurs*, etc., v. 141. Il s'agit ici de ceux que l'on nommait *servi lecticarii* : souvent on en employait huit pour porter une chaise ; alors ils étaient appelés octophores. On peut voir dans Juste-Lipse un morceau très-curieux sur les litières et les chaises à porteurs. (*Elect.*, tom. I, c. 19, pag. 267, in-fol.)

46. *Et précédé par vos amis revêtus de leurs toges*, v. 142. J'ai préféré cette traduction exacte à celle de Dusaulx, *précédé par un nombreux cortége*, parce qu'elle donne une idée plus juste des mœurs du temps. On appréciait les talens des avocats par le nombre d'amis patriciens qui les accompagnaient.   J. P.

47. *Tu enseignes l'art de la déclamation*, etc., v. 150. Cette sorte de déclamation consistait, chez les Grecs, à se mettre en état de parler indifféremment sur toutes sortes de sujets, et à soutenir également le pour et le contre. Chez les Romains, on donnait ce nom à des discours ou harangues, composés sur des sujets de pure invention, que les rhéteurs faisaient prononcer à leurs élèves, afin de les exercer. Ces déclamations furent à Rome une des principales causes de la corruption de l'éloquence.

48. *Au milieu de ses nombreux écoliers, qui s'exercent à juger les tyrans*, v. 151. Le texte porte, *perimit tyrannos*. Il s'agit probablement des déclamations auxquelles les rhéteurs exerçaient les jeunes Romains. Lubin explique autrement ce passage : il croit que l'auteur fait allusion à Denys, devenu maître d'école, et que ses disciples ennuyaient de leurs compositions ampoulées : la première interprétation paraît plus naturelle.   J. P.

49. *Tel qu'un aliment insipide*, etc., v. 154. Juvénal nomme l'aliment dont il s'agit *repetita crambe* : c'étaient des choux réchauffés plusieurs fois, et dont les convives ne tardaient point à se dégoûter. Cette comparaison proverbiale a du moins le mérite de la justesse.

50. *Et de savoir prévenir les traits d'un adversaire*, v. 156. Au lieu de *diversa parte sagittæ scire velint*, j'ai lu avec Ruperti *diversæ forte sagittæ nosse velint*.   J. P.

51. *Si rien ne bat au cœur de ce jeune Arcadien*, v. 159. Mot à mot : « Si rien ne bat sous la mamelle gauche, etc. » L'Arcadie était fameuse par ses ânes :

  . . . . Arcadiæ pecuaria rudere credas.
        Pers., sat. 3.

Grangæus, s'appuyant d'un passage de Philostrate, croit que ce trait tombe moins sur les ânes que sur les Arcadiens.

52. *Son mortel Annibal*, v. 161. Il s'agit ici d'un sujet de déclamation. Dans les écoles de Rome, à peu près comme dans les nôtres, les élèves, pour s'exercer à l'art d'écrire, supposaient des discours et traitaient de ces sujets auxquels nous avons donné le nom d'*amplifications*.   J. P.

53. *Plus de ravisseur, de poison*, etc., v. 169. Dusaulx n'a pas rendu ces détails. Le poète y fait encore allusion aux sujets de déclamation usités dans les écoles. On a pensé que, par *raptore*, Juvénal entendait Pâris qui séduisit Hélène ; par *fusa venena*, les poisons dont Médée se servit plusieurs fois ; par *malus ingratusque maritus*, Jason ou Thésée ; par *mortaria quæ sanant*, etc., les préparations magiques qui devaient rendre la jeunesse au vieux Pélias. Mais ce ne sont que des conjectures.   J. P.

Juvénal indique ici les sujets de ces déclamations aussi vaines que rebattues : tantôt c'était le rapt, tantôt le poison ou l'ingratitude. Voici un passage de Quintilien, propre à expliquer celui dont il s'agit : « Ces prestiges, dit-il, ces réponses d'oracles, ces fléaux imaginaires qui désolent un pays, ces marâtres plus cruelles que celles des poètes tragiques ; cent autres choses dont on nous fait de vaines descriptions, tout cela n'a rien de commun avec la pratique du barreau. » (Liv. II, chap. 10.)

54. *Moi, je leur conseille*, etc., v. 171. J'ose dire que ce passage tout entier a été mal entendu par les commentateurs, dont la plupart n'étudient les poètes que vers à vers, et sans égard à ce qui précède. Ils se sont figuré que Juvénal conseille ici aux rhéteurs, *qui veras agitant lites*, de persister dans la profession d'avocat : mais Juvénal a montré les inconvéniens de cette profession, et il est conséquent. Ce poète, si je ne me trompe, s'adresse à ceux *qui descendunt ab umbra rhetorica ad pugnam*, c'est-à-dire qui se disposent à plaider de véritables causes, et il les en détourne en leur objectant qu'ils consommeraient bientôt le produit de ce qu'il appelle *tesseras frumentarias*, ou billets de grains, billets que les parens donnaient aux maîtres de leurs enfans, comme de magnifiques récompenses, *mercedes lautissimæ*. Nous avons vu plus haut que l'on donnait aux avocats

> . . . . Siccus petasunculus, et vas
> Pelamidum; aut veteres, Afrorum epimenia, bulbi;
> Aut vinum Tiberi devectum, quinque lagenæ:

mais nous n'avons point vu que les plaideurs leur donnassent des *tesseras frumentarias*.

Les signes avec lesquels on allait chercher dans les greniers publics ou chez les trésoriers les gratifications que l'état accordait, soit en blé, en huile, en or ou en argent, s'appelaient *tesseræ*, tessères, mot employé par notre auteur. Ces marques étaient de différentes matières : on en a trouvé de bois à Herculanum. Il y avait encore des tessères de gladiateur et d'hospitalité.

55. *On prodiguera l'or à Chrysogon et à Pollion, enseignant aux enfans des riches l'art futile de Théodore*, v. 177. Dusaulx a pensé que *Chrysogon*, *Pollion* et *Théodore* étaient des noms de rhéteurs et de grammairiens. Il y a bien eu un rhéteur célèbre du nom de Théodore ; mais pour Chrysogon et Pollion, Juvénal les présente, satire 6, vers 74 et 387, comme des chanteurs et des joueurs de lyre : d'autres écrivains, et particulièrement Martial, en parlent

aussi comme de musiciens. Il a donc fallu corriger le sens de ce passage, et rendre Chrysogon et Pollion au seul métier qu'ils aient exercé. Pour Théodore, je me suis décidé à suivre l'opinion de M. Achaintre et de Ruperti, qui ont pensé que ce pourrait bien être le nom d'un musicien, ou plutôt d'un auteur qui aurait écrit sur la musique : l'expression latine, *artem Theodori scindens*, est parfaitement expliquée par cette conjecture ; il est bien dans l'intention de Juvénal de montrer ces maîtres de lyre, si recherchés et si magnifiquement payés, *détaillant* l'art de Théodore. *Scindere* ne se prête pas aussi bien à l'interprétation de quelques commentateurs qui veulent y voir un synonyme de *deridere*. J. P.

56. *Un portique*, etc., v. 178. Peu de temps avant Caton, les citoyens de Rome n'avaient point encore de portiques pareils à ceux que décrit notre auteur ; mais, bientôt après, le luxe de leurs maisons alla toujours en augmentant. De tous les portiques bâtis dans cette ville, les trois plus considérables furent ceux de Pompée, d'Auguste et de Néron. Du temps d'Auguste, on en comptait plus de quarante-cinq remplis de marchands.

57. *Exposée seulement aux rayons affaiblis du soleil d'hiver*, v. 183. Les Romains, selon Pline et Columelle, avaient emprunté des Asiatiques la coutume d'avoir plusieurs salles à manger, les unes pour l'été, les autres pour l'hiver ; et c'est de celles-ci qu'il s'agit. Jouvenci, faute de connaître cet usage, s'est, ainsi que plusieurs autres, trompé dans sa paraphrase.

58. *Mais d'où viennent donc à Quintilien tant de vastes domaines ?* v. 189. On croit communément que ce fameux rhéteur, le plus excellent maître d'éloquence, et le plus judicieux critique de son temps, était né à Calagurris, aujourd'hui Calahorra : *Quintilianus, ex Hispania Calagorritanus primus Romæ scholam aperuit*. (Euseb. Chronic.) Ausone l'appelle *Calagurris alumnus*. (In Profess.) Il est singulier que Martial, originaire d'Espagne, et qui a célébré tous les auteurs de son pays, ait passé celui-ci sous silence : c'est peut-être ce qui a fait croire à l'auteur de la Vie de Quintilien qu'il était né à Rome. On peut du moins inférer de plusieurs passages de son ouvrage, *de Institut. Orator.*, qu'il habita cette

ville dès sa plus tendre jeunesse : au reste, il eut le malheur de se trouver, en quelque sorte, dans la nécessité de flatter Domitien, et il en fut trop récompensé, comme Juvénal l'insinue.

59. *Le droit de porter la lunule*, v. 191. Martial (lib. II, ep. 29), parlant d'une ancienne extraction, dit :

> Non hesterna sedet lunata ligula planta.

La lunule était un ornement que les patriciens portaient, les uns disent sur la partie antérieure du soulier, les autres entre la cheville du pied et le talon : c'était une espèce de boucle ou agrafe plus ou moins riche, et qui avait la forme de la lettre C. Plutarque, dans ses Questions romaines, explique cette lettre d'une manière allégorique : mais Isidore de Séville (*Orig.*, lib. XIX, cap. 34) prétend qu'elle exprimait le nombre des sénateurs créés par Romulus : *Luna autem non sideris formam, sed notam centenarii numeri significabat, quod initio patricii senatores centum fuerunt.* Il se peut que Juvénal n'ait voulu désigner par cet attribut que la qualité de sénateur ; car, de son temps, ou peu de temps après, ceux-ci, soit qu'ils fussent de race patricienne ou plébéienne, portaient indistinctement la lunule : on en a la preuve dans la seconde inscription d'Hérode Atticus, publiée par Saumaise. (*Voyez* son Commentaire, pages 101 et suivantes.)

60. *On obtient tout en partage*, v. 190 et suiv. BOILEAU en dit à peu près autant de la richesse, sat. 8, v. 203 :

> Quiconque est riche est tout : sans sagesse, il est sage;
> Il a, sans rien savoir, la science en partage;
> Il a l'esprit, le cœur, le mérite, le rang,
> La vertu, la valeur, la dignité, le sang ;
> Il est aimé des grands, il est chéri des belles.
> Jamais surintendant ne trouva de cruelles....... J. P.

61. *S'il plaît à la fortune, de rhéteur tu deviendras consul; de consul, rhéteur,* v. 197. Ces vers ont fait croire que Quintilien était parvenu au consulat : comme on ne trouve point son nom dans les fastes des consuls, il est plus vraisemblable qu'il fut seulement décoré des ornemens consulaires. *Quintilianus, consularia*

ornamenta sortitus, honestamenta nominis potius videtur quam insignia potestatis habuisse. (AUSON., *in Gratiarum actione.*) Pline (lib. IV, epist. 2) a dit aussi, en parlant d'un certain Licinius : *Quos tibi, fortuna, ludos facis? Facis enim ex senatoribus professores, ex professoribus senatores.* Il paraît néanmoins que tout ce passage regarde Quintilien, que Juvénal a cité plusieurs fois d'une manière équivoque, pour se venger, dit-on, de son silence; mais ce motif est controuvé, s'il est vrai que notre auteur ne commença sa carrière littéraire que lorsque l'autre eut fini la sienne.

En supposant que les deux vers dont il s'agit ici soient de pure imagination, on dut les appliquer deux siècles après au poète Ausone, fils d'un médecin de Bazas, qui, de simple rhéteur à Bordeaux, devint précepteur de Gratien, fils de l'empereur Valentinien, et fut élevé à la dignité de consul l'an de notre ère 379. Que de traits beaucoup plus importans que celui-ci, de la part de Juvénal, conviennent aux modernes, et conviendront à leurs descendans!

62. *Que prouvent un Ventidius, un Tullius*, v. 199. Ventidius Bassus, après avoir été captif et muletier, devint successivement tribun du peuple, préteur, consul et souverain pontife. Marc-Antoine l'envoya, l'an de Rome 718, contre les Parthes, dont il triompha. Dès qu'il fut nommé consul, on afficha ces vers dans les faubourgs de Rome :

> Concurrite omnes augures, aruspices :
> Portentum inusitatum conflatum est recens,
> Nam mulos qui fricabat, consul factus est.
> A. GELL., lib. xv, cap. 4.

Servius Tullius, sixième roi de Rome, était fils d'un esclave.

63. *Est plus rare qu'un corbeau blanc*, v. 202. On a déjà vu dans la satire 6, vers 165 :

> Rara avis in terris, nigroque simillima cycno.

64. *Le sort de Thrasymaque, celui de Secundus Carrinas en est la preuve*, v. 204. On raconte que le premier fut réduit à se pendre, et l'autre à s'empoisonner. Secundus Carrinas, ayant été banni

de Rome par Caligula, se réfugia dans Athènes, où personne n'osa l'assister à cause de l'empereur. Quelques-uns croient que les vers suivans font allusion à Socrate, et même qu'on peut les lui appliquer, parce que ce philosophe, selon Diogène Laërce, enseigna la rhétorique, fut très-pauvre, et but la ciguë. Mais cette interprétation me paraît forcée. Outre qu'on n'a guère considéré Socrate comme rhéteur, il est vraisemblable que si Juvénal avait voulu le désigner ici, il l'aurait fait de manière à ne laisser aucun doute, comme dans la satire 13, vers 185, où il dit:

. . . . . . Dulcique senex vicinus Hymetto,
Qui partem acceptæ sæva inter vincla cicutæ
Accusatori nollet dare.

65. *Ingrate Athènes, qui ne sus jamais offrir à tes citoyens que la froide ciguë*, v. 206. Dusaulx n'a pas cru que la phrase pût être générale, et il a rapporté *conferre cicutas*, au seul Carrinas. C'est plutôt, je crois, une allusion au sort de Socrate. Il n'est pas nécessaire de supposer que Socrate ait été rhéteur pour croire qu'il s'agit ici de lui. Le poète cite un exemple de l'ingratitude d'Athènes, et cet exemple lui rappelle la mort de Socrate.   J. P.

66. *Faites, dieux immortels*, etc., *que les urnes de ces grands hommes recèlent des fleurs odorantes et un printemps éternel*, etc., v. 207. En publiant la troisième édition, j'avais promis de me rapprocher du texte de Juvénal, le plus qu'il me serait possible; mais j'avoue que de temps en temps je me suis trouvé fort embarrassé. Comment se résoudre, par exemple, à mettre, comme ici, le printemps dans une urne? *Et in urna perpetuum ver*. Cependant je l'ai osé.

En méditant ces grands poètes, qui sentaient, pensaient et enseignaient en même temps, on se familiarise avec leurs métaphores les plus hardies. Non-seulement je ne trouve plus étrange que Virgile, parlant de la blessure que l'Amour avait faite à Didon, ait dit:

Vulnus alit venis, et cæco carpitur igni;
Æneid., lib. iv, vers. 2.

je l'admire au contraire, et j'y reconnais, comme dans plusieurs traits de Juvénal, une imagination vraiment poétique, et un esprit impatient d'atteindre le dernier terme du sentiment et de la pensée.

67. *Aujourd'hui Rufus et ses collègues sont battus par leurs élèves*, v. 213. Les meilleurs manuscrits, au rapport de Nic. Heinsius, ont ici *cædit sua quemque*, etc., et non pas *quæque*, comme le portent toutes les éditions : on sent d'ailleurs que c'est ainsi qu'il faut lire.

68. *Rufus, qui traita tant de fois Cicéron d'Allobroge*, v. 214. Cicéron n'a point manqué de détracteurs. Indépendamment de ce Rufus, on voit dans l'ouvrage *de Clar. Orat.* que Brutus et Calvus l'appelaient *elumbem et fractum, solutum et enervem* : grande leçon pour ceux qui, n'étant pas des Cicérons, ne sauraient supporter la moindre critique!

69. *Le grammairien*, v. 215. La grammaire s'étendit, du temps de Juvénal, sur presque tous les beaux arts ; et ceux qui l'enseignaient, par un abus que leur reproche Quintilien (lib. II, cap. I), faisaient en même temps le métier de rhéteurs.

70. *Pauvre Palémon! tel qu'un marchand de manteaux d'hiver grossièrement tissus, il faut souffrir cet injuste rabais*, v. 220. Juvénal assimile ces grammairiens à ces petits marchands de Rome, qui n'étaient dans cette ville opulente que ce que sont aujourd'hui nos fripiers et nos crieurs de vieux chapeaux. Il les appelle *Institores hibernæ tegetis niveique cadurci*, etc., parce qu'ils ne vendaient guère que des manteaux grossièrement tissus, et fabriqués dans les Gaules. Il paraît ici qu'il y en avait une manufacture à Cahors.

71. *Sans l'aide du tribun*, v. 228. Les tribuns dont il s'agit s'appelaient *tribuni ærarii*, et ils étaient juges des petites causes.

72. *Au point de pouvoir vous dire, si vous l'interrogez par hasard en allant aux thermes ou aux bains d'Apollon, quelle fut la nourrice d'Anchise*, etc., v. 232 et suiv. Observons d'abord qu'il y avait

cette différence entre les thermes et les bains, qu'on allait principalement aux premiers pour suer, et dans les seconds pour se laver.

Juvénal, parlant de la belle-mère d'Anchemolus, fait allusion à ces vers de Virgile :

> Hinc Sthenelum petit, et Rhœti de gente vetusta
> Anchemolum, thalamos ausum incestare novercæ.
> *Æneid.*, lib. x, vers. 338.

Je ne sais comment il s'est fait que des hommes distingués par l'esprit et le talent se soient de tout temps occupés de questions frivoles, et qui ne mènent à rien d'utile, ni même d'agréable. D'Alembert et d'Argental ne pouvaient pas dormir avant d'avoir deviné le logogryphe du Mercure. Les Romains tombèrent, à cet égard, dans des recherches aussi vaines que puériles. Cette manie, dit Sénèque, fut aussi celle des Grecs; ils s'amusaient à chercher quel avait été le nombre des rameurs d'Ulysse : ils disputaient pour savoir si l'Iliade avait été composée avant l'Odyssée, si ces deux poëmes étaient du même auteur, et de beaucoup d'autres choses de cette importance, que l'on peut savoir sans en être plus heureux, et publier sans en paraître ni moins ennuyeux, ni plus instruit. (*De brev. vitæ*, cap. 23.)

73. *Exigez qu'il façonne le cœur flexible de vos enfans*, v. 237. Horace, *Art poét.*, v. 163, a dit aussi métaphoriquement, en parlant du jeune homme : *Cereus in vitium flecti*.   J. P.

74. *Fait donner à l'athlète victorieux*, v. 243. Grangæus a prouvé que *postulat* a ici la même signification que *præbet*.

SATIRA VIII.

Nobiles.

STEMMATA quid faciunt? quid prodest, Pontice, longo
Sanguine censeri, pictosque ostendere vultus
Majorum, et stantes in curribus Æmilianos,
Et Curios jam dimidios, humerosque minorem
Corvinum, et Galbam auriculis nasoque carentem?
Quis fructus generis tabula jactare capaci
Fumosos equitum cum dictatore magistros,
Si coram Lepidis male vivitur? Effigies quo
Tot bellatorum, si luditur alea pernox
Ante Numantinos? si dormire incipis ortu
Luciferi, quo signa duces et castra movebant?
Cur Allobrogicis, et magna gaudeat ara
Natus in Herculeo Fabius Lare, si cupidus, si
Vanus, et Euganea quantumvis mollior agna;
Si tenerum attritus Catinensi pumice lumbum
Squalentes traducit avos, emptorque veneni
Frangenda miseram funestat imagine gentem?
Tota licet veteres exornent undique ceræ
Atria, nobilitas sola est atque unica virtus.

PAULUS, vel Cossus, vel Drusus moribus esto:

SATIRE VIII.

Les Nobles [1].

Qu'importent les généalogies? Que sert, ô Ponticus, de pouvoir vanter une antique origine, de montrer les portraits de ses ancêtres, les Émiliens [2] sur leurs chars de triomphe, les Curius déjà mutilés, Corvinus sans épaule [3], Galba sans nez et sans oreilles? A quoi bon étaler pompeusement les bustes enfumés des dictateurs [4] et des maîtres de la cavalerie, dont on descend, si l'on vit sans honneur en présence des Lépides? A quoi bon les images de tant d'illustres guerriers, si l'on passe les nuits au jeu, à la face du vainqueur de Numance; si l'on ne se couche qu'au lever de l'aurore, au moment où ces généraux, saisissant leurs aigles, marchaient à l'ennemi? De quel droit un Fabius se glorifierait-il du surnom d'Allobroge [5] et de l'autel d'Hercule [6] qui couvrit son berceau, s'il est ambitieux, vain, et plus mou qu'une brebis d'Altinum; si ses membres épilés par la pierre de Sicile [7] insultent à l'austérité de ses aïeux; si la statue de cet empoisonneur, qu'il faudrait briser [8], souille les images de sa race malheureuse? En vain d'anciennes effigies décorent vos portiques [9]; la vraie noblesse, c'est la vertu [10].

Sois Paulus, Drusus ou Cossus par tes mœurs; pré-

Hos ante effigies majorum pone tuorum :
Præcedant ipsas illi te consule virgas.
Prima mihi debes animi bona. Sanctus haberi,
Justitiæque tenax factis dictisque mereris?
Agnosco procerem. Salve, Gætulice, seu tu
Silanus, quocunque alio de sanguine, rarus
Civis et egregius patriæ contingis ovanti.
Exclamare libet populus quod clamat, Osiri
Invento. Quis enim generosum dixerit hunc, qui
Indignus genere, et præclaro nomine tantum
Insignis? Nanum cujusdam Atlanta vocamus ;
Æthiopem, cycnum ; parvam extortamque puellam,
Europen. Canibus pigris scabieque vetusta
Levibus, et siccæ lambentibus ora lucernæ,
Nomen erit pardus, tigris, leo, si quid adhuc est,
Quod fremat in terris violentius. Ergo cavebis,
Et metues, ne tu sic Creticus aut Camerinus.

His ego quem monui? tecum est mihi sermo, Rubelli
Blande. Tumes alto Drusorum stemmate, tanquam
Feceris ipse aliquid, propter quod nobilis esses,
Ut te conciperet, quæ sanguine fulget Iuli,
Non quæ ventoso conducta sub aggere texit.
Vos humiles, inquis, vulgi pars ultima nostri,
Quorum nemo queat patriam monstrare parentis :
Ast ego Cecropides. Vivas, et originis hujus
Gaudia longa feras : tamen ima plebe Quiritem

fère-les aux images de tes pères : élevé au consulat, que leur renommée précède tes faisceaux. Tu dois compte, avant tout, des qualités de ton âme. As-tu mérité par tes actions et tes discours le titre d'homme vertueux, d'incorruptible ami de la justice, je reconnais en toi un grand de l'état. Salut, Gétulicus, Silanus, noble sang des races les plus fameuses! tu es pour ton heureuse patrie un citoyen illustre et rare. A ton aspect, je fais éclater les mêmes transports que l'Égyptien quand il a trouvé son Osiris[11]. Mais j'appellerais noble un indigne rejeton, qui n'a d'autre mérite qu'un nom trop éclatant[12]! Quelquefois nous disons d'un nain, C'est un Atlas; d'un Éthiopien, C'est un cygne, et d'une fille petite et contrefaite, C'est une Europe. De misérables chiens languissans, décharnés, et réduits à lécher les bords d'une vieille lampe, reçoivent le nom de lion, de tigre, de léopard, ou d'un autre animal plus formidable, s'il en est dans l'univers. Tremble d'être appelé au même titre Creticus ou Camerinus.

A qui s'adressent ces leçons? à toi, Rubellius Blandus[13]. Tu t'enorgueillis du sang des Drusus, qui coule dans tes veines, comme si tu avais fait quelque chose pour mériter ta noblesse, pour devoir le jour à une descendante d'Iule, plutôt qu'à la vile mercenaire qui fabrique la toile sur le rempart de Tarquin[14]. Vous autres, dis-tu, vous n'êtes qu'une obscure et vile populace; aucun de vous ne pourrait me nommer la patrie de son père : moi, je descends de Cécrops[15]. Je t'en félicite; jouis long-temps de ce beau privilége! C'est néanmoins

Facundum invenies : solet hic defendere caussas
Nobilis indocti : veniet de plebe togata,
Qui juris nodos et legum ænigmata solvat.
Hic petit Euphraten juvenis, domitique Batavi
Custodes aquilas, armis industrius : at tu
Nil nisi Cecropides, truncoque simillimus Hermæ.
Nullo quippe alio vincis discrimine, quam quod
Illi marmoreum caput est, tua vivit imago.

Dic mihi, Teucrorum proles, animalia muta
Quis generosa putet, nisi fortia? nempe volucrem
Sic laudamus equum; facili cui plurima palma
Fervet, et exsultat rauco victoria circo.
Nobilis hic, quocunque venit de gramine, cujus
Clara fuga ante alios, et primus in æquore pulvis.
Sed venale pecus Corythæ posteritas et
Hirpini, si rara jugo victoria sedit.
Nil ibi majorum respectus, gratia nulla
Umbrarum : dominos pretiis mutare jubentur
Exiguis, tritoque trahunt epirhedia collo
Segnipedes, dignique molam versare Nepotis.
Ergo ut miremur te, non tua, primum aliquid da,
Quod possim titulis incidere præter honores,
Quos illis damus et dedimus, quibus omnia debes.

Hæc satis ad juvenem, quem nobis fama superbum
Tradit, et inflatum plenumque Nerone propinquo.

SATIRE VIII.

au sein de cette populace que tu trouveras l'orateur éloquent, le défenseur des droits de la noblesse ignorante ; c'est du sang le plus abject à tes yeux que tu verras sortir le jurisconsulte habile à interpréter les lois, à en démêler les nœuds, à en expliquer les énigmes. Nos jeunes plébéiens volent aux rives de l'Euphrate, ou vont se presser autour des aigles qui veillent sur le Batave vaincu [16]. Mais toi, tu n'es rien que le descendant de Cécrops, aussi inutile que le buste d'Hermès : la seule différence, c'est qu'il est de marbre, et que tu respires.

Dis-moi, orgueilleux descendant d'Énée, parmi les animaux, les plus vigoureux ne sont-ils pas les plus nobles ? Nous estimons le coursier pour sa vitesse, lorsqu'il sait remporter la palme sans effort, et que le cirque retentit des applaudissemens prodigués à sa victoire. Quelque pâturage qui l'ait nourri, il est noble, si, devançant ses rivaux, il fait voler sur l'arène le premier tourbillon de poussière. Mais si la victoire s'assied rarement sur le timon du char, la postérité de Corythe et d'Hirpin est envoyée au marché. Là, on ne tient aucun compte des aïeux et des ombres illustres. Le coursier paresseux passe à vil prix sous le joug d'un nouveau maître [17], son cou décharné traîne un chariot, ou fait tourner la meule de Népos [18]. Si tu veux donc jouir d'une estime personnelle, Rubellius, montre-moi des vertus que je puisse inscrire à la suite des titres dont nous honorons, dont nous avons toujours honoré [19] ceux à qui tu dois tout.

Mais laissons là ce jeune homme superbe, tout fier d'être le parent de Néron. Ces favoris de la fortune ont rarement

Rarus enim ferme sensus communis in illa
Fortuna. Sed te censeri laude tuorum,
Pontice, noluerim, sic ut nihil ipse futuræ
Laudis agas. Miserum est aliorum incumbere famæ,
Ne collapsa ruant subductis tecta columnis.
Stratus humi palmes viduas desiderat ulmos.

Esto bonus miles, tutor bonus, arbiter idem
Integer : ambiguæ si quando citabere testis
Incertæque rei, Phalaris licet imperet, ut sis
Falsus, et admoto dictet perjuria tauro,
Summum crede nefas animam præferre pudori,
Et propter vitam vivendi perdere caussas.
Dignus morte perit, cœnet licet ostrea centum
Gaurana, et Cosmi toto mergatur aeno.

Exspectata diu tandem provincia quum te
Rectorem accipiet, pone iræ frena modumque,
Pone et avaritiæ : miserere inopum sociorum.
Ossa vides regum vacuis exsucta medullis.
Respice, quid moneant leges, quid curia mandet;
Præmia quanta bonos maneant; quam fulmine justo
Et Capito et Numitor ruerint, damnante senatu,
Piratæ Cilicum. Sed quid damnatio confert,
Quum Pansa eripiat quidquid tibi Natta reliquit?
Præconem, Chærippe, tuis circumspice pannis,
Jamque tace. Furor est post omnia perdere naulum.

le sens commun [20]. Pour toi, Ponticus, j'aurais regret de te voir jouir de la gloire de tes ancêtres, et ne point travailler à t'illustrer toi-même. Qu'il est triste de n'avoir pour appui qu'un mérite étranger! Supprimez les colonnes, l'édifice s'écroule. La vigne, privée de l'ormeau qu'elle embrassait, regrette bientôt son soutien.

Sois brave soldat, tuteur fidèle, arbitre intègre. Si l'on t'appelle en témoignage sur un fait incertain ou douteux, quand Phalaris t'ordonnerait un parjure, en présence de son taureau brûlant, regarde comme un grand crime de préférer l'existence à l'honneur, et de renoncer, pour la vie, aux vertus qui nous rendent dignes de vivre [21]. Quiconque a mérité la mort n'existe déjà plus, dévorât-il à chaque repas cent huîtres du Lucrin, fût-il trempé de tous les parfums de Cosmus [22].

Lorsque enfin, après une longue attente, le gouvernement d'une province viendra combler tes désirs, mets un frein à ta colère, des bornes à ta cupidité; compatis à la misère de nos alliés. Tu verras des fantômes de rois, dont nos préteurs ont sucé la substance jusqu'aux os. Considère ce que les lois prescrivent, ce qu'ordonne le sénat; songe aux récompenses qui attendent les gens de bien, aux foudres terribles qui frappèrent Numitor et Capiton, ces pirates des pirates de Cilicie. Mais à quoi bon les punir, puisque Pansa ravit ce que Natta avait épargné? Pauvre Chérippe, cherche un crieur, vends tes haillons [23], et tais-toi. Après avoir tout perdu, il y aurait de la folie à perdre encore les frais du voyage. Au-

Non idem gemitus olim, nec vulnus erat par
Damnorum, sociis florentibus, et modo victis.
Plena domus tunc omnis, et ingens stabat acervus
Nummorum, Spartana chlamys, conchylia Coa,
Et cum Parrhasii tabulis signisque Myronis
Phidiacum vivebat ebur, necnon Polycleti
Multus ubique labor : raræ sine Mentore mensæ.
Inde Dolabella est, atque hinc Antonius; inde
Sacrilegus Verres. Referebant navibus altis
Occulta spolia, et plures de pace triumphos.
Nunc sociis juga pauca boum, grex parvus equarum,
Et pater armenti capto eripietur agello :
Ipsi deinde Lares, si quod spectabile signum,
Si quis in ædicula deus unicus : hæc etenim sunt
Pro summis; nam sunt hæc maxima. Despicias tu
Forsitan imbelles Rhodios unctamque Corinthum :
Despicias merito. Quid resinata juventus,
Cruraque totius facient tibi levia gentis ?
Horrida vitanda est Hispania, Gallicus axis,
Illyricumque latus. Parce et messoribus illis
Qui saturant urbem circo scenæque vacantem.
Quanta autem inde feres tam diræ præmia culpæ,
Quum tenues nuper Marius discinxerit Afros ?
Curandum in primis, ne magna injuria fiat
Fortibus et miseris : tollas licet omne quod usquam est
Auri atque argenti; scutum gladiumque relinques,
Et jacula, et galeam. Spoliatis arma supersunt.

trefois le fléau de la rapine tourmentait moins nos alliés, riches et florissans, quoique nouvellement conquis. Leurs maisons regorgeaient d'or : on y voyait la chlamyde de Sparte et la pourpre de Cos ; l'ivoire sculpté par Phidias ou Polyclète y respirait parmi les chefs-d'œuvre de Parrhasius et de Myron : les vases de Mentor ornaient presque toutes les tables : de là les sacriléges de Dolabella, d'Antoine et de Verrès, dont les vaisseaux rapportaient furtivement les dépouilles de ces infortunés, plus complétement vaincus dans la paix que dans la guerre [24]. Que leur ravir aujourd'hui ? des champs dévastés, quelques paires de bœufs, quelques cavales, le chef d'un troupeau, ou bien encore les images de leurs dieux Lares, si le travail en est remarquable, et s'il en est échappé une seule à l'avidité des préteurs : voilà ce qu'ils ont de plus précieux, voilà leur unique trésor. Tu méprises peut-être le lâche Rhodien, le Corinthien parfumé : tu le peux, sans doute ; que craindre en effet de ces nations efféminées ? Mais ne va pas attaquer le farouche Espagnol, ou le Gaulois et l'Illyrien, endurcis par leur climat. Respecte aussi ces infatigables moissonneurs, qui nourrissent notre ville uniquement occupée de jeux et de spectacles [25]. Si tu étais avide et cruel, quel en serait le fruit ? Aujourd'hui, que piller en Afrique ? Marius t'a prévenu [26]. Garde-toi surtout de réduire au désespoir des hommes vaillans et malheureux : quand tu leur ravirais le peu d'or et d'argent qui leur reste, tu leur laisserais encore des boucliers, du fer, des casques et des flèches. Il reste des armes à ceux qu'on a dépouillés.

Quod modo proposui, non est sententia; verum
Credite me vobis folium recitare Sibyllæ.
Si tibi sancta cohors comitum, si nemo tribunal
Vendit Acersecomes, si nullum in conjuge crimen,
Nec per conventus, nec cuncta per oppida curvis
Unguibus ire parat, nummos raptura Celæno;
Tunc licet a Pico numeres genus; altaque si te
Nomina delectant, omnem Titanida pugnam
Inter majores ipsumque Promethea ponas :
De quocunque voles proavum tibi sumito libro.
Quod si præcipitem rapit ambitus atque libido,
Si frangis virgas sociorum in sanguine, si te
Delectant hebetes lasso lictore secures,
Incipit ipsorum contra te stare parentum
Nobilitas, claramque facem præferre pudendis.
Omne animi vitium tanto conspectius in se
Crimen habet, quanto major, qui peccat, habetur.
Quo mihi te solitum falsas signare tabellas
In templis quæ fecit avus, statuamque parentis
Ante triumphalem? quo, si nocturnus adulter
Tempora Santonico velas adoperta cucullo?

Præter majorum cineres atque ossa, volucri
Carpento rapitur pinguis Damasippus, et ipse,
Ipse rotam stringit multo sufflamine consul :
Nocte quidem; sed luna videt, sed sidera testes
Intendunt oculos. Finitum tempus honoris

CE ne sont pas là de vaines paroles; ce sont, crois-moi, des oracles aussi sûrs que ceux de la Sibylle. Si tu sais t'entourer d'hommes vertueux; si tu ne permets pas que la justice soit vendue par quelque jeune favori; si ton épouse est irréprochable, si on ne la voit point, comme une harpie aux ongles recourbés, courir de ville en ville, de bourgade en bourgade, et s'enrichir aux dépens du malheureux [27], descends alors de Picus [28], j'y consens; et si les noms anciens chatouillent ton oreille, place parmi tes ancêtres toute la race des Titans, et Prométhée lui-même; feuillète nos livres, et choisis tes aïeux. Mais si tu te livres aux séductions de l'ambition et de la volupté, si tu trempes tes faisceaux dans le sang de nos alliés, si tes yeux contemplent avec joie les haches émoussées de tes licteurs fatigués, alors la noblesse de tes pères dépose contre toi; leur gloire est un flambeau qui éclaire ton ignominie [29]. Le crime se mesure au rang du criminel. Pourquoi me vanter ta naissance, toi qu'on a vu si souvent falsifier des testamens dans les temples bâtis par tes aïeux, au pied même de la statue triomphale de ton père; toi qui, pour assouvir dans les ténèbres tes désirs adultères, as déguisé tes traits sous la cape gauloise?

L'ÉPAIS Damasippe [30] fait voler un char rapide le long des sépulcres où reposent les cendres et les ossemens de ses ancêtres. Il est consul; et cependant lui-même, oui, lui-même, il enraie les roues de sa voiture. C'est pendant la nuit, j'en conviens; mais la lune le voit, mais les astres le regardent. Que l'année de son consulat soit ré-

Quum fuerit, clara Damasippus luce flagellum
Sumet, et occursum nunquam trepidabit amici
Jam senis, ac virga prior annuet, atque maniplos
Solvet, et infundet jumentis hordea lassis.
Interea, dum lanatas torvumque juvencum
More Numæ cædit Jovis ante altaria, jurat
Solam Eponam, et facies olida ad præsepia pictas.
Sed quum pervigiles placet instaurare popinas,
Obvius assiduo Syrophœnix udus amomo
Currit, Idumææ Syrophœnix incola portæ,
Hospitis affectu dominum regemque salutat,
Et cum venali Cyane succincta lagena.
Defensor culpæ dicet mihi : Fecimus et nos
Hæc juvenes. Esto; desisti nempe, nec ultra
Fovisti errorem. Breve sit, quod turpiter audes.
Quædam cum prima resecentur crimina barba.
Indulge veniam pueris. Damasippus ad illos
Thermarum calices inscriptaque lintea vadit,
Maturus bello, Armeniæ Syriæque tuendis
Amnibus, et Rheno atque Istro : præstare Neronem
Securum valet hæc ætas. Mitte ostia, Cæsar,
Mitte; sed in magna legatum quære popina,
Invenies aliquo cum percussore jacentem,
Permixtum nautis, et furibus, ac fugitivis,
Inter carnifices, et fabros sandapilarum,
Et resupinati cessantia tympana Galli.

volue, Damasippe prendra les guides en plein jour, et
loin d'éviter la rencontre d'un ami respectable par son
âge, il osera le saluer le premier en inclinant son fouet [31];
lui-même il déliera les gerbes, il donnera l'orge à ses
chevaux fatigués [32]. Immole-t-il, suivant les rites de
Numa, une brebis et un taureau devant l'autel de Jupiter [33], il ne jure que par Épone [34] ou telle autre divinité
peinte sur les murailles des écuries. Retourne-t-il veiller
au cabaret, le Syrien, voisin de la porte Iduméenne [35],
les mains encore grasses des parfums qu'il a touchés, accourt à sa rencontre, et le salue affectueusement des
noms de maître et de roi : la leste Cyane l'accompagne,
un flacon à la main. Mais, dira-t-on pour l'excuser, n'en
avons-nous pas fait autant dans la jeunesse? D'accord;
l'âge mûr cependant nous a rendus plus sages : le règne
des passions déshonnêtes doit être court. Bien des vices
doivent tomber avec la première barbe. — Les jeunes
gens ont besoin d'indulgence. — Damasippe n'a plus
droit d'y prétendre, lui qui ne cesse de fréquenter les
thermes, les lieux de débauche [36], tandis que l'Arménie,
la Syrie, le Rhin, le Danube, réclament la vigueur de son
âge, et Néron un défenseur. Envoie-le, César, envoie-le
commander à l'embouchure des fleuves [37] : mais fais
chercher ce général au cabaret; c'est là qu'on le trouvera
assis à table avec des assassins, des voleurs, des mari-
niers, des esclaves fugitifs, avec des bourreaux, des faiseurs de cercueils [38], des prêtres de Cybèle étendus à
côté de leurs cymbales muettes. Là, chacun jouit des
mêmes priviléges : le lit, la table, les coupes, tout est en
commun. Que ferais-tu, Ponticus, d'un pareil esclave?

Æqua ibi libertas, communia pocula, lectus
Non alius cuiquam, nec mensa remotior ulli.
Quid facias talem sortitus, Pontice, servum?
Nempe in Lucanos aut Tusca ergastula mittas.
At, vos, Trojugenæ, vobis ignoscitis, et, quæ
Turpia cerdoni, Volesos Brutosque decebunt.

Quid, si nunquam adeo fœdis, adeoque pudendis
Utimur exemplis, ut non pejora supersint?
Consumptis opibus, vocem, Damasippe, locasti
Sipario, clamosum ageres ut Phasma Catulli.
Laureolum velox etiam bene Lentulus egit,
Judice me, dignus vera cruce. Nec tamen ipsi
Ignoscas populo: populi frons durior hujus
Qui sedet, et spectat triscurria patriciorum,
Planipedes audit Fabios, ridere potest qui
Mamercorum alapas. Quanti sua funera vendant,
Quid refert? vendunt, nullo cogente Nerone,
Nec dubitant Celsi prætoris vendere ludis.
Finge tamen gladios inde, atque hinc pulpita pone:
Quid satius? mortem sic quisquam exhorruit, ut sit
Zelotypus Thymeles, stupidi collega Corinthi?
Res haud mira tamen, citharœdo principe, mimus
Nobilis. Hæc ultra quid erit, nisi ludus? et illud
Dedecus urbis habes. Nec mirmillonis in armis,
Nec clypeo Gracchum pugnantem, aut falce supina
(Damnat enim tales habitus, et damnat et odit,

tu l'enverrais sans doute en Lucanie ou dans tes cachots de Toscane [39]. Mais vous, fiers tyrans, vous vous pardonnez tout. Les Volèses, les Brutus se permettent ce qui déshonorerait un esclave.

Quoi! malgré l'infamie de tels exemples, je puis en citer de plus odieux encore! Après avoir consommé ton patrimoine, Damasippe, tu vendis ta voix [40] pour crier dans le Spectre de Catulle [41]. Lentulus aussi, l'agile Lentulus a très-bien joué le rôle de Lauréole, et certes il méritait de n'être pas crucifié seulement en effigie [42]. Et le peuple? le peuple n'a pas droit à plus d'indulgence, lui qui a le front d'assister à leurs farces, d'écouter les inepties des Fabius, de rire des soufflets que reçoivent les Mamercus. Qu'importe le prix qu'ils mettent à leur vie? ils la vendent sans qu'un Néron les y force; ils la vendent au président des jeux, au préteur Celsus [43]. S'il fallait choisir entre le glaive et les tréteaux [44], sans doute on affronterait plutôt la mort que de se résoudre à devenir le jaloux de Thymèle, et le collègue du stupide Corinthius? Cependant cette bassesse devrait moins nous étonner : un noble peut se faire histrion, quand un empereur se fit joueur de harpe. Il y aurait encore quelque chose de plus honteux; ce serait qu'un noble se fît gladiateur. Eh bien! Rome a subi cette infamie. Gracchus se montre sur l'arène, non pas comme le mirmillon [45], armé d'une faux, et le visage couvert d'un cas-

Nec galea frontem abscondit) : movet ecce tridentem.
Postquam vibrata pendentia retia dextra
Nequicquam effudit, nudum ad spectacula vultum
Erigit, et tota fugit agnoscendus arena.
Credamus tunicæ, de faucibus aurea quum se
Porrigat, et longo jactetur spira galero.
Ergo ignominiam graviorem pertulit omni
Vulnere, cum Graccho jussus pugnare secutor.

LIBERA si dentur populo suffragia, quis tam
Perditus, ut dubitet Senecam præferre Neroni,
Cujus supplicio non debuit una parari
Simia, nec serpens unus, nec culeus unus?
Par Agamemnonidæ crimen; sed caussa facit rem
Dissimilem : quippe ille, deis auctoribus, ultor
Patris erat cæsi media inter pocula : sed nec
Electræ jugulo se polluit, aut Spartani
Sanguine conjugii; nullis aconita propinquis
Miscuit; in scena nunquam cantavit Orestes;
Troica non scripsit. Quid enim Verginius armis
Debuit ulcisci magis, aut cum Vindice Galba?
Quid Nero tam sæva crudaque tyrannide fecit?
Hæc opera atque hæ sunt generosi principis artes,
Gaudentis fœdo peregrina ad pulpita saltu
Prostitui, Graiæque apium meruisse coronæ.
Majorum effigies habeant insignia vocis :

que : il déteste et méprise ces déguisemens. Il balance le trident; il lance le filet. A-t-il manqué son coup, il prend la fuite, et s'offre, la tête haute, aux regards des spectateurs. C'est lui, n'en doutons pas, croyons-en sa tunique [46], ses réseaux d'or et les bandelettes flottantes de sa mitre salienne. Cependant le mirmillon, forcé de le combattre, est plus sensible à cet affront qu'aux blessures les plus cruelles.

Si la liberté des suffrages était rendue au peuple, qui pourrait ne pas préférer Sénèque à Néron [47], à ce Néron, pour le supplice duquel il aurait fallu préparer plus d'un singe, plus d'un serpent, plus d'un sac de cuir [48]? Le fils d'Agamemnon commit, il est vrai, le même crime : mais quelle différence de motif et d'intention! Oreste, poussé par les dieux, vengeait son père égorgé au milieu d'un festin; mais il ne se souilla ni du meurtre d'Hélène, ni du sang d'Hermione [49]; jamais il ne présenta à ses proches une coupe empoisonnée; jamais il ne chanta sur un théâtre; enfin, il n'a point retracé l'embrasement de Troie [50]..... Verginius, Vindex et Galba pouvaient-ils rien venger de plus odieux [51]? Qu'a-t-il fait, ce Néron, dans le cours de sa détestable tyrannie? Voici les talens et les hauts faits de ce prince issu de tant d'aïeux [52] : il dansait [53], en vil histrion, sur des théâtres étrangers, et la Grèce a vu le maître de l'univers disputer ses futiles couronnes [54]. Va donc décorer les images de tes pères des trophées de ta voix; dépose au pied de Domitius [55] la

SATIRA VIII.

Ante pedes Domiti longum tu pone Thyestæ
Syrma, vel Antigones, seu personam Menalippes,
Et de marmoreo citharam suspende colosso.

Quid, Catilina, tuis natalibus, atque Cethegi
Inveniet quisquam sublimius? arma tamen vos
Nocturna et flammas domibus templisque parastis,
Ut Braccatorum pueri, Senonumque minores,
Ausi quod liceat tunica punire molesta.
Sed vigilat consul, vexillaque vestra coercet.
Hic novus Arpinas, ignobilis, et modo Romæ
Municipalis eques, galeatum ponit ubique
Præsidium attonitis, et in omni gente laborat.
Tantum igitur muros intra toga contulit illi
Nominis et tituli, quantum non Leucade, quantum
Thessaliæ campis Octavius abstulit udo
Cædibus assiduis gladio. Sed Roma parentem,
Roma patrem patriæ Ciceronem libera dixit.

Arpinas alius Volscorum in monte solebat
Poscere mercedes alieno lassus aratro.
Nodosam post hæc frangebat vertice vitem,
Si lentus pigra muniret castra dolabra.
Hic tamen et Cimbros, et summa pericula rerum
Excipit, et solus trepidantem protegit urbem.

robe de Thyeste [56] ou d'Antigone [57] et le masque de Ménalippe [58] ; suspends ta harpe au colosse d'Auguste [59].

CETHEGUS, et toi, Catilina, quelle extraction plus noble que la vôtre? Cependant, dignes rivaux des Gaulois et des soldats de Brennus, vous avez préparé les armes et les torches qui devaient, au sein des ténèbres, anéantir nos maisons et nos temples : vous avez osé un crime que nos tribunaux pourraient punir de la robe soufrée [60]. Mais le consul veille, et déconcerte vos projets coupables. Cet homme nouveau, cet obscur citoyen d'Arpinum [61], naguère encore chevalier d'une ville municipale [62], dispose partout des corps armés et rassure les esprits ; sa prévoyance embrasse l'état tout entier [63]. Ainsi, sans quitter Rome, sans déposer la toge [64], il acquit plus de gloire qu'Octave près d'Actium ou dans les champs de Thessalie, lorsque le glaive de ses soldats s'abreuvait du sang romain. Sauvée par le courage de Cicéron [65], la patrie reconnaissante l'appela son sauveur et son père [66].

UN autre habitant d'Arpinum, Marius, commença chez les Volsques par labourer les champs d'un maître : il passa ensuite dans nos légions, où le centurion brisait le sarment sur sa tête, quand il travaillait trop lentement aux fortifications d'un camp. Ce Marius, néanmoins, arrête les Cimbres, soutient l'état chancelant, et seul protége la ville alarmée. Aussi, ces barbares massa-

Atque ideo, postquam ad Cimbros stragemque volabant,
Qui nunquam attigerant majora cadavera, corvi,
Nobilis ornatur lauro collega secunda.

Plebeiæ Deciorum animæ, plebeia fuerunt
Nomina : pro totis legionibus hi tamen, et pro
Omnibus auxiliis, atque omni pube Latina,
Sufficiunt dis infernis, Terræque parenti;
Pluris enim Decii quam qui servantur ab illis.

Ancilla natus trabeam, et diadema Quirini,
Et fasces meruit regum ultimus ille bonorum.
Prodita laxabant portarum claustra tyrannis
Exsulibus juvenes ipsius consulis, et quos
Magnum aliquid dubia pro libertate deceret,
Quod miraretur cum Coclite Mucius, et quæ
Imperii fines Tiberinum virgo natavit.
Occulta ad patres produxit crimina servus
Matronis lugendus : at illos verbera justis
Afficiunt pœnis, et legum prima securis.

Malo pater tibi sit Thersites, dummodo tu sis
Æacidæ similis, Vulcaniaque arma capessas,
Quam te Thersitæ similem producat Achilles.

crés, et lorsque les corbeaux purent se repaître de leurs cadavres, les plus grands qu'ils aient jamais touchés, le noble collègue du héros plébéien [67] ne reçoit que la seconde palme.

Les âmes des Décius étaient plébéiennes, leurs noms ne furent que des noms plébéiens : ils suffirent néanmoins pour apaiser et la terre, notre mère commune, et les dieux infernaux conjurés contre nos légions, contre nos auxiliaires, contre les Latins nos alliés [68]. C'est que les Décius valaient, seuls, plus que tous ceux qu'ils sauvaient.

Né d'une esclave, le dernier de nos bons rois [69] mérita la trabée [70], le diadème et les faisceaux de Romulus. Les fils du consul, au contraire, traîtres à leur patrie, ouvrent les barrières de Rome aux tyrans qu'on en avait chassés ; eux, qui devaient plutôt à la liberté chancelante des actions capables d'étonner les Mucius, les Coclès, et cette vierge [71] qui franchit à la nage le Tibre, limite de l'empire. Un esclave [72], digne des larmes de nos Romaines [73], dénonce au sénat cette coupable trame ; et les fils de Brutus, battus de verges, tombent les premiers sous la hache de la liberté [74].

J'aime mieux te voir fils de Thersite [75], si tu as d'ailleurs le courage d'Achille, et si tu peux te couvrir comme lui de l'armure fabriquée par Vulcain, que de te voir, fils d'Achille, ressembler à Thersite. Quand tu daterais

Et tamen, ut longe repetas longeque revolvas
Nomen, ab infami gentem deducis àsylo.
Majorum primus, quisquis fuit ille, tuorum,
Aut pastor fuit, aut illud quod dicere nolo.

ton origine de la fondation de Rome, tu n'en sors pas moins d'un asile infâme [76]. Le premier de tes aïeux, quel qu'il soit, ne fut qu'un pâtre; ou.... ce que je ne veux pas dire.

NOTES

SUR LA SATIRE VIII.

---

1. ARGUMENT. La vraie noblesse, dit Juvénal, est personnelle, et ne vient que de la vertu : quant aux titres héréditaires, ils ne peuvent rien en faveur de celui qui en est décoré. C'est le peuple, continue-t-il, qui défend les droits de la noblesse ignorante ; c'est lui qui recule et protége les confins de l'empire. Qu'importe de quelle race est un coursier, quand il dégénère ? De même, quels égards doit-on à celui que ses illustres aïeux élevèrent aux premiers emplois de la république, quand il opprime nos alliés au lieu de les protéger, quand il s'avilit jusqu'à se faire cocher, palefrenier, histrion et gladiateur ? enfin, des nobles trahirent la patrie, des plébéiens la sauvèrent.

Nous allons entrer dans les sujets qui ont confirmé la réputation de Juvénal, considéré comme poète philosophe : on y remarquera que les traits les plus frappans et les plus utiles aux mœurs ne sont que les conséquences immédiates de ses premières impulsions ; car tout se tient dans cet ouvrage, qu'il ne faut pas regarder comme un recueil de pièces fugitives : tout part d'un même caractère et d'une même intention, il est vrai, modifiée diversement ; c'est, en quelque sorte, Homère passant de l'Iliade à l'Odyssée. Observons, en effet, que les satires précédentes, admirables sans doute par l'intention, la chaleur, la verve et une sainte indignation, portent bien plus, et c'est déjà beaucoup, à détester le vice qu'à chérir la vertu. Elles remuent, elles embrasent ; mais, en dernier ressort, que prouvent-elles ? plus d'indignation que de bonté : *Facit indignatio versum* (satire 1, vers 79.)

Au lieu que, dans les satires ou plutôt les sublimes harangues dont il s'agit, Juvénal, plus rassis, cherchant à nous délivrer des passions et des préjugés nuisibles, commence par nous convaincre de quelque vérité généralement intéressante, et finit par nous persuader : c'est-à-dire qu'il dépose dans les âmes que la corruption n'a pas encore dégradées, l'amour sincère de la justice, de l'honneur et de l'humanité.

Je ne sache pas que cette satire, malgré la permanence du préjugé qu'elle attaque, ait jamais éprouvé la moindre contradiction, même de la part des hommes les plus entêtés de leur noblesse : on l'a souvent imitée; personne encore n'a pu la surpasser.

2. *Les Émiliens*, etc., v. 3. Si j'avais dit les Émiles, on aurait pu croire qu'il s'agit ici de Paul-Émile, tandis que c'est Publius Cornélius Scipion, que Juvénal appelle, vers 11, Numantin. *Æmilianus* n'est pas un nom de race, mais d'adoption; comme ceux-ci, *Fulviani, Mariani, Pomponiani*, etc.

3. *Corvinus sans épaule*, etc., v. 4. On lit dans quelques éditions *nasumque minorem Corvini*. J'ai suivi la leçon conforme aux anciens manuscrits : *Ita enim vetustissimæ P. Pithœi membranæ*, dit Nic. Heinsius. Quelques critiques mettent dans ce même vers : *Et Curios jam dividuos*. Cette correction est plus qu'inutile.

4. *A quoi bon étaler pompeusement les bustes enfumés des dictateurs*, etc., v. 6. Dans plusieurs textes on trouve intercalé entre les vers 6 et 7, ce vers : *Corvinum, posthac multa contingere virga*. Outre l'autorité de dix manuscrits, la répétition inutile du nom de Corvinus, et la bizarrerie de l'expression *multa contingere virga* m'ont engagé à le supprimer. J. P.

5. *Se glorifierait-il du surnom d'Allobroge*, v. 12. Q. Fabius Maximus reçut le surnom d'*Allobrogicus*, pour avoir vaincu les Allobroges. Ce titre d'honneur passa à ses descendans. J. P.

6. *De l'autel d'Hercule*, etc., v. 13. On voyait, auprès du cirque Flaminien, un grand autel que le roi Évandre avait autrefois

élevé en l'honneur d'Hercule : le soin de cet autel fut confié à la famille des Fabiens, qui prétendaient tirer leur origine de ce dieu. Cet autel n'était pas seulement appelé grand, mais très-grand :

> . . . . Quæ maxima semper
> Dicetur nobis, et erit quæ maxima semper.
> VIRGIL., *Æneid.*, lib. VIII.

7. *Si ses membres épilés par la pierre de Sicile*, v. 15. L'auteur se sert de l'expression *Catinensi pumice*. *Catina* (Catane) était une ville de Sicile, voisine de l'Etna, où l'on trouvait beaucoup de pierres volcanisées. Les Romains efféminés se servaient de ces pierres pour rendre leurs corps moins velus. J. P.

8. *Si la statue de cet empoisonneur, qu'il faudrait briser*, etc., v. 16. Les Romains ne châtiaient pas seulement les criminels dans leur personne, ils faisaient encore abattre leurs statues : *Non pœnæ modo, sed ignominiæ metu*. (TACIT., *Annal.*). Il paraît que Juvénal fait allusion ici à la coutume de porter dans les funérailles les images de ceux qui avaient honoré leurs familles : *Cotta Messalinus ut imago Libonis exsequias posterorum comitaretur censuit.* (TACIT., lib. II).

9. *En vain d'anciennes effigies décorent vos portiques*, v. 18. Les Romains, selon Pline (lib. XXXV), conservaient dans des armoires les bustes de leurs ancêtres. Ces bustes étaient de cire, et l'on plaçait les armoires qui les contenaient dans le vestibule de la maison : *Expressi cera vultus singulis disponebantur armariis.*— BOILEAU, sat. 5, v. 41 :

> On ne m'éblouit point d'une apparence vaine;
> La vertu d'un cœur noble est la marque certaine.

Et Voltaire, *Mahomet*, act. 1, sc. 4 :

> Les mortels sont égaux; ce n'est point la naissance,
> C'est la seule vertu qui fait leur différence..... J. P.

10. *La vraie noblesse, c'est la vertu*, v. 19. Aristippe, quoique philosophe très-relâché, avait déjà prévenu Juvénal. — La noblesse, dit-il, n'est que l'ancienneté de la richesse et de la

vertu dans une famille. (ARIST., *de Repub.*, lib. IV, cap. 8.) Pourquoi la richesse entre-t-elle dans cette définition? c'est qu'Aristippe n'en faisait pas moins de cas que de la vertu.

Sénèque, qui affirme trop souvent le pour et le contre, prétend que l'on doit honorer la mémoire des ancêtres jusque dans les personnes de leurs indignes descendans, et certes Juvénal n'est pas de cet avis ; mais voici le sophisme qu'il emploie : — De même que les lieux les plus sales sont éclairés par les rayons du soleil, il faut que des descendans inutiles brillent aussi de l'éclat de leurs ancêtres. (*De Benef.*, lib. IV, cap. 31).

11. *Que l'Égyptien, quand il a trouvé son Osiris*, etc., v. 28. Lorsque les Égyptiens avaient retrouvé leur Apis ou le bœuf sous l'image duquel ils adoraient Osiris, qui, le premier, avait attelé les bœufs à la charrue, ils s'écriaient : *Nous l'avons trouvé ; félicitons-nous!* Voyez PLINE, lib. VIII, cap. 46.

« Cet Apis, dit Hérodote (lib. III, §. 28), est un jeune bœuf
« dont la mère ne peut en porter d'autre. Les Égyptiens disent
« qu'un éclair descend du ciel sur elle, et que de cet éclair elle
« conçoit le dieu Apis. Ce jeune bœuf qu'on nomme Apis, se
« connaît à certaines marques : son poil est noir, il porte sur le
« front une marque blanche et triangulaire, sur le dos la figure
« d'un aigle, sous la langue celle d'un escarbot, et les poils de
« sa queue sont doubles. »

On lit sur cet article, dans les notes du savant M. Larcher :
« Apis était consacré à la lune, de même que le bœuf Mnévis
« l'était au soleil : *Inter animalia antiquis observationibus conse-*
« *crata, Mnevis et Apis sunt notiora : Mnevis soli sacratus.... se-*
« *quens lunæ.* (AMMIAN. MARCELLIN., lib. XXII, cap. 14, p. 257.)
« D'autres pensaient qu'ils étaient tous deux consacrés à Osiris,
« qui est le même que le soleil. Quand il venait à mourir, c'était
« un deuil général par toute l'Égypte. On en cherchait un autre ;
« et quand il était trouvé, le deuil finissait. Les prêtres le me-
« naient à Nilopolis, où on le nourrissait pendant quarante jours.
« On le transportait ensuite sur un vaisseau magnifique à Mem-
« phis, où il avait un appartement doré. Pendant ces quarante
« jours les femmes avaient seules le privilége de le voir : elles se

« tenaient debout devant lui, et levant leurs robes, elles mon-
« traient ce que la pudeur ne permet pas de nommer. Le reste du
« temps la vue du dieu leur était interdite.

« Tous les ans on lui amenait une génisse qu'on connaissait à
« certaines marques.

« Suivant les livres mystiques, il ne devait vivre qu'un certain
« temps : lorsque ce temps était arrivé, on le noyait dans une
« fontaine sacrée. »

12. *J'appellerais noble un indigne rejeton, qui n'a d'autre mérite qu'un nom trop éclatant!* v. 29. Je ne sache rien qui peigne mieux le faux préjugé de la noblesse, que ce passage de Duclos dans ses Considérations sur les Mœurs, ouvrage que l'on trouve neuf, même après avoir lu les Essais de Montaigne et les Caractères de La Bruyère. « Le respect, dit-il, qu'on rend uniquement à la
« naissance, est un devoir de simple bienséance ; c'est un hom-
« mage à la mémoire des ancêtres qui ont illustré leur nom ;
« hommage qui, à l'égard de leurs descendans, ressemble en
« quelque sorte au culte des images auxquelles on n'attribue au-
« cune vertu propre, dont la matière peut être méprisable, qui
« sont quelquefois des productions d'un art grossier, que la
« piété seule empêche de trouver ridicules, et pour lesquelles on
« n'a qu'un respect de relation. »

On sait le mot d'Iphicrates : un descendant d'Harmodius, fier de sa naissance, reprochait à ce grand homme la bassesse de la sienne. Ma noblesse, répliqua Iphicrates, commence en moi, la vôtre finit en vous.

13. *Rubellius Blandus*, v. 38. J'ai rétabli, d'après les dernières éditions et presque tous les manuscrits, la leçon *Rubelli Blande*. Dusaulx avait adopté *Rubelli Plaute*, avec Grang. et Hennin. C'est une correction de Juste-Lipse au texte de Tacite, Ann. XIII, 19, qui a donné lieu à ce changement. Ryckius a combattu l'opinion de Juste-Lipse. *Voyez*, au reste, sur le père de Rub. Blandus, TACIT., *Annal.* III, 23, 51; VI, 27, 45; et sur Rub. Blandus lui-même, *Ann.* XIII, 19; XIV, 22, 57, 58, 59, et XVI, 10 et 30.

J. P.

14. *A la vile mercenaire qui fabrique la toile sur le rempart de Tarquin*, v. 42. Voyez Sat. 6, v. 588, où *agger* est employé dans le même sens. J. P.

Quelques-uns écrivent *sub aere*, au lieu de *sub aggere* : mais Juvénal a dit, sat. 5, vers 153,

> Tu scabie frueris mali, quod in aggere rodit, etc.

Ferrarius prétend qu'il ne s'agit pas ici du camp de Tarquin, mais de celui dans lequel Tibère avait rassemblé les prétoriens. Ce camp, où les femmes pauvres travaillaient exposées aux injures du temps, était situé entre les portes Viminale et Tiburtine, auprès des murs de la ville : de là le nom d'*agger*.

15. *Moi, je descends de Cécrops*, v. 45. Cécrops, premier roi d'Athènes : de là le proverbe grec : *Cecrope generosior*. Rubellius Blandus se vantait de cette origine, parce qu'Auguste, son parent, se croyait issu d'Iule.

16. *Autour des aigles qui veillent sur le Batave vaincu*, v. 50. Les Romains entretenaient des légions aux extrémités de l'empire pour contenir les nations vaincues. Chaque légion avait un aigle pour enseigne. Les Bataves dont parle Juvénal, *domiti Batavi*, etc., habitaient les bords du Rhin, vers son embouchure. Tacite (*de Morib. German.*) nous apprend que Domitien les subjugua dans sa jeunesse.

17. *Le coursier paresseux passe à vil prix sous le joug d'un nouveau maître*, v. 64. Il y avait dans le texte de Dusaulx, *dominos pretiis mutare jubentur Exiguis; trito ducunt*, etc. J'ai suivi la leçon de Ruperti et de M. Achaintre, non-seulement parce qu'elle offre un heureux accord des diverses leçons des manuscrits, mais encore parce qu'elle a plus de vivacité et de force que la leçon commune. J. P.

18. *Ou fait tourner la meule de Népos*, v. 66. On voit dans Pline (lib. VIII, cap. 42) que les chevaux qui s'étaient distingués dans le cirque étaient licenciés au bout de vingt ans, et qu'on

les employait à perpétuer leur race. Quant aux autres, ils avaient le sort dont parle Juvénal.—BOILEAU, satire 5, vers 27 et suiv. :

> Dites-moi, grand héros, esprit rare et sublime,
> Entre tant d'animaux, qui sont ceux qu'on estime?
> On fait cas d'un coursier, qui, fier et plein de cœur,
> Fait paraître en courant sa bouillante vigueur,
> Qui jamais ne se lasse, et qui dans la carrière
> S'est couvert mille fois d'une noble poussière :
> Mais la postérité d'Alfane et de Bayard,
> Quand ce n'est qu'une rosse, est vendue au hasard,
> Sans respect des aïeux dont elle est descendue,
> Et va porter la malle, ou tirer la charrue..... J. P.

19. *Dont nous avons toujours honoré*, v. 69. Dusaulx, adoptant une correction de Markland, avait lu *damus et dabimus*. Il m'a semblé que le sens est fort clair avec la leçon autorisée par les manuscrits, et qu'ainsi les conjectures sont inutiles.   J. P.

20. *Ont rarement le sens commun*, v. 72. Casaubon, Saumaise, Gataker et mylord Schaftesbury prétendent que *sensus communis* ne signifie pas ici ce que l'on entend ordinairement par *sens commun* : c'est, disent-ils, le sentiment de ce qui est dû aux autres, la politesse, la civilité; ce que Suétone appelle *popularitas*, et Sénèque, *juris civilis æqualitas*. Juvénal, ajoute Schaftesbury, aurait poussé trop loin la satire, s'il avait refusé le sens commun aux gens de la cour, qui sont ordinairement des modèles de politesse et de bon esprit. Quoi qu'il en soit de cette assertion, notre auteur a déjà reproché à Rubellius (vers 53) de n'avoir de Cécrops que le nom, de ressembler au buste d'Hermès, et de n'être qu'une statue animée. Or, je demande si la conséquence naturelle n'était pas de lui refuser ce que nous appelons le sens commun? J'avoue cependant que *sensus communis*, dans les auteurs latins, s'applique diversement, selon la place qu'il occupe : mais ici je suis persuadé qu'il faut le prendre dans notre acception vulgaire. *Voyez* le Traité de Schaftesbury, intitulé : *Sensus Communis*.

21. *De renoncer, pour la vie, aux vertus qui nous rendent dignes de vivre*, v. 83. Dusaulx a traduit, *de perdre, pour conserver ta vie*,

les plus beaux motifs que nous ayons de vivre. La nuance du texte n'a pas été saisie. L'homme vicieux ne perd pas les plus beaux *motifs* de vivre, il se rend indigne de la vie ; cette idée est tellement celle de l'auteur, qu'il dit au vers suivant : *Dignus morte perit*, etc., *Quiconque a mérité la mort, n'existe déjà plus.* J. P.

22. *Fût-il trempé de tous les parfums de Cosmus,* v. 85. Ce Cosmus, dont Martial a souvent parlé, était un citoyen opulent, si fameux par son luxe et sa mollesse, que plusieurs sortes de parfums portaient son nom : de là *unguentum Cosmianum*, et *Cosmianæ ampullæ*. On mangeait de ses pastilles pour ne pas sentir le vin, lorsqu'on en avait bu trop :

> Ne gravis hesterno fragres, Fescennia, vino,
>   Pastillos Cosmi luxuriosa voras.
>   Martial., lib. 1, epig. 88.

Quelques-uns croient que *toto Cosmi mergatur aeno* signifie que Cosmus se plongeait dans des bains parfumés ; mais ici *mergatur* ne signifie rien autre chose que *perfundatur*, *ungatur*. On voit dans Pline : *Linique jam non solum, sed et perfundi unguentis gaudent.* D'ailleurs *aenum* n'est pas une cuve de bain, c'est le vase ou le chaudron dans lequel on faisait bouillir les ingrédiens dont on composait les parfums.

23. *Cherche un crieur, vends tes haillons,* etc., v. 95 ; soit pour en soustraire le produit à l'avidité d'un nouveau gouverneur, soit pour avoir de quoi payer les impôts. Britannicus explique ce vers autrement : il l'entend de la vente des effets du préfet condamné, effets, dit-il, qui sont ceux de ce malheureux Chérippe ; mais cela ne convient pas à ce qui suit.

24. *Plus complétement vaincus dans la paix que dans la guerre,* v. 106. Si je n'ai pas ici conservé toute la précision de mon auteur, je crois du moins m'en être approché autant qu'il était possible, et ne lui avoir rien fait perdre. *Plures de pace triumphos* signifie littéralement que Verrès et Dolabella rapportaient à Rome, en temps de paix, la matière de plusieurs triomphes ; c'est-à-dire, tout ce que l'on avait coutume d'y étaler aux yeux

de ce peuple conquérant et si altéré de rapines. Ce sont toutes ces idées que j'ai tâché de rendre d'une manière conforme au style et au génie de Juvénal. Observons encore qu'il se sert ici du mot *spolia*, consacré, dit Servius, à ce qu'on enlève aux ennemis, tandis qu'il s'agit d'alliés; c'est que le mot propre eût été bien moins satirique.

(Le traducteur ne me semble pas avoir compris ce passage. *Plures triumphos*, signifie non pas *plusieurs triomphes*, mais *plus de triomphes*. Autrefois, dit Juvénal, les peuples vaincus étaient encore florissans : maintenant ils éprouvent plus de désastres dans la paix qui suit la conquête et leur soumission, qu'ils n'en ont essuyé pendant la guerre où ils ont été conquis; car ils sont pillés et dépouillés par les préteurs. J. P.)

25. *Ces infatigables moissonneurs, qui nourrissent notre ville uniquement occupée de jeux et de spectacles.*, v. 116. Il s'agit ici de l'Afrique dont les moissons nourrissaient Rome oisive et voluptueuse. Les flottes d'Alexandrie apportaient dans la capitale du monde d'immenses provisions de froment. Plin., *in Paneg. Traj.*, §. 31 : *Percrebuerat antiquitus urbem nostram nisi opibus Ægypti ali sustentarique non posse : superbiebat ventosa et insolens natio, quod victorem quidem populum pasceret tamen, quodque in suo flumine, in suis navibus vel abundantia nostra vel fames esset.* J. P.

Varron (*de Re rustica*) avait déjà fait le même reproche aux Romains de son temps : *Manus movere maluerunt in theatro et circo, quam in segetibus ac vinetis : frumentum locamus, qui nobis advehat qui saturi fiamus, ex Africa et Sardinia.*

26. *Marius t'a prévenu*, v. 119. Voyez satire 1, note sur le vers 47.

27. *Et s'enrichir aux dépens du malheureux*, etc., v. 129. Avant Auguste, les Romains ne menaient point leurs épouses dans leurs gouvernemens. On voit dans Tacite (*Annal.*, lib. III) que Cecinna voulut rappeler cet ancien usage.

28. *Descends alors de Picus*, etc., v. 130. Picus, premier roi des Latins, fils de Saturne et père de Faunus :

. . . . Fauno Picus pater, isque parentem
Te, Saturne, refert.

Virgil., *Æneid.*, lib. vii.

29. *Leur gloire est un flambeau qui éclaire ton ignominie*, v. 138. Salluste avait exprimé les mêmes idées dans son Jugurtha, ch. 85 : *Eorum fortia facta memorando clariores se putant : quod contra est; nam quanto vita illorum præclarior, tanto horum socordia flagitiosior. Et profecto ita se res habet : majorum gloria posteris quasi lumen est; neque bona, neque mala in occulto patitur*, etc. Corneille, dans *le Menteur*, act. v, sc. 3 ; Molière, dans *le Festin de Pierre*, act. iv, sc. 6; Boileau, sat. 5, ne le cèdent point en énergie aux deux auteurs latins.

Corneille n'a emprunté à Juvénal aucun détail particulier : mais il se rencontre avec lui pour le fond des idées :

GÉRONTE.

Êtes-vous gentilhomme?

DORANTE.

Ah! rencontre fâcheuse!
Étant sorti de vous, la chose est peu douteuse.

GÉRONTE.

Croyez-vous qu'il suffit d'être sorti de moi?

DORANTE.

Avec toute la France aisément je le croi.

GÉRONTE.

Et ne savez-vous pas, avec toute la France,
D'où ce titre d'honneur a tiré sa naissance,
Et que la vertu seule a mis en ce haut rang
Ceux qui l'ont jusqu'à moi fait passer dans leur sang?

DORANTE.

J'ignorerais un point que n'ignore personne,
Que la vertu l'acquiert, comme le sang le donne!

GÉRONTE.

Où le sang a manqué si la vertu l'acquiert,
Où le sang l'a donné, le vice aussi le perd.

Ce qui nait d'un moyen périt par son contraire ;
Tout ce que l'un a fait, l'autre peut le défaire ;
Et, dans la lâcheté du vice où je te voi,
Tu n'es plus gentilhomme, étant sorti de moi.

L'imitation de Molière est plus marquée :

« Ah ! quelle bassesse est la vôtre ! Ne rougissez-vous point de mériter si peu votre naissance ? Êtes-vous en droit, dites-moi, d'en tirer quelque vanité ? et qu'avez-vous fait dans le monde pour être gentilhomme ? Croyez-vous qu'il suffise d'en porter le nom et les armes, et que ce nous soit une gloire d'être sortis d'un sang noble, lorsque nous vivons en infâmes ? Non, non, la naissance n'est rien où la vertu n'est pas. Aussi nous n'avons part à la gloire de nos ancêtres qu'autant que nous nous efforçons de leur ressembler ; et cet éclat de leurs actions, qu'ils répandent sur nous, nous impose un engagement de leur faire le même honneur, de suivre les pas qu'ils nous tracent, et de ne point dégénérer de leur vertu, si nous voulons être estimés leurs véritables descendans. Ainsi, vous descendez en vain des aïeux dont vous êtes né : ils vous désavouent pour leur sang, et tout ce qu'ils ont fait d'illustre ne vous donne aucun avantage ; au contraire, l'éclat n'en rejaillit sur vous qu'à votre déshonneur, et leur gloire est un flambeau qui éclaire aux yeux d'un chacun la honte de vos actions. Apprenez enfin qu'un gentilhomme qui vit mal est un monstre dans la nature ; que la vertu est le premier titre de noblesse ; que je regarde bien moins au nom qu'on signe qu'aux actions qu'on fait ; et que je ferais plus d'état du fils d'un crocheteur qui serait honnête homme, que du fils d'un monarque qui vivrait comme vous. »

Pour Boileau, il traduit, selon son usage :

Alors soyez issus des plus fameux monarques ;
Venez de mille aïeux ; et, si ce n'est assez,
Feuilletez à loisir tous les siècles passés ;
Voyez de quel guerrier il vous plait de descendre.
. . . .
Ce long amas d'aïeux, que vous diffamez tous,
Sont autant de témoins qui parlent contre vous,
Et tout ce grand éclat de leur gloire ternie
Ne sert plus que de jour à votre ignominie.

30. *L'épais Damasippe*, v. 146. Dusaulx, sans aucun motif plausible, préfère le nom de *Lateranus*, qui ne se trouve que dans un petit nombre de manuscrits. *Damasippus* est ici un nom imaginaire parfaitement approprié au caractère que veut peindre

Juvénal : il s'agit d'un consul qui passait sa vie à conduire et à soigner des chevaux (Δαμασίππος, qui dompte les chevaux).

J. P.

31. *Il osera le saluer le premier en inclinant son fouet*, v. 152. Le traducteur avait donné au mot *annuet* une signification forcée, en croyant qu'il s'agit d'une bravade que Damasippe fait avec son fouet. Il le baisse en signe d'honneur devant un ami, auquel il n'est pas fâché de se faire voir. J. P.

32. *Il donnera l'orge à ses chevaux fatigués*, v. 153. On lit dans Varron et dans Pline qu'en Italie on nourrissait les chevaux avec de l'orge et non avec de l'avoine. Festus appelle *hordearium œs*, l'argent que l'on comptait aux chevaliers romains pour la nourriture de leurs chevaux.

33. *Immole-t-il, suivant les rites de Numa*, etc., v. 155. Quoique Numa ait, pour ainsi dire, fondé le culte des Romains, la plupart des anciens auteurs disent qu'il n'a été que politique. Ainsi *more Numæ* renferme un double trait de satire, et signifie que Damasippe, sacrifiant à Jupiter, n'y croyait pas plus que ce prince.

34. *Il ne jure que par Épone*, etc., v. 156. Épone, déesse protectrice des chevaux et des écuries. Turnèbe (lib. XXIV, cap. 4) a prouvé qu'il fallait écrire *solam Eponam*, et non pas *Hipponam*; et on lit dans Prudence :

Nemo Cloacinæ aut Eponæ super astra deabus.

Plutarque raconte qu'un certain Fulvius se passionna pour une jument, et qu'une fille très-belle, que l'on appela *Épone*, fut le fruit de ces amours singuliers.

35. *Le Syrien, voisin de la porte Iduméenne*, v. 159. Le poète donne au parfumeur le nom de *Syrophœnix*, c'est-à-dire habitant de cette partie de la Syrie que les anciens appelaient Φοινίκη. Quant à la porte Iduméenne, elle n'est pas connue dans l'histoire. Calderius pense qu'il faut entendre la porte de Rome par laquelle

entrèrent Vespasien et Titus, après leur victoire sur les Juifs.
J. P.

36. *Les lieux de débauche*, v. 167. *Inscripta lintea* n'offre pas un sens clair : les interprètes ne sont nullement d'accord. Comme le poète a déjà parlé des tavernes, j'incline à croire que par *inscripta lintea*, il faut entendre les cellules des courtisanes dont Juvénal a parlé sat. 6, vers 123, *titulum mentita Lyciscæ*. J. P.

Casaubon pense que c'étaient des toiles peintes qui se haussaient et se baissaient à l'entrée des tavernes enclavées dans les thermes.

37. *Envoie-le commander à l'embouchure des fleuves*, v. 170. Ce vers est diversement interprété ; les uns l'expliquent ainsi : *Mitte ostia ejus*, ne le fais point chercher dans sa maison : les autres disent, ne le fais point chercher dans Ostie. S'il s'était agi de cette ville, Juvénal aurait mis *Ostiam*. Quand les Latins emploient *Ostia*, pluriel neutre, pour désigner la ville d'Ostie ou ses environs, ils ajoutent toujours *Tiberina*, comme dans Virgile : *Italiam contra Tiberinaque longe Ostia*. Tacite a dit aussi *ab lacu Averno navigabilem fossam usque ad Ostia Tiberina depressuros*. Il faut donc entendre ici *ostia*, pluriel neutre, de l'embouchure des fleuves dont il est parlé dans le vers précédent. On a déjà vu plus haut (vers 51) que les Romains y avaient des armées et des camps.

38. *Des faiseurs de cercueils*, etc., v. 174. *Sandapila* était, selon Fulgence et Planciades, la bière ou le cercueil dont on se servait pour inhumer la populace. Le cadavre de Domitien, dit Suétone, *populari sandapila per vespillianos exportatum*.

(Dusaulx, ou, si ce n'est lui, l'éditeur de sa traduction, a fait deux personnages du mythologue Fulgentius Planciades, évêque de Carthage dans le sixième siècle, et auquel on doit un traité curieux, *De priscis vocabulis latinis*. J. P.)

39. *Dans tes cachots de Toscane*, v. 179. Ce que l'on appelait *ergastulum* était un lieu souterrain ou cachot, qui ne recevait le jour que par des soupiraux étroits, où les Romains renfermaient dans leurs campagnes les esclaves condamnés pour quelques for-

faits aux travaux les plus pénibles. Un ergastule pouvait contenir jusqu'à quinze hommes : ceux qui y étaient confinés s'appelaient ergastules, et leur geolier ergastulaire. On y précipita dans la suite des citoyens qu'on enlevait, et qui disparaissaient subitement de la société. Cette tyrannie détermina Adrien à faire détruire ces cachots domestiques.

40. *Tu vendis ta voix*, etc., v. 184. Juvénal ajoute *sipario*, c'est-à-dire, tu vendis ta voix à la scène, au théâtre. *Siparium* était ce que nous appelons la toile que l'on hausse au commencement de nos pièces dramatiques, et que l'on baisse à la fin. On se servait du *siparium* pour les comédies, et de l'*aulœum* pour les tragédies. *Voyez* TERTULL., *Advers. Valentin.*, cap. 13.—SENEC., *de Tranquill. vitœ*, cap. 11.—APUL., lib. 1, *Miles*.

41. *Le spectre de Catulle*, v. 185. Il ne faut pas attribuer cette pièce au poète de Vérone : elle est d'un autre auteur du même nom. Il paraît qu'elle fut imitée de Ménandre. Ce spectre, en paraissant sur la scène, jetait un cri d'étonnement à la vue d'une jeune fille, comme si quelque divinité lui était apparue tout à coup. Voilà pourquoi le poète donne à *Phasma* l'épithète de *clamosum*. J. P.

42. *L'agile Lentulus a très-bien joué le rôle de Lauréole, et certes il méritait*, etc., v. 186. La pièce dont il est question ici est encore de Catulle. Lentulus, de la famille Cornelia, y jouait le rôle de l'esclave qu'on crucifiait : il savait avec agilité substituer un mannequin à sa place. Le poète, indigné de tant d'impudence et d'effronterie, condamnerait volontiers Lentulus à un supplice réel, *dignus vera cruce*. Quelques interprètes croient que Juvénal pensait à Domitien, qui fit crucifier en réalité l'acteur chargé du rôle de Lauréole. J. P.

Dans la pièce dont il s'agit, on crucifiait un chef de voleurs ou un esclave infidèle ; mais au dénouement l'acteur s'escamotait, et ne laissait en sa place qu'un mannequin dans lequel on enfonçait des clous. Quelquefois l'exécution était réelle, comme on le voit par ce vers de Martial :

Non falsa pendens in cruce Laureolus.

Tertullien (*Advers. Valentin.*, cap. 14) dit que la farce de Lauréole était de Catulle ; mais il ne faut pas confondre ce *poeta urbicarius* avec le poëte de Vérone, qui portait le même nom. Suétone (*Vita Domit.*, cap. 57), parlant de celui qui représentait le rôle de Lauréole, dit qu'il feignait de vomir du sang sur la scène, en s'échappant des ruines d'un palais.

43. *Ils la vendent au président des jeux, au préteur Celsus*, v. 193. Ce préteur, en supposant que Juvénal l'ait en effet voulu nommer, comme le croient tous les interprètes, était vraisemblablement, vu la place qu'occupe ici son nom, un homme nouveau, un simple parvenu. Il pourrait se faire aussi que *celsi*, au lieu d'être un nom propre, ne fût qu'une épithète relative au siége sur lequel les préteurs étaient exhaussés lorsqu'ils donnaient des jeux. Je fonde cette conjecture sur ce passage de la satire 10, vers 36 :

> Quid, si vidisset prætorem in curribus altis
> Exstantem, et medio sublimem in pulvere circi
> In tunica Jovis?

44. *S'il fallait choisir entre le glaive et les tréteaux*, v. 194. Juvénal ne propose point ici, comme quelques-uns l'ont cru, l'alternative de se faire gladiateur ou comédien : *Finge tamen gladios inde*, mis après *nullo cogente Nerone*, ne saurait signifier autre chose que le dernier supplice, la mort ; car il n'y avait point à balancer quand Néron et ses pareils désiraient des crimes ou des bassesses.

45. *Comme le mirmillon*, etc., v. 199. *Voyez* sur l'armure du mirmillon et celle du rétiaire, tom. 1, sat. 2, note sur le v. 143.

46. *Croyons-en sa tunique*, etc., v. 206. Ceux qui écrivent *cedamus tunicæ*, au lieu de *credamus*, etc., ont absolument défiguré ce passage : ils font de Gracchus un poltron, tandis que c'est un infâme, et qui joint l'impudence à l'infamie. S'il avait été lâche, il ne se serait point battu ; il n'aurait pas non plus choisi l'armure du rétiaire, qui demandait plus d'adresse et exposait à plus de dangers. Il est vrai que Juvénal dit *fugit ;* mais cette fuite, de la

part de Gracchus, n'était qu'une ruse pour se remettre en mesure contre son adversaire. Lorsque le rétiaire avait lancé son filet sur le mirmillon, il fallait qu'il reprît ce filet de la main droite, qu'il l'arrangeât de nouveau, afin de faire une nouvelle tentative.

47. *Si la liberté des suffrages était rendue au peuple, qui pourrait ne pas préférer Sénèque à Néron?* v. 210. On voit par ce trait, et par un autre encore plus décisif (satire 5, vers 109) à quel point Juvénal estimait les vertus, les mœurs et les talens de Sénèque : il ne lui a fait qu'un reproche en passant, c'est d'avoir acquis de trop grandes richesses (satire 10, vers 16). Il est curieux de lire ce que Sénèque allègue pour sa justification. — « Cessez, dit-il, d'interdire les richesses aux philosophes : on n'a jamais condamné la sagesse à la pauvreté. Le sage aura d'amples richesses : mais elles ne seront pas souillées du sang des autres; elles ne seront point le fruit de l'injustice ni d'un gain sordide; elles pourront sortir de chez lui d'une façon aussi louable qu'elles y sont entrées; il n'y aura que la malignité qui en puisse gémir. Accumulez-les tant que vous voudrez; si elles sont honnêtes, on pourra les convoiter, mais on ne pourra les réclamer, etc. » (*de Vita beata*, cap. 23). Ce n'est pas l'esprit qui manque dans le cours de cet article : il y en a trop peut-être.

48. *Plus d'un singe, plus d'un serpent, plus d'un sac de cuir*, v. 212. Rome n'eut point de loi contre le parricide avant l'an 652 de sa fondation. Ce fut à l'occasion d'un certain Publicius Malleolus qui avait tué sa mère, qu'il fut décidé que les parricides seraient désormais cousus dans un sac de cuir de bœuf, et jetés à l'eau. Ce genre de supplice avait déjà été ordonné par Tarquin-le-Superbe contre un prêtre qui avait révélé le secret des mystères. Enfin Pompée, consul pour la seconde fois, en confirmant la loi qui avait réglé cette peine, ajouta qu'on mettrait un chien, un coq, un singe et des serpens, le tout en vie, dans le même sac, avec le criminel, avant de le noyer.

49. *Mais il ne se souilla ni du meurtre d'Hélène*, etc., v. 216. Tandis que Néron fit périr Octavie et Poppée, ses deux épouses,

Britannicus son frère, Sénèque son précepteur, et beaucoup d'autres qui lui étaient unis par les liens du sang. *Voyez* SUÉT. (*Nér.*, 33-35). J. P.

50. *Enfin, il n'a point retracé l'embrasement de Troie,* v. 220. Tacite, Suétone, Orose et Eutrope ont accusé Néron d'avoir brûlé Rome pour en comparer l'incendie à celui qu'il avait décrit : mais le vers de Juvénal n'est pas si positif. Xiphilin (*in Nerone*) dit seulement qu'il avait la manie de réciter son poëme au peuple assemblé : *Nero, qui multa ridicule faceret, tum aliquando in orchestram inspectante universo populo conscendit, ibique quædam poemata sua scripta de rebus Trojanis legit.* Si l'on remarque cependant que notre auteur a cité ce trait après le meurtre, le poison et l'avilissement volontaire, on sera tenté de le regarder comme une allusion au crime dont il s'agit.

51. *Verginius, Vindex et Galba pouvaient-ils rien venger de plus odieux ?* v. 220. Ces trois personnages commandaient, l'un en Germanie, l'autre dans les Gaules, et le dernier en Espagne, lorsqu'ils se révoltèrent contre Néron, parce que cet empereur s'avilissait de plus en plus. Ils se réunirent, et il fut résolu que *Non solum ab eo deficere, sed etiam ei insultare oportere.* XIPHIL., *in Nerone*.

52. *De ce prince issu de tant d'aïeux,* etc., v. 224. J'aurais bien voulu conserver l'épithète de Juvénal, comme dans la première édition, où j'ai mis, « de ce prince généreux : » mais *generosus* ne saurait signifier, ici, qu'issu d'une ancienne race. *Voyez* tom. I, satire VI, note 26, page 232.

53. *Il dansait,* v. 224. Le texte de Dusaulx portait *ad pulpita cantu* : j'ai rétabli avec M. Achaintre *saltu*, leçon des manuscrits et de la plupart des éditions : d'ailleurs Juvénal a déjà dit plus haut, *in scena nunquam cantavit Orestes.* J. P.

54. *La Grèce a vu le maître de l'univers disputer ses futiles couronnes,* v. 225. Les Romains, comme on le sait, ont imité les Grecs. Ceux-ci, dit M. de Paw, avaient une ambition si exaltée et une âme si sensible, qu'ils mouraient souvent de joie en rece-

vant une palme théâtrale, lors même qu'ils l'avaient achetée. (*Recherches philosophiques sur les Grecs*, tome I, page 187.)

55. *Dépose aux pieds de Domitius*, etc., v. 227. Le père et l'aïeul de Néron s'appelaient Domitius. Suétone en parle honorablement.

56. *Thyeste*, etc., v. 227. C'était le Thyeste de Varius, qui vivait sous Auguste. Cette tragédie existait encore du temps de Quintilien; et celui-ci nous apprend qu'elle ne le cédait point aux plus belles pièces des poètes grecs : *Jam Varii Thyestes cuilibet Græcorum comparari potest*. (*Instit. Orat.*, lib. x, cap. 1, 98.) Rutgers a rassemblé les fragmens de cette pièce dans l'ouvrage intitulé : *Venusinæ Lectiones*, cap. 3.

57. *Antigone*, etc., v. 228. Pièce de Sophocle.
On sait que, chez les anciens, les rôles de femme étaient joués par des hommes. Les immenses proportions des théâtres d'Athènes et de Rome ne permettaient pas aux spectateurs de sentir cette invraisemblance. J. P.

58. *Ménalippe*, v. 228. Ménalippe-la-Sage, pièce d'Euripide, dont il ne nous reste plus que 78 vers. Cette Ménalippe était fille de Desmontès ou d'Éole, comme on le voit dans plusieurs poètes. Ayant eu deux enfans de Neptune, elle les exposa dans les étables à bœufs de son père Éole : celui-ci, les croyant nés d'une vache, voulut les brûler; mais sa fille lui persuada, avec beaucoup d'habileté, que les naissances monstrueuses étaient impossibles, et qu'il était plus naturel de croire que les deux enfans venaient de quelque jeune fille qui s'était laissé corrompre.
Tatien (*Orat. ad Græcos.*, page 117) rapporte que Lysistrate, frère de Lysippe, avait fait la statue de Mélanippe, et non pas de Ménalippe, comme le portent toutes les éditions de Juvénal. On trouve Mélanippe dans les auteurs suivans : 1°. Denys d'Halicarnasse, *in Arte Rhetorica*, pages 85 et 103; 2°. Hygin, *Fabula* 186, pag. 308; 3°. Clément d'Alexandrie, *in Protreptico*, pag. 27; 4°. Théophile, *ad Autholicum*, lib. II, pag. 352.

(Nous avons conservé *Ménalippes*, conformément à l'édition de Ruperti. J. P.)

59. *Suspends ta harpe au colosse d'Auguste*, v. 229. Comme Juvénal ne nomme point celui que représentait le colosse auquel il invite satiriquement Néron de suspendre sa harpe, ainsi que les couronnes qu'il avait remportées, quelques commentateurs ont cru que cela regardait la statue qu'il s'était dressée à lui-même, et qui avait, dit-on, plus de cent pieds de hauteur : mais Pline observe qu'elle était d'airain ; et notre auteur dit que le colosse dont il s'agit était de marbre. D'ailleurs Suétone confirme le sens que j'ai suivi : *Et orationis quidem carminisque latini coronam, de qua honestissimus quisque contenderat, ipsorum consensu concessam sibi recepit : citharam autem a judicibus ad se delatam adoravit, ferrique ad Augusti statuam jussit.* (In Nerone, §. 12.) Quelques savans prétendent qu'il faut lire dans ce passage *citharæ*, en sous-entendant *coronam*, parce qu'on envoyait, en pareil cas, les couronnes et non l'instrument. Mais Burmann, d'après le vers de Juvénal, a retenu *citharam*.

60. *Un crime que nos tribunaux pourraient punir de la robe soufrée*, v. 234. On enduisait une robe de poix, de bitume, de cire, etc., et l'on y faisait brûler vifs les grands criminels. Ce supplice odieux avait lieu particulièrement contre les traîtres à la patrie et les incendiaires : mais les tyrans l'employèrent au gré de leurs caprices. Voici ce qu'en dit Sénèque (epist. 14) : *Cogita illam tunicam, alimentis ignium et illitam et intextam, et quicquid aliud commenta est sævitia. Hoc enim genus supplicii excogitatum est, ut facinorosi homines, igne et tunica obvoluti, cremarentur vivi.* Voyez satire 1, tome 1, note 47, page 34.

Ce supplice odieux fut employé par Néron contre les chrétiens. Les corps de ces malheureux, enduits de poix et de résine, servaient à éclairer les jeux du cirque. (*Voyez* sat. 1, v. 155.)

61. *Cet homme nouveau, cet obscur citoyen d'Arpinum*, v. 236. Cicéron était d'Arpinum, maintenant Arpino, au royaume de Naples, dans la terre de Labour. Les Romains appelaient homme nouveau, celui dont les pères n'avaient eu aucune illustration, et qui s'était élevé aux dignités par son mérite personnel.

62. *Naguère encore chevalier d'une ville municipale*, v. 237. Mu-

nicipalis eques, dit Juvénal. Dans les villes municipales, les citoyens étaient, comme à Rome, divisés en trois ordres, les patriciens, les chevaliers, le peuple. Cicéron n'était pas chevalier romain; il était seulement chevalier d'une ville municipale; c'est dans le même sens que Tacite (*Ann.* IV, 3) a dit en parlant de Séjan, *municipalis adulter*. Dusaulx n'a pas entendu ce mot; en traduisant : *créé depuis peu chevalier*. J. P.

63. *Sa prévoyance embrasse l'état tout entier*, v. 238. J'ai suivi l'interprétation de Ruperti, qui m'a paru vraisemblable. En effet, Cicéron n'a pas seulement veillé sur Rome, il a encore fait fortifier, en Italie, plusieurs places dont Catilina voulait s'emparer. Il a donc travaillé *dans toute et pour toute la nation*, *in omni gente*. Dusaulx, en traduisant, *saisit d'un seul coup d'œil toutes les ressources de la nation*, s'est éloigné du sens. J. P.

64. *Sans déposer la toge*, etc., 239. *Toga* était l'habit de paix, et *sagum* celui de guerre : c'est pourquoi Cicéron a dit *ad saga ire*. Pline (lib. VII, cap. 30) a parlé de Cicéron comme Juvénal : *Salve, primus omnium Parens patriæ appellate; primus in toga triumphum linguæque lauream merite!*

65. *Sauvée par le courage de Cicéron*, etc., v. 242. Cicéron a célébré lui-même dans ses Offices (lib. II, cap. 77) cette glorieuse époque. « Jamais, dit-il, péril plus grand ni sécurité plus « profonde; et j'en conclus que nul fait d'armes, nul triomphe « n'égale ma victoire. *Quæ res igitur gesta unquam in bello tanta, « qui triumphus conferendus?* »

66. *La patrie reconnaissante l'appela son sauveur et son père*, v. 243. Selon Pline (lib. VII, cap. 30), Cicéron fut le premier des Romains qui reçut cet honneur : cependant Tite-Live prétend qu'on l'avait déjà décerné à Camille; mais celui-ci ne l'avait obtenu le jour de son triomphe que par l'acclamation des soldats, au lieu que Cicéron fut nommé père de la patrie par un décret du sénat.

67. *Le noble collègue du héros plébéien*, v. 252. Le collègue de Marius, dans cette mémorable expédition, s'appelait Q. Lutatius Catulus. (PLIN., lib. XVII, cap. 1.)

68. *Contre nos légions, contre nos auxiliaires, contre les Latins*

nos alliés, v. 255. Festus a très-bien distingué la différence qu'il y avait entre les auxiliaires et les alliés. *Pubes Latina* exprime ici les habitans d'Italie, qui étaient les vrais alliés du peuple romain : *auxilium* ne se disait que des étrangers.

(Les *auxiliaires* étaient obligés de fournir leur contingent en hommes; c'était un tribut imposé par la victoire. Ces auxiliaires recevaient une paie et du blé. Les alliés étaient en quelque sorte devenus citoyens romains : ils combattaient avec les citoyens sous les mêmes drapeaux, comme les enfans de la même patrie. J. P.)

69. *Né d'une esclave, le dernier de nos bons rois*, v. 258. Les auteurs anciens ne s'accordent point sur l'extraction de Servius Tullius, sixième roi de Rome : le plus grand nombre cependant lui donnent une esclave pour mère ; ou du moins affirment, comme Horace (liv. I, sat. 6), que, dénué d'aïeux, il s'était créé lui-même :

Ante potestatem Tulli, atque ignobile regnum, etc.

Voyez à cet égard Sénèque le père (Controv., VI.), Sénèque le fils (epist. CVII.). Aurelius Victor (*de Viris illustribus*) le dit positivement fils de la captive Ocrisia. Il est appelé ici le dernier des bons rois de Rome, parce que, indépendamment de son mérite personnel, Tarquin-le-Superbe lui succéda.

Observons que Juvénal, si passionné pour la république, et dans quel temps, dans quel siècle! ne manque pas une seule occasion de célébrer la vertu, dans quelque gouvernement qu'il la trouve, et c'est là peut-être la plus grande preuve de la moralité de son caractère. J'avoue néanmoins qu'entraîné quelquefois par l'orgueil exclusif de ses contemporains, il ne rend pas toujours justice aux ennemis de son pays : *ignoscenda quidem*.

70. *Mérita la trabée*, v. 258. Pline (lib. VIII, cap. 48) dit que les premiers rois de Rome en furent décorés. Ovide appelle Romulus *Quirinus trabeatus*. La trabée était une robe de pourpre à bandes, et ainsi nommée, *quod purpura trabibus intertexatur*. Il y en eut de plusieurs sortes : pour les consuls, pour les augures, et même elle devint commune aux diverses magistratures. Tacite l'attribue aux chevaliers ; c'est pourquoi Stace les appelle *trabeata agmina*.

71. *Cette vierge*, v. 264. Ennius disait à ses jeunes contemporains, en parlant de cette illustre Romaine : « Clélie est un héros, « mais vous n'êtes que des femmes : »

> Vos etenim juvenes, animum geritis muliebrem;
> Illa virago viri.
>
> Cicer., *de Offic.*, lib. 1, cap. 18.

72. *Un esclave*, v. 265. Cet esclave s'appelait Vindicius ou Vindex. Peut-être au reste ce nom ne lui a-t-il été donné qu'après qu'il eut sauvé la patrie en dévoilant le complot formé contre la république. J. P.

73. *Digne des larmes de nos Romaines*, etc., v. 266. Celles-ci, selon Tite-Live, portèrent pendant un an le deuil de Brutus, qui les avait vengées de l'insulte faite à leur sexe dans la personne de Lucrèce. Juvénal dit ici que cet esclave méritait, après sa mort, d'exciter les mêmes regrets, comme ayant été le vrai libérateur de la patrie.

74. *Tombent les premiers sous la hache de la liberté*, v. 268. On s'était déjà servi de la hache sous les rois de Rome, mais arbitrairement : or, Juvénal paraît ici ne reconnaître, comme châtimens légitimes, que ceux qui furent infligés depuis l'établissement du consulat. Je n'aime pas l'interprétation de ceux qui rapportent *prima* à *legum*, et croient que l'auteur a voulu dire : « la hache, « qui est la première et la plus efficace des lois. »

75. *Te voir fils de Thersite*, etc., v. 268. Thersite, lâche et difforme personnage, dont il est fait mention dans l'Iliade, liv. II.

76. *Tu n'en sors pas moins d'un asile infâme*, v. 272. « Dès que la ville eut commencé à prendre sa première forme, ils ouvrirent un refuge à tous venans, et l'appelèrent le temple du dieu Asile. Tout le monde y était bien reçu : on ne rendait ni l'esclave à son maître, ni le débiteur à son créancier, ni le meurtrier à son juge, et l'on soutenait qu'Apollon lui-même avait autorisé ce lieu de franchise. » Plutarque, *Vie de Romulus*.

SATIRA IX.

Cinœdi et Pathici.

Scire velim quare toties mihi, Nævole, tristis
Occurras, fronte obducta, ceu Marsya victus.
Quid tibi cum vultu, qualem deprensus habebat
Ravola, dum Rhodopes uda terit inguina barba?
Nos colaphum incutimus lambenti crustula servo.
Non erat hac facie miserabilior Crepereius
Pollio, qui triplicem usuram præstare paratus
Circuit, et fatuos non invenit. Unde repente
Tot rugæ? Certe modico contentus agebas
Vernam equitem, conviva joco mordente facetus,
Et salibus vehemens intra pomœria natis.
Omnia nunc contra: vultus gravis, horrida siccæ
Silva comæ, nullus tota nitor in cute, qualem
Brutia præstabat calidi tibi fascia visci;
Sed fruticante pilo neglecta et squalida crura.
Quid macies ægri veteris, quem tempore longo
Torret quarta dies, olimque domestica febris?
Deprendas animi tormenta latentis in ægro
Corpore; deprendas et gaudia: sumit utrumque
Inde habitum facies. Igitur flexisse videris

SATIRE IX.

Les protecteurs et les protégés obscènes [1].

Je voudrais bien savoir, Névolus, pourquoi je te rencontre si souvent l'air triste, le front soucieux, tel que Marsyas vaincu par Apollon. Que signifie ce visage aussi troublé [2] que celui de Ravola, quand on le surprit, la barbe humide, épuisant avec Rhodope les plus sales voluptés? Il devait trembler, sans doute, puisque l'esclave qui lèche seulement des friandises est puni d'un soufflet [3]. Crepereius Pollion, rôdant de tous côté pour emprunter à triple usure, sans pouvoir trouver une dupe, n'avait pas une figure plus pitoyable que la tienne. D'où te viennent tant de rides soudaines? Content de peu, et le plus facétieux, le plus mordant des chevaliers de ta sorte [4], tu égayais nos soupers par la vivacité et la grâce de tes saillies [5]. Qui te reconnaîtrait aujourd'hui? ton visage est morne; tes cheveux sont arides et mal peignés; ta peau n'a plus cet éclat que lui donnait la poix du Brutium [6], et tes jambes livides se couvrent d'un poil épais. Quelle maigreur! Un malade, en proie depuis longtemps aux ardeurs de la fièvre quarte, ne serait pas plus défait. Le corps trahit les tourmens ou la joie de l'âme : ces sentimens divers se peignent fidèlement dans nos traits. Ainsi, Névolus, tout annonce que tu as changé de projets et de système de vie. Naguère encore, je m'en sou-

Propositum, et vitae contrarius ire priori.
Nuper enim, ut repeto, fanum Isidis, et Ganymedem,
Pacis, et advectae secreta palatia matris,
Et Cererem (nam quo non prostat femina templo?)
Notior Aufidio moechus celebrare solebas,
Quodque taces, ipsos etiam inclinare maritos.

UTILE et hoc multis vitae genus; at mihi nullum
Inde operae pretium. Pingues aliquando lacernas,
Munimenta togae, duri crassique coloris,
Et male percussas textoris pectine Galli
Accipimus, tenue argentum venaeque secundae.
Fata regunt homines, fatum est et partibus illis.
Quas sinus abscondit. Nam, si tibi sidera cessant,
Nil faciet longi mensura incognita nervi,
Quamvis te nudum spumanti Virro labello
Viderit, et blandae assidue densaeque tabellae
Sollicitent: Αὐτὸς γὰρ ἐφέλκεται ἄνδρα κίναιδος.
Quod tamen ulterius monstrum, quam mollis avarus?
Haec tribui, deinde illa dedi, mox plura tulisti.
Computat, ac cevet. Ponatur calculus, adsint
Cum tabula pueri: numera.... sestertia quinque
Omnibus in rebus. Numerentur deinde labores.
An facile et pronum est agere intra viscera penem
Legitimum, atque illic hesternae occurrere coenae?
Servus erit minus ille miser, qui foderit agrum,

viens, adultère plus fameux qu'Aufidius [7], tu ne quittais pas les temples d'Isis et de la Paix [8], la statue de Ganymède [9], l'asile secret de la bonne déesse [10], et le sanctuaire de Cérès (car jusqu'où les femmes ne se prostituent-elles pas?) : enfin, ce que tu n'avoues point, tu n'épargnais pas même les maris.

Névolus. Ce métier a fait la fortune de bien d'autres ; mais, à moi, il ne m'a rien produit, sinon quelques manteaux d'une étoffe grossière, destinés à protéger ma toge, tissus d'une couleur commune, et lourdement fabriqués par l'ouvrier Gaulois ; ou quelques pièces d'argenterie bien mince et de bas aloi. Les hommes sont le jouet de la fatalité [11] : elle étend son empire jusque sous notre toge. Si les astres nous sont contraires, les dons secrets de la nature deviennent inutiles. Quand Virron [12], écumant de luxure, nous aurait contemplés tout nus dans les bains, quand ses billets passionnés auraient sollicité vingt fois nos faveurs (car ces gens-là savent nous séduire par leurs promesses [13]), nous n'en serions pas ensuite mieux traités. Cependant, quel monstre plus odieux qu'un avare débauché ? — Je t'ai donné telle somme, puis telle autre, puis une plus forte encore (il calcule tout en assouvissant ses désirs). Esclaves, des jetons ! une table ! le total se monte à cinq mille sesterces. — Oui ; mais comptons aussi mes pénibles services [14]. Crois-tu qu'il soit facile de satisfaire tes brutales fureurs [15] et de subir le dégoût qu'elles inspirent? Je préférerais à cet horrible travail le sort d'un esclave réduit à fouiller la terre. Tu

Quam dominum. Sed tu sane tenerum et puerum te,
Et pulchrum, et dignum cyatho cœloque putabas.
Vos humili asseclæ, vos indulgebitis unquam
Cultori, jam nec morbo donare parati?
En cui tu viridem umbellam, cui succina mittas
Grandia, natalis quoties redit, aut madidum ver
Incipit; et strata positus longaque cathedra
Munera femineis tractat secreta calendis.
Dic, passer, cui tot montes, tot prædia servas
Appula, tot milvos intra tua pascua lassos?
Te Trifolinus ager fecundis vitibus implet,
Suspectumque jugum Cumis, et Gaurus inanis.
Nam quis plura linit victuro dolia musto?
Quantum erat exhausti lumbos donare clientis
Jugeribus paucis? Meliusne hic rusticus infans
Cum matre, et casulis, et conlusore catello
Cymbala pulsantis legatum fiet amici?
Improbus es, quum poscis, ait. Sed pensio clamat,
Posce; sed appellat puer unicus, ut Polyphemi
Lata acies, per quam solers evasit Ulysses.
Alter emendus erit; namque hic non sufficit: ambo
Pascendi. Quid agam bruma spirante? Quid, oro,
Quid dicam scapulis servorum mense decembri,
Et pedibus? Durate, atque exspectate cicadas?

VERUM, ut dissimules, ut mittas cætera, quanto

te croyais sans doute beau, jeune, délicat, digne de verser le nectar aux dieux ! Aurez-vous jamais pitié d'un pauvre client, vous qui ne savez rien donner, pas même à vos passions ? Voilà le personnage à qui nous envoyons un parasol vert et de grandes coupes d'ambre, à chaque anniversaire de sa naissance ou quand le printemps reparaît, tandis que, couché sur une chaise longue, comme une femme pendant les calendes de mars, il examine nos dons mystérieux [16]. Dis-moi, passereau lascif, à qui réserves-tu tous ces coteaux et ces champs Appuliens, et ces prairies dont le trajet lasserait un milan [17] ? Le territoire de Trifolni, la montagne qui domine Cumes et le Gaurus aux flancs caverneux [18] fournissent abondamment tes celliers : personne ne récolte plus de vin destiné à vieillir dans tes tonneaux [19]. T'aurait-il coûté beaucoup, d'accorder quelques arpens de terre à ton client épuisé ? Ce prêtre de Cybèle [20] a-t-il mérité plus que moi qu'on lui léguât et cabane et fermière, l'enfant rustique et le chien qui folâtre avec lui ? — Impudent, dit-il, ne cesseras-tu de demander ? — Mais mon loyer me crie, Demande; mais mon esclave me presse; mon esclave, unique comme l'œil de Polyphème [21], qu'Ulysse fit si adroitement servir à sa fuite. Un seul serviteur ne me suffit plus; il me faudra en acheter un autre, et les nourrir tous deux. Que ferai-je, quand la bise soufflera ? Pendant les froids de décembre, irai-je dire aux manteaux de mes esclaves et à leurs pieds engourdis : Patience, attendez le retour des cigales ?

Mais, j'y consens, méconnais, oublie mes autres ser-

Metiris pretio, quod, ni tibi debitus essem
Devotusque cliens, uxor tua virgo maneret?
Scis certe, quibus ista modis, quam sæpe rogaris,
Et quæ pollicitus. Fugientem sæpe puellam
Amplexu rapui: tabulas quoque ruperat, et jam
Signabat; tota vix hoc ego nocte redemi,
Te plorante foris. Testis mihi lectulus, et tu,
Ad quem pervenit lecti sonus, et dominæ vox.
Instabile, ac dirimi cœptum, et jam pæne solutum
Conjugium in multis domibus servavit adulter.
Quo te circumagas? quæ prima aut ultima ponas?
Nullum ergo meritum est, ingrate ac perfide, nullum,
Quod tibi filiolus vel filia nascitur ex me?
Tollis enim, et libris actorum spargere gaudes
Argumenta viri. Foribus suspende coronas,
Jam pater es: dedimus quod famæ opponere possis:
Jura parentis habes, propter me scriberis heres,
Legatum omne capis, nec non et dulce caducum.
Commoda præterea jungentur multa caducis,
Si numerum, si tres implevero. Justa doloris,
Nævole, caussa tui: contra tamen ille quid affert?
Negligit, atque alium bipedem sibi quærit asellum.
Hæc soli commissa tibi celare memento,
Et tacitus nostras intra te fige querelas;
Nam res mortifera est inimicus pumice levis.
Qui modo secretum commiserat, ardet et odit,

vices : combien apprécies-tu ce zèle et ce dévouement, sans lesquels ton épouse serait encore vierge ? Certes, tu dois te souvenir de tes instances, de tes promesses. Souvent j'ai retenu dans mes bras ta moitié fugitive : elle avait déjà déchiré l'acte de votre hymen, et courait en signer un autre : une nuit entière me suffit à peine pour la calmer, tandis que tu pleurais à la porte. J'ai pour témoins et ton lit, et toi-même qui l'entendis craquer sous nos élans, toi-même, dont l'oreille fut frappée des soupirs voluptueux de ton épouse. L'on a vu souvent des liens mal noués et près de se dissoudre, resserrés par un robuste médiateur. Voyons, que peux-tu alléguer ? par où commenceras-tu ? N'est-ce donc rien, ingrat, n'est-ce donc rien, perfide, que de t'avoir fait présent d'un fils et d'une fille ? Tu les élèves cependant ; tu sèmes avec transport dans les actes publics [22] ces preuves de ta virilité. Couronne ta porte de guirlandes ; enfin, te voilà père : je t'ai fourni des armes contre la médisance. Tu jouis des droits attachés à la paternité : par moi tu pourras hériter et recevoir un legs tout entier ; tu jouiras même de la part que le fisc se fût appropriée [23]. Et combien d'autres avantages te sont réservés, si, achevant mon ouvrage, je mets trois enfans dans ta maison [24] ! — *Juvénal.* Tes plaintes sont justes, Nevolus. Que réplique Virron ? — *Nevolus.* Il me néglige, et cherche à se pourvoir d'un autre âne à deux pieds [25]. Souviens-toi que je n'ai confié ces secrets qu'à toi seul : qu'ils restent entre nous ; car ces gens épilés sont de mortels ennemis. Dès que l'un d'eux m'a dévoilé sa turpitude, il s'emporte, il me hait, comme si je l'avais déjà trahi : le fer, le bâton, le feu,

Tanquam prodiderim quidquid scio. Sumere ferrum,
Fuste aperire caput, candelam apponere valvis
Non dubitat. Nec contemnas aut despicias, quod
His opibus nunquam cara est annona veneni.
Ergo occulta teges, ut curia Martis Athenis.

O Corydon, Corydon! secretum divitis ullum
Esse putas? Servi ut taceant, jumenta loquentur,
Et canis, et postes, et marmora. Claude fenestras,
Vela tegant rimas, junge ostia, tollito lumen
E medio, clamant omnes : prope nemo recumbat.
Quod tamen ad cantum galli facit ille secundi,
Proximus ante diem caupo sciet; audiet et quæ
Finxerunt pariter librarius, archimagiri,
Carptores. Quod enim dubitant componere crimen
In dominos, quoties rumoribus ulciscuntur
Baltea? Nec deerit, qui te per compita quærat
Nolentem, et miseram vinosus inebriet aurem.
Illos ergo roges, quidquid paulo ante petebas
A nobis, taceant illi : sed prodere malunt
Arcanum, quam subrepti potare Falerni
Pro populo faciens quantum Laufella bibebat.
Vivendum recte est, quum propter plurima, tunc his
Præcipue caussis, ut linguas mancipiorum
Contemnas : nam lingua mali pars pessima servi.
Deterior tamen hic, qui liber non erit illis,
Quorum animas et farre suo custodit et ære.

il emploierait tout contre moi. Défions-nous de ses pareils : le poison ne paraît jamais trop cher aux ressentimens de l'opulence. Silence donc; sois aussi discret que l'aréopage des Athéniens [26].

Juvénal. O Corydon, Corydon [27]! un riche peut-il compter sur le secret? Quand ses esclaves se tairaient, ses chevaux, son chien, ses lambris, ses marbres parleront. Fermez portes et fenêtres [28], voilez toutes les issues [29], éteignez les lumières, il n'en deviendra pas moins la fable du public [30]. Qu'il n'ait personne même auprès de lui ; ce qu'il a fait au second chant du coq, le cabaretier voisin le saura avant le jour : on saura même ce qu'imputent à leur maître et le scribe, et le cuisinier, et l'écuyer tranchant. Que n'inventent point les esclaves pour le diffamer, quand ils veulent se venger des étrivières par de faux bruits [31]! L'un d'eux te poursuivra dans les carrefours, et enivrera, plein de vin, tes oreilles fatiguées. Va donc aussi les conjurer de garder le silence; mais sache qu'ils aiment mieux trahir un secret, que boire à la dérobée autant de Falerne qu'en buvait Laufella, sacrifiant pour le peuple [32]. Par cent et cent motifs soyons irréprochables; mais soyons-le surtout, pour n'avoir point à redouter les langues de nos esclaves : dans un méchant esclave, rien de pire que la langue. Au reste, le maître qui consent à dépendre de ceux qu'il nourrit et qu'il paie, n'est-il pas plus méprisable encore?

Idcirco ut possim linguam contemnere servi,
Utile consilium modo, sed commune, dedisti:
Nunc mihi quid suades post damnum temporis, et spes
Deceptas? Festinat enim decurrere velox
Flosculus angustæ, miseræque brevissima vitæ
Portio: dum bibimus, dum serta, unguenta, puellas
Poscimus, obrepit non intellecta senectus.

Ne trepida: nunquam pathicus tibi deerit amicus,
Stantibus et salvis his collibus; undique ad illos
Convenient et carpentis et navibus omnes,
Qui digito scalpunt uno caput. Altera major
Spes superest: tu tantum erucis imprime dentem.

Hæc exempla para felicibus; at mea Clotho
Et Lachesis gaudent, si pascitur inguine venter.
O parvi nostrique Lares, quos ture minuto
Aut farre, et tenui soleo exorare corona!
Quando ego figam aliquid, quo sit mihi tuta senectus
A tegete et baculo? Viginti millia fœnus
Pignoribus positis, argenti vascula puri,
Sed quæ Fabricius censor notet, et duo fortes
De grege Mœsorum, qui me cervice locata
Securum jubeant clamoso insistere circo?
Sit mihi præterea curvus cælator, et alter

Nevolus. ME voilà bien averti de ne pas donner matière aux propos des esclaves [33] ; le conseil est bon, mais trop vague : que faire maintenant après tant de beaux jours perdus, tant d'espérances vaines ? Telle qu'une fleur passagère, la vie, si courte et si fragile, nous échappe rapidement [34]. Tandis que, parfumés, couronnés de roses, nous épuisons les plaisirs de Bacchus et de Vénus, la vieillesse se glisse à notre insu.

Juvénal. RASSURE-TOI, Nevolus ; tant que les sept collines seront debout [35], tu trouveras toujours des amis complaisans : les chars et les vaisseaux ne cesseront de transporter de toutes parts dans nos murs ces efféminés qui se grattent la tête avec un seul doigt [36]. L'avenir te sera plus favorable ; mâche seulement des herbes stimulantes [37].

Nevolus. OFFRE cette riante perspective aux favoris de la fortune : pour moi, je suis condamné par mon mauvais destin à tirer à peine de mes pénibles travaux de quoi satisfaire mon estomac [38]. O mes petits Lares ! vous que j'ai coutume d'apaiser avec un grain d'encens, quelques gâteaux et une simple couronne, quand pourrai-je m'assurer une ressource qui garantisse ma vieillesse de l'indigence ? Vingt mille sesterces, produit d'une somme placée sur de bons gages, quelques pièces d'argenterie sans ciselure, mais telles cependant qu'elles m'eussent fait noter du censeur Fabricius [39], deux robustes Mésiens qui me louent leurs épaules pour me porter sans danger au milieu du cirque retentissant, voilà ce que je désire.

Qui multas facies fingat cito : sufficiunt hæc,
Quando ego pauper ero. Votum miserabile! nec spes
His saltem : nam, quum pro me fortuna rogatur,
Affigit ceras illa de nave petitas,
Quæ Siculos cantus effugit remige surdo.

Il me faudrait encore un graveur courbé sur son ouvrage, et un statuaire expéditif[40] : c'en est assez pour un homme qui doit toujours être pauvre. Quels vœux!... Si du moins l'espoir les soutenait! Mais non, quand j'invoque la fortune, la cruelle semble avoir emprunté, pour se boucher les oreilles, la cire qui rendit les compagnons d'Ulysse sourds aux chants des Sirènes.

NOTES

SUR LA SATIRE IX.

1. Argument. Cette satire est traitée en forme de dialogue. Juvénal semble d'abord compatir à la misère trop méritée d'un certain Nevolus, personnage infâme et perdu de débauche; c'est pourquoi celui-ci lui dévoile naïvement les plus affreuses turpitudes; mais il lui recommande le secret. A ces mots, le satirique reprenant la dignité de son caractère, lui représente que le vice et le crime percent bientôt les ténèbres, et paraissent au grand jour. Ces conseils honnêtes et pleins de gravité ne sont point du goût de Nevolus. Juvénal change de ton, et le débauché finit par des plaintes, des vœux extravagans.

Puisqu'il entrait dans le plan de Juvénal de combattre indistinctement tous les vices de ses contemporains, il paraît qu'il aurait dû s'en tenir, à l'égard du vice monstrueux dont il s'agit ici, à la première justice qu'il en avait déjà faite avec tant de pudeur et de dignité. Je prie, avant de passer outre, de relire l'article en question. *Voyez* satire 2, vers 117 et suiv.

Qu'ajouter à la gravité de cette censure, d'ailleurs irréprochable? Mais, par une méprise bien pardonnable dans ce genre d'écrire, Juvénal, trop indulgent pour une foule d'observations fines et profondes, a voulu particulariser et mettre en action ce qu'il n'avait fait qu'indiquer et blâmer en général. On voit encore qu'il a voulu concentrer dans son infâme Nevolus tous les excès de la débauche, tous les déréglemens du cœur et de l'esprit; ce qu'il a exécuté de la manière la plus adroite. Malgré ce tour de force, et ce qu'il a d'ingénieux, j'avoue que je ne conçois pas ce qui peut, dans le cours de son ouvrage, l'avoir si souvent ramené à de si dégoûtantes considérations; à moins que le grand écart de la nature, sur lequel il a tant insisté, n'ait frappé son imagination au point de lui faire craindre que les progrès de cette peste renaissante n'entraînassent un jour la destruction d'une partie du genre humain; et il le fait assez sentir dans l'article ci-dessus indiqué, lorsqu'il dit que les Nevolus et leurs semblables périssent tout entiers; *steriles moriuntur*.

Sans égard à ses intentions, Scaliger défend la lecture de toutes ses satires, et notamment de celle-ci, à cause de deux vers glissés, furtivement peut-être, dans quelque manuscrit; mais je doute qu'il eût persisté, s'il se fût agi de prononcer en dernier ressort. Non, ce judicieux critique n'aurait jamais pu se résoudre à priver les races futures d'un chef-d'œuvre de morale, de sentiment et de poésie, pour une simple méprise, pour un manque de goût.

Laissant de côté ces deux vers trop fameux, et dont je suis bien éloigné de prendre la défense, je vais plus loin que Scaliger: je regretterai toujours que Juvénal n'ait pas purgé ses satires de plusieurs sortes d'infamies qu'il fallait laisser mourir dans les ténèbres, comme les Germains plongeaient dans un bourbier ceux qui s'en étaient rendus coupables. On verra cependant qu'il sort de cette fange de grands traits de lumière, et des conseils dignes de la plus haute philosophie.

2. *Que signifie ce visage aussi troublé*, etc., v. 3. Boileau a imité ce début, sat. 3, v. 1 et suivans :

<blockquote>
Quel sujet inconnu vous trouble et vous altère ?
D'où vous vient aujourd'hui cet air sombre et sévère,
Et ce visage enfin plus pâle qu'un rentier
A l'aspect d'un arrêt qui retranche un quartier ?.....J. P.
</blockquote>

3. *Il devait trembler, sans doute, puisque l'esclave qui lèche seulement des friandises est puni d'un soufflet*, v. 5. *Lambenti crustula* est opposé à *terit inguina* du vers précédent: c'est comme si Juvénal avait dit : Nous punissons les fautes des subalternes, mais nous faisons grâce aux turpitudes des gens à la mode. Voici la même pensée que l'on retrouvera satire 11, vers 174:

<blockquote>
Namque ibi fortunæ veniam damus. Alea turpis,
Turpe et adulterium mediocribus; hæc eadem illi
Omnia quum faciant, hilares nitidique vocantur.
</blockquote>

6. *La poix du Brutium*, v. 14. Bochart (*Géogr. Sacr.*, pag. 660) nous apprend que l'on trouvait dans la forêt des Brutiens, aujourd'hui la Calabre, une gomme ou résine dont les médecins et les baigneurs faisaient usage, et qui était connue des Grecs.

Au lieu de

>Brutia præstabat calidi tibi fascia visci,

on lit dans plusieurs éditions,

>Præstabat calidi circumlita fascia visci.

Saumaise a prouvé que ce dernier vers est de quelque grammairien qui n'entendait pas le premier mot, vraisemblablement corrompu dans les manuscrits; car on y trouve tantôt *Bruscia*, tantôt *Brustia*, *Bruccida* ou *Bruccia*.

7. *Adultère plus fameux qu'Aufidius*, etc., v. 25. Martial (lib. v, epigr. 62) nous apprend que cet Aufidius était de l'île de Chio, et il n'en parle pas plus favorablement que Juvénal:

>Acrior hoc Chius non erat Aufidius.

8. *Tu ne quittais pas les temples d'Isis et de la Paix*, v. 22. Il y avait dans le texte de Dusaulx *scelerare*, au lieu de *celebrare* que portent presque tous les manuscrits. J'ai rétabli cette dernière leçon, non-seulement parce qu'elle a pour elle l'autorité des anciens textes, mais parce que l'idée qu'elle exprime a plus de convenance dans la bouche d'un ami. J. P.

9. *La statue de Ganymède*, v. 22. Ceux qui écrivent de suite *Ganymedem Pacis* supposent, sans preuves, qu'il y avait une statue de Ganymède dans le temple de la Paix. Ceux qui écrivent *Ganymedis*, et mettent une virgule après, supposent gratuitement que Ganymède avait un temple à Rome. Grangæus, dont j'ai suivi la leçon, écrit *Ganymedem*, c'est-à-dire, *scelerare gaudebat Ganymedem*. Ganymède doit s'entendre ici du temple même de Jupiter, sur l'autel duquel, dit Lactance (lib. I, *de Fals. relig.*), on voyait l'aigle et l'échanson de ce dieu.

Tout le monde, suivant Platon, accuse les Crétois d'avoir inventé la fable de Ganymède. Comme ils sont persuadés que leurs lois viennent de Jupiter, on leur impute d'avoir mis cette fable sur le compte de ce dieu, afin de pouvoir, à son exemple, se livrer impunément à la plus infâme des voluptés. Aristote prétend que Minos autorisa ces amours détestables, afin d'empêcher le trop grand nombre d'enfans. (*Note de M. Larcher sur le premier livre d'Hérodote.*)

10. *L'asile secret de la bonne déesse*, v. 23. Il y a dans le texte *advectæ secreta palatia matris*. On a déjà vu (tome I, sat. 3, note sur le vers 137) que Cybèle fut envoyée de Pessinunte à Rome, sous la forme d'une pierre brute, etc. Quant à ses mystères, on les célébrait dans le plus grand secret ; c'est ce que signifie *secreta palatia*. Voyez tome I, sat. 2, note sur le vers 111.

11. *Les hommes sont le jouet de la fatalité*, v. 32. Juvénal a déjà dit, satire 7, vers 199 :

. . . . Anne aliud, quam
Sidus, et occulti miranda potentia fati?
Servis regna dabunt, captivis fata triumphos.

12. *Quand Virron*, etc., v. 35. Il a déjà été parlé fort au long de la gourmandise de Virron, satire 5. Catulle (epigr. 79) reproche à cet homme les mêmes infamies que Juvénal.

13. *Car ces gens-là savent nous séduire par leurs promesses*, v. 37. Dusaulx n'avait pas traduit ce vers, parodié de celui d'Homère (Odyss. XVI, 294) :

. . . . Αὐτὸς γὰρ ἐφέλκεται ἄνδρα σίδηρος.

De même que l'aimant, les Virrons savent attirer les Nevolus.
J. P.

14. *Comptons aussi mes pénibles services*, v. 42. J'ai mis ces paroles dans la bouche de Nevolus, plutôt que dans celle de Virron, parce que ce n'est pas celui-ci qui doit rappeler les services de Nevolus. D'ailleurs, il me semble évident que Virron n'aurait pas employé le mot *labores* : ce serait mettre à trop haut prix des services dont notre avare débauché doit à dessein diminuer la valeur.
J. P.

15. *Crois-tu qu'il soit facile de satisfaire tes brutales fureurs*, v. 43. Je ne suis pas moins révolté que Scaliger, comme je l'ai déjà dit, de ce vers et de celui qui le suit immédiatement; mais je ne crois pas, comme lui, que tout honnête homme doive pour cela s'abstenir de la lecture du plus grand et du plus vertueux satirique qui ait jamais existé. Plusieurs savans doutent que ces vers soient de Juvénal: s'il en est l'auteur, je le plains sans l'excuser; cependant je lui sais gré de les avoir faits de manière que le vice lui-même ne puisse les entendre sans dégoût et sans horreur. *Voyez* Scaliger le père, *Poet.*, lib. III, cap. 9.

16. *Il examine nos dons mystérieux*, v. 53. Juvénal dit *secreta munera*, parce que ce patron n'osait pas dire de qui ni pourquoi il les recevait. Toutes les éditions ont *tractas* ou *tractes*; cependant les interprètes expliquent ce passage comme s'il y avait *tractat*, qui est le vrai mot.

Les femmes célébraient les calendes de mars, en mémoire de la paix faite avec les Sabins à pareille époque: elles restaient dans leurs maisons, se paraient pour y recevoir des visites et des présens. On voit dans Macrobe (lib. I, cap. 12) que ces calendes étaient pour les femmes ce qu'étaient les saturnales pour les hommes. *Et servis (mense martio) cœnas apponebant matronæ, ut domini saturnalibus.* Suétone, dans la Vie de Vespasien, dit que cet empereur leur faisait des présens à cette époque: *Sicut saturnalibus dabat viris apophoreta, ita et calendis martii feminis.*

17. *Dont le trajet lasserait un milan*, v. 55. Perse a dit aussi, sat. 4, vers 26:

Dives arat Curibus quantum non milvus oberret.

18. *La montagne qui domine Cumes et le Gaurus aux flancs caverneux*, v. 57. Quelques-uns croient que *suspectumque jugum Cumis*, signifie qu'une montagne voisine de Cumes penchait sur cette ville, et la menaçait d'une ruine prochaine: d'autres y voient une allusion au trait d'histoire raconté par Tite-Live (lib. XXIII) et qui commence par ces mots: *Campani adorti sunt rem cumanam suæ ditionis facere*, etc. On ne s'accorde pas plus sur *Gaurus inanis*. Grangæus l'entend de la stérilité de ce canton,

et les autres de ce que la montagne qui soutenait la ville de Gaure était creuse.

19. *Plus de vin destiné à vieillir dans tes tonneaux*, v. 58. *Voyez* sur la manière de conserver les vins, tome I, satire 5, note 11, page 162.

20. *Ce prêtre de Cybèle*, v. 62. Comme les prêtres de Cybèle étaient fameux par la dissolution de leurs mœurs, il est vraisemblable que Juvénal ne fait pas seulement une comparaison, mais qu'il désigne réellement l'un de ces prêtres. Aussi n'ai-je pas adopté la traduction de Dusaulx : *Cet autre, non moins efféminé qu'un prêtre de Cybèle.*   J. P.

21. *Unique comme l'œil de Polyphème*, v. 64. Tous les interprètes, excepté Grangæus, croient que Juvénal fait dire à Nevolus « qu'il n'a qu'un esclave, comme Polyphème n'avait qu'un « œil : » et ils ont droit de se récrier sur cette plate comparaison. Grangæus rend ce passage un peu plus supportable, en rapportant *appellat* à *ut Polyphemi lata acies;* il en résulte du moins une allusion à ces vers de Virgile, parlant de Polyphème :

> Clamorem immensum tollit, quo pontus et omnes
> Intremuere undæ penitusque exterrita tellus
> Italiæ, curvisque immugiit Ætna cavernis.
>   *Æneid.*, lib. III, vers. 672.

Le même critique, au vers 65, écrit *postquam* au lieu de *per quam*, qui n'a pas de sens. Il est vraisemblable que ces deux vers ont été altérés par les copistes.

(Pour expliquer ce passage, il n'est pas nécessaire d'adopter l'interprétation forcée de Grangæus. Pourquoi faire rapporter *Polyphemi lata acies* à *appellat*, ce qui présenterait la figure de style la plus étrange, lorsqu'il est si naturel de croire, d'après la construction de la phrase, que la relation est établie entre *unicus* et *acies Polyphemi?* Nevolus n'a qu'un esclave comme Polyphème n'avait qu'un œil. *Dusaulx* trouve la comparaison *plate* : on pourrait plutôt la trouver étrange et tirée de loin : mais qui sait si elle n'est pas fondée sur une de ces expressions proverbiales, consacrées dans chaque langue, et qui se justifient plus aisément par les caprices de l'usage que par les règles du bon goût? Le dernier traducteur de Juvénal, M. Baillot, sans expliquer tout à fait le rapprochement de *unicus puer* et *acies Polyphemi*, a du moins très-ingénieusement lié *per quam solers evasit Ulysses* à l'idée principale : « Je crois, dit-il, que Juvénal a voulu dire « qu'on est mal servi, quand on n'a qu'un esclave, comme on est « mal gardé, quand on n'a qu'un œil. »)   J. P.

22. *Tu sèmes avec transport dans les actes publics*, etc., v. 84. Les Romains, depuis Servius Tullius, écrivirent sur des registres publics les naissances et les morts : pour les premières, il y avait le registre de Junon, qui présidait aux accouchemens; pour les secondes, celui de Libitine, qui présidait aux funérailles. Quelques-uns écrivent *titulis actorum;* mais Juste-Lipse a prouvé (*de Actis,* TACIT., *Annal.,* lib. V) qu'il fallait *libris,* etc.

23. *Tu jouiras même de la part que le fisc se fût appropriée*, v. 88. C'est ce que Juvénal appelle *caducum*. Comme les Romains voulaient qu'on se mariât, ils refusaient aux légataires sans enfans le droit d'hérédité, et alors le legs était nul, il *tombait (caducum),* il revenait au fisc. Juvénal ajoute l'épithète de *dulce,* parce que, pour un célibataire, cette succession exempte de tout droit est un avantage inespéré.   J. P.

24. *Et combien d'autres avantages te sont réservés, si, achevant mon ouvrage, je mets trois enfans dans ta maison!* v. 89. Par un article de la loi *Papia Poppæa,* les citoyens de la ville de Rome, qui avaient eu trois enfans en légitime mariage, jouissaient de l'exemption des charges personnelles. Quatre enfans en Italie, et cinq dans les provinces, donnaient le même privilége. Les legs que Juvénal appelle *caduca,* tombaient ou étaient nuls, quand celui à qui ils s'adressaient n'avait pas les conditions requises pour les percevoir légalement, c'est-à-dire, quand il n'avait pas d'enfans, et alors le fisc en profitait : c'était encore un des chefs de la loi *Papia Poppæa.* Les célibataires, selon Plutarque, devenaient habiles à succéder lorsqu'ils se mariaient avant qu'il y eût cent jours expirés depuis la mort du testateur.

25. *Et cherche à se pourvoir d'un autre âne à deux pieds,* v. 92;
c'est-à-dire, d'un agent aussi simple, aussi sot que Nevolus.

(Je ne crois pas que Dusaulx ait compris toute l'intention de
Juvénal : c'est Nevolus qui parle; et il ne peut se traiter lui-
même d'*agent simple et sot. Aselli* a un sens plus obscène : il est
mis, dit M. Achaintre, *pro homine robusto et benè mentulato.* Voyez
satire 6, v. 334. J. P.)

26. *Sois aussi discret que l'aréopage des Athéniens,* v. 101. Juvénal désigne l'aréopage par ces mots, « le palais ou la chambre
« de Mars », parce que Mars y fut le premier traduit en jugement. Les sénateurs n'y jugeaient que pendant la nuit et par bulletins. De là ce proverbe : *Areopagita taciturnior.* On lit dans la
dernière saturnale de Macrobe : *Sicut apud Athenas areopagitæ ta-
centes judicant, ita inter epulas oportet subsileri.*

Juvénal appelle l'aréopage *curia Martis;* mais il avait porté le
nom de colline de Mars immédiatement après le jugement que ce
dieu y subit après avoir tué le fils de Neptune. *Voyez* HÉRODOTE,
liv. VIII, note 66.

27. *O Corydon, Corydon!* etc., v. 102. Juvénal reproche à
Nevolus d'être aussi simple que le Corydon de Virgile (eclog. II),
Rusticus es, Corydon, etc. Il lui reproche même d'être fou, comme
dans cet autre vers du même auteur, qu'il a parodié :

O Corydon, Corydon, quæ te dementia cepit?

28. *Fermez portes et fenêtres,* etc., v. 103. Il en est, dit Sénèque, qui croient que leurs maisons sont plutôt faites pour y pé-
cher secrètement, que pour s'y mettre à couvert de l'inclémence
des saisons. Si tu ne fais rien que d'honnête, ajoute-t-il, ne
crains point qu'on le sache ; mais si tu fais des choses honteuses,
quand personne ne le saurait, ne le sais-tu pas? Que je te plains,
si tu méprises un pareil témoin! *Si honesta sunt quæ facis, omnes
sciant : si turpia, quid refert neminem scire, si tu scias? O te miserum, si contemnis hunc testem!*

29. *Voilez toutes les issues,* etc., v. 105. On voit dans Martial
(lib. I, epigr. 35) que les Romains se servaient de rideaux ou
portières :

At meretrix abigit testem, veloque, seraque;
Raraque, si memini, fornice rima patet.

30. *Il n'en deviendra pas moins la fable du public*, v. 106. Dusaulx avait adopté la leçon de l'ancien scoliaste, *tollito lumen e medio, taceant omnes, prope nemo recumbat*; et il avait traduit: *Éteignez les lumières; qu'on se taise, et qu'il n'ait presque personne auprès de lui*. J'ai rétabli la leçon de tous les manuscrits, *clamant omnes*, qui me paraît très-claire et pleine de sens: *Fermez portes et fenêtres, on n'en dira pas moins à haute voix* (clamant) *tout ce qu'il a fait chez lui; qu'il n'ait même personne auprès de lui, le cabaretier voisin n'en saura pas moins, dès l'aurore*, etc. Cette forme n'est-elle pas plus piquante et plus dramatique? A quoi bon changer les textes, quand l'idée doit y perdre sa vivacité? Observez encore que *taceant* serait ici une répétition oiseuse: Juvénal a dit plus haut, *servi ut taceant*.   J. P.

31. *De se venger des étrivières*, etc., v. 111. Par ce trait, Juvénal ne fait pas moins la satire des maîtres que des esclaves. La condition de ces derniers, dit Sénèque (epist. XLVII), était si dure, qu'ils n'osaient parler, tousser ni éternuer en présence de leurs tyrans; mais ce qu'ils n'osaient dire en présence, ils le disaient en arrière: *Sic fit, ut isti de dominis loquantur, quibus coram domino loqui non licet*.

32. *Autant de Falerne qu'en buvait Laufella, sacrifiant pour le peuple*, v. 117. *Pro populo faciens* désigne ici les mystères de la bonne déesse, parce que les femmes y sacrifiaient pour le peuple. Sénèque, parlant de ces mystères à l'occasion de Clodius qui les avait violés, dit: *Violatis religionibus ejus sacrificii, quod pro populo fieri dicitur*. On a déjà vu une Sauféia que d'autres appellent Laufella (satire VI, vers 320) figurer dans ces nocturnes assemblées, où l'ivresse se joignait aux débauches les plus infâmes; et c'est pourquoi Juvénal, vers 318, s'écrie:

. . . . Quantus
Ille meri veteris per crura madentia torrens!

33. *Me voilà bien averti de ne pas donner matière aux propos des esclaves*, v. 123. Ruperti pense que ce vers a été ajouté au texte

de Juvénal : c'est, selon lui et selon d'autres critiques, une inutile répétition de l'idée précédente. Dusaulx partage cet avis ; car, en admettant le vers dans son texte, il n'en donne cependant pas la traduction. Je crois au contraire que la répétition n'est pas ici sans grâce et sans force. Nevolus reproche à son interlocuteur de lui donner un conseil dont il n'a pas besoin ; et il rappelle ce conseil avec une sorte d'affectation, pour l'opposer d'une manière plus frappante aux nécessités de sa position : « Vous avez « raison, lui dit-il, il ne faut pas donner matière aux propos « malins des esclaves ; mais que m'importe cet avis banal, qui « conviendrait aussi bien à tout autre qu'à moi ? Ce que je voudrais savoir, c'est à quoi je puis avoir recours, après tant de « beaux jours perdus, tant d'espérances vaines. » J. P.

34. *La vie, si courte et si fragile, nous échappe rapidement*, etc., v. 126. Virgile avait dit, *Georg.*, lib. III, vers. 284 :

> Sed fugit interea, fugit irreparabile tempus,
> Singula dum capti circumvectamur amore.

Et dans l'*Énéide*, lib. x, vers. 467 :

> . . . . Breve et irreparabile tempus
> Omnibus est vitæ.

Si Juvénal, dans cette circonstance, a imité Virgile, il a aussi trouvé un imitateur, et même un copiste de ces mots énergiques, *obrepit non intellecta senectus*.

> Dicebam tibi, Galla : Senescimus, effugit ætas :
> Utere rene tuo ; casta puella anus est.
> Sprevisti : obrepsit non intellecta senectus,
> Nec revocare potes, qui periere, dies.

Ces vers d'Ausone (epigr. XIII) sont faciles et élégans, mais un peu trop licencieux pour un consul, pour un précepteur de Valentinien, et même un évêque, comme le prétendent quelques-uns.

35. *Tant que les sept collines seront debout*, v. 131. C'est-à-dire, tant que Rome subsistera, qu'elle ne sera ni conquise ni détruite. On sait que cette ville contenait sept montagnes dans son enceinte. Juvénal paraît avoir imité ces deux vers de Properce :

Carpite nunc tauri de septem montibus herbas,
Dum licet : hic magnæ jam locus urbis erit.

36. *Ces efféminés qui se grattent la tête avec un seul doigt*, v. 133; comme les femmes qui craignent de déranger leur coiffure. On a fait ce reproche à Jules César et à Pompée. Il paraît même que Juvénal fait allusion à ce dernier, et qu'il a imité ce qu'en a dit un poète nommé Calvus :

. . . . Digito caput uno
Scalpis, quid credas hunc sibi velle? virum?

Sénèque a mis l'habitude de se gratter la tête avec un doigt au rang des signes les plus manifestes de luxure et d'impudicité : *Impudicum et incessus ostendit, et manus mota, et unum interdum responsum, et relatus ad caput digitus*, etc. On peut voir dans Sénèque le père (*Controvers.*, XIX) que *uno digito scalpit caput* était passé en proverbe, pour dire *mollis et pathicus*.

37. *Mâche seulement des herbes stimulantes*, v. 134. Quelle que fût la plante appelée *eruca*, on ne saurait, d'après le témoignage des anciens, douter de son effet. — *Venerem revocans eruca morantem.* — *Voyez* MARTIAL, lib. III, epigr. 75. — *Aviditas coitus putatur ex cibis fieri, sicut viro eruca, pecori cœpe.* Enfin, on lit dans Columelle : *Excitet ut Veneri tardos eruca maritos.* Ovide avertit cependant que l'usage en était pernicieux : *Nec minus erucas aptum est vitare salaces.* (*De Remed. Amor.*)

38. *Offre cette riante perspective*, etc., v. 135. Je ne vois pas comment Dusaulx liait les idées, en traduisant : *Enseigne ta recette aux favoris de la Fortune : mon destin est de vivre aux dépens de mes flancs.* C'est précisément parce que Nevolus doit vivre aux dépens de ses flancs, que la recette de Juvénal lui est nécessaire. Je crois qu'*exempla* se rapporte, non pas à *erucis imprime dentem*, mais à *undique convenient*, etc. Juvénal promet à Nevolus de nombreux et riches protecteurs. Nevolus lui répond que cette brillante perspective ne convient qu'à ceux qui sont favorisés de la fortune (*hæc exempla para felicibus*). Pour lui, qu'il tire de ses pénibles services de quoi fournir aux indispensables besoins de la vie (*si*

pascitur inguine venter), c'est le seul vœu qu'il forme ; les Parques qui filent sa vie seront contentes (*mea Clotho et Lachesis gaudent*). Stace a employé de même *Clotho* pour *vita*, Silv. v, 504 :

> Ille sibi longam Clotho, turbamque nepotum
> Crediderat.   J. P.

39. *Mais telles cependant qu'elles m'eussent fait noter du censeur Fabricius?* v. 142. Nevolus ne désire point ici la façon, mais le poids. Fabricius Luscinus nota Cornelius Rufinus, personnage consulaire, et qui avait dignement exercé la dictature ; il le nota, parce qu'il possédait plus de dix livres pesant d'argenterie.

40. *Il me faudrait encore....... un statuaire expéditif*, v. 146. L'insensé Nevolus désire d'avoir à ses gages, comme les riches amateurs de son temps, l'un de ces artistes grecs qui venaient chercher fortune à Rome. On sait avec quel succès la sculpture était pratiquée en Grèce, où elle semble avoir pris naissance. Bientôt on y fit un si grand commerce de statues, que, selon Philostrate, on en chargeait des navires entiers. Cela prouve seulement que les sculpteurs grecs étaient en grand nombre et très-expéditifs. Mais le texte porte : « Je voudrais avoir quelqu'un « qui me fît promptement plusieurs ou beaucoup de figures. » *Qui multas facies fingat cito*. Le mot *fingat*, qui signifie quelquefois jeter en moule, m'a fait soupçonner qu'il pourrait bien être question ici de ceux qui coulaient du plâtre dans des moules, et qui, par ce procédé dont j'ignore la date, pouvaient en peu de temps faire plusieurs figures.

SATIRA X.

Vota.

Omnibus in terris, quæ sunt a Gadibus usque
Auroram et Gangen, pauci dignoscere possunt
Vera bona, atque illis multum diversa, remota
Erroris nebula. Quid enim ratione timemus
Aut cupimus? quid tam dextro pede concipis, ut te
Conatus non pœniteat, votique peracti?
Evertere domos totas optantibus ipsis
Di faciles. Nocitura toga, nocitura petuntur
Militia. Torrens dicendi copia multis
Et sua mortifera est facundia. Viribus ille
Confisus periit admirandisque lacertis.
Sed plures nimia congesta pecunia cura
Strangulat, et cuncta exsuperans patrimonia census,
Quanto delphinis balæna Britannica major.
Temporibus diris igitur, jussuque Neronis
Longinum et magnos Senecæ prædivitis hortos
Clausit, et egregias Lateranorum obsidet ædes
Tota cohors: rarus venit in cœnacula miles.
Pauca licet portes argenti vascula puri,
Nocte iter ingressus, gladium contumque timebis,

SATIRE X.

Les vœux [1].

Parcourez la terre depuis Cadix jusqu'au Gange, voisin des portes de l'Aurore, vous trouverez peu d'hommes capables de discerner les vrais biens des maux réels [2]; car enfin la raison règle-t-elle nos craintes? Qui jamais conçut un projet sous des auspices assez heureux pour ne s'être pas repenti de l'entreprise et du succès? Les dieux trop faciles ont souvent ruiné des familles entières, en exauçant leurs désirs. A la ville ou dans les camps, nous n'adressons au ciel que de funestes vœux. Plus d'un orateur fut victime de sa propre éloquence. Milon périt pour avoir trop compté sur la vigueur de son bras. Mais ce qui est plus dangereux que tout le reste, c'est la possession de ces trésors qui ont déjà coûté tant de soucis, de ces immenses revenus qui surpassent les autres fortunes autant que la baleine de l'Océan britannique surpasse les dauphins [3]. Témoin ces jours funèbres, où, par l'ordre de Néron, une farouche cohorte envahit la maison de Longinus, les vastes jardins du trop riche Sénèque [4] et le palais magnifique de Lateranus. Le soldat assiége rarement la cabane du pauvre. Voyagez-vous la nuit avec le moindre vase d'argent, il vous faudra craindre le glaive d'un assassin; l'ombre d'un roseau agité au

Et motæ ad lunam trepidabis arundinis umbram:
Cantabit vacuus coram latrone viator.

Prima fere vota, et cunctis notissima templis,
Divitiæ ut crescant, ut opes, ut maxima toto
Nostra sit arca foro. Sed nulla aconita bibuntur
Fictilibus: tunc illa time, quum pocula sumes
Gemmata, et lato Setinum ardebit in auro.
Jamne igitur laudas, quod de sapientibus alter
Ridebat, quoties a limine moverat unum
Protuleratque pedem, flebat contrarius alter?
Sed facilis cuivis rigidi censura cachinni:
Mirandum est, unde ille oculis suffecerit humor.
Perpetuo risu pulmonem agitare solebat
Democritus, quanquam non essent urbibus illis
Prætexta et trabeæ, fasces, lectica, tribunal.
Quid, si vidisset prætorem in curribus altis
Exstantem, et medio sublimem in pulvere circi,
In tunica Jovis, et pictæ sarrana ferentem
Ex humeris aulæa togæ, magnæque coronæ
Tantum orbem, quanto cervix non sufficit ulla?
Quippe tenet sudans hanc publicus, et, sibi consul
Ne placeat, curru servus portatur eodem.
Da nunc et volucrem sceptro quæ surgit eburno,
Illinc cornicines, hinc præcedentia longi
Agminis officia, et niveos ad frena Quirites,
Defossa in loculis quos sportula fecit amicos.

clair de la lune vous fera trembler, tandis que le voyageur sans bagage chantera en présence du voleur.

Le vœu le plus général, celui que nous faisons entendre le plus souvent dans nos temples, c'est que nos richesses[5] s'accroissent sans cesse, que notre coffre-fort soit le plus grand de tous ceux que l'on dépose au forum[6]. Cependant ce n'est pas dans l'argile que l'on boit du poison : ne tremblez que lorsque vous touchez des lèvres une coupe enrichie de pierreries, ou que vous voyez le Sétine[7] petiller dans l'or étincelant. Comment ne pas approuver ces deux philosophes, dont l'un ne pouvait mettre le pied dans la rue sans rire, et l'autre sans pleurer[8]? Toutefois je conçois plus facilement les éclats d'une joie satirique, que des larmes dont la source ne tarit pas. Un rire inextinguible agitait le poumon de Démocrite, quoique ses yeux ne vissent ni prétextes, ni trabées[9], ni tribunaux, ni faisceaux, ni litières. Que n'a-t-il vu le préteur exhaussé sur un char au milieu du cirque, revêtu de la tunique de Jupiter[10], et les épaules chargées d'un vaste manteau de pourpre tyrienne[11]! Que n'a-t-il vu sa tête écrasée sous le poids d'une couronne telle, que le cou le plus nerveux l'aurait à peine supportée? aussi l'esclave public la soutient-il avec effort : monté sur le même char, cet esclave, par sa présence, avertit le consul de ne point trop s'enorgueillir[12]. Ajoutez le sceptre d'ivoire surmonté de l'aigle romaine; d'un côté les trompettes, de l'autre la foule des cliens qui le précèdent; et nos citoyens, en robes blanches[13], marchant à la tête de ses chevaux, pour prix de la sportule[14] qu'il

Tunc quoque materiam risus invenit ad omnes
Occursus hominum, cujus prudentia monstrat
Summos posse viros, et magna exempla daturos,
Vervecum in patria crassoque sub aere nasci.
Ridebat curas, nec non et gaudia vulgi,
Interdum et lacrimas, quum Fortunae ipse minaci
Mandaret laqueum, mediumque ostenderet unguem.
Ergo supervacua, aut perniciosa petuntur,
Propter quae fas est genua incerare deorum.

Quosdam praecipitat subjecta potentia magnae
Invidiae; mergit longa atque insignis honorum
Pagina; descendunt statuae restemque sequuntur:
Ipsas deinde rotas bigarum impacta securis
Caedit, et immeritis franguntur crura caballis.
Jam stridunt ignes, jam follibus atque caminis
Ardet adoratum populo caput, et crepat ingens
Sejanus; deinde ex facie toto orbe secunda
Fiunt urceoli, pelves, sartago, patellae.
Pone domi lauros, duc in Capitolia magnum
Cretatumque bovem: Sejanus ducitur unco
Spectandus. Gaudent omnes. Quae labra! quis illi
Vultus erat! Nunquam, si quid mihi credis, amavi
Hunc hominem. Sed quo cecidit sub crimine? quisnam
Delator? quibus indiciis? quo teste probavit?
Nil horum: verbosa et grandis epistola venit
A Capreis. Bene habet; nil plus interrogo. Sed quid

a jetée au fond de leurs bourses. Il n'en fallait pas tant à Démocrite; la rencontre d'un homme lui suffisait pour éclater de rire. Sa sagesse nous prouve que, sous un air épais, au pays des stupides moutons, il peut naître de grands hommes, dignes d'instruire le monde [15]. Il riait de la tristesse et de la joie du peuple; il riait même de ses larmes. Pour lui, méprisant les menaces de la Fortune, il osait la défier, et la narguer du doigt [16]. Les vœux dont nous chargeons les genoux des immortels [17] sont donc ou superflus ou pernicieux.

Il est des hommes qu'un pouvoir trop envié précipite dans l'abîme : les honneurs accumulés sur leur tête ont hâté leur naufrage [18]. C'en est fait : les statues descendent de leurs bases, et suivent le câble qui les tire [19]; les roues des chars volent en éclats sous les coups de la hache, et l'on brise les chevaux innocens que le sculpteur y avait attelés. Déjà le feu pétille : on le souffle, on l'attise; et ce visage, que le peuple adorait, s'embrasant dans la fournaise, le grand Séjan tout entier éclate et se dissout [20] : cette tête, que l'univers plaçait au second rang, va servir de matière aux ustensiles les plus vulgaires [21]. « Orne ta maison de lauriers; cours immoler au Capitole un taureau sans tache [22]. Séjan, aux yeux d'un peuple innombrable, est traîné par le croc fatal : chacun se réjouit. — Quelle bouche, quels traits! — Tu peux m'en croire, je n'ai jamais aimé cet homme. — Mais sous quelle accusation a-t-il succombé? Parle-t-on du délateur, des indices, des témoins? — Point du tout : une longue et verbeuse lettre est arrivée de Ca-

Turba Remi? Sequitur fortunam, ut semper, et odit
Damnatos. Idem populus, si Nursia Tusco
Favisset, si oppressa foret secura senectus
Principis, hac ipsa Sejanum diceret hora
Augustum. Jam pridem, ex quo suffragia nulli
Vendimus, effudit curas; nam, qui dabat olim
Imperium, fasces, legiones, omnia, nunc se
Continet, atque duas tantum res anxius optat,
Panem et circenses. Perituros audio multos.
Nil dubium; magna est fornacula: pallidulus mi
Brutidius meus ad Martis fuit obvius aram.
Quam timeo, victus ne poenas exigat Ajax,
Ut male defensus! Curramus praecipites, et,
Dum jacet in ripa, calcemus Caesaris hostem.
Sed videant servi, ne quis neget, et pavidum in jus
Cervice obstricta dominum trahat. Hi sermones
Tunc de Sejano, secreta haec murmura vulgi.

VISNE salutari sicut Sejanus? habere
Tantumdem, atque illi sellas donare curules,
Illum exercitibus praeponere? tutor haberi
Principis angusta Caprearum in rupe sedentis
Cum grege Chaldaeo? vis certe pila, cohortes,

prée [23]. — Je t'entends, il suffit [24]. » Mais que font tous ces enfans de Rémus? Ce qu'ils ont toujours fait; ils se rangent du côté de la fortune, et maudissent la victime. Que Nursia, plus propice, eût fait tomber le vieux prince sous les coups imprévus de son Toscan [25], Séjan serait, à cette heure même, proclamé Auguste par le peuple. Depuis qu'on n'achète plus nos suffrages [26], rien ne nous touche. Ces Romains qui distribuaient naguère les faisceaux, les légions, tous les honneurs enfin, languissent aujourd'hui dans un honteux repos : du pain et les jeux du cirque, voilà l'objet unique de leurs désirs inquiets [27]. « On dit qu'il en périra bien d'autres? — N'en doute pas; la fournaise est vaste [28]. Je viens de rencontrer, près de l'autel de Mars, mon ami Brutidius, pâle et consterné [29]. Je crains bien qu'Ajax vaincu ne fasse éclater sa fureur, pour nous punir de ne l'avoir pas assez vengé [30]! Courons, hâtons-nous, et tandis que le cadavre est encore étendu sur la rive, foulons aux pieds l'ennemi de César. Mais que nos esclaves nous voient, de peur qu'ils ne nous démentent, et qu'ils ne traînent devant les tribunaux leur maître tremblant et chargé de chaînes [31]. » C'est ainsi qu'on parlait de Séjan; voilà les bruits qui circulaient sourdement parmi le peuple.

Enviez-vous les richesses de Séjan, et les honneurs qu'on lui rendait? Voudriez-vous, comme lui, donner à l'un les chaises curules [32], à l'autre le commandement des armées, et passer pour le tuteur d'un prince confiné sur l'étroit rocher de Caprée [33], au milieu d'une troupe de Chaldéens? Vous désirez au moins d'avoir à vos ordres

Egregios equites et castra domestica. Quidni
Hæc cupias? et, qui nolunt occidere quemquam,
Posse volunt. Sed quæ præclara et prospera tanti,
Ut rebus lætis par sit mensura malorum?
Hujus, qui trahitur, prætextam sumere mavis,
An Fidenarum Gabiorumque esse potestas,
Et de mensura jus dicere, vasa minora
Frangere pannosus vacuis ædilis Ulubris?
Ergo quid optandum foret, ignorasse fateris
Sejanum: nam qui nimios optabat honores,
Et nimias poscebat opes, numerosa parabat
Excelsæ turris tabulata, unde altior esset
Casus, et impulsæ præceps immane ruinæ.
Quid Crassos, quid Pompeios evertit? et illum,
Ad sua qui domitos deduxit flagra Quirites?
Summus nempe locus nulla non arte petitus,
Magnaque numinibus vota exaudita malignis.
Ad generum Cereris sine cæde et vulnere pauci
Descendunt reges, et sicca morte tyranni.

Eloquium, ac famam Demosthenis aut Ciceronis
Incipit optare, et totis quinquatribus optat,
Quisquis adhuc uno partam colit asse Minervam,
Quem sequitur custos angustæ vernula capsæ.
Eloquio sed uterque perit orator; utrumque
Largus et exundans leto dedit ingenii fons.

des centuries, des cohortes, l'élite des chevaliers, un camp prétorien [34]. Pourquoi non? ceux même qui ne veulent tuer personne ne sont pas moins jaloux d'en avoir la puissance [35]. Mais un éclat et des prospérités, dont les disgrâces doivent égaler la mesure, méritent-ils qu'on les désire? Préférerez-vous la robe prétexte de cet ambitieux traîné par des bourreaux à la simple magistrature de Fidène on de Gabie, à l'édilité modeste d'Ulubre [36], au droit de régler, sous une tunique grossière, les poids et les mesures de cette ville déserte, et d'y briser les vases frauduleux? Avouez donc que Séjan méconnut les vrais biens. Ne cessant de soupirer après de nouveaux honneurs, de nouvelles richesses, il élevait une tour dont tant d'étages accumulés devaient précipiter la chute et la rendre plus terrible. Quelle cause perdit les Crassus, les Pompée, et celui qui courba sous le joug les Romains asservis [37]? ce fut le rang suprême brigué avec une impatience qui ne s'interdisait aucun moyen; ce furent des vœux extravagans exaucés par les dieux en courroux. Peu de rois et de tyrans [38] descendent chez le gendre de Cérès, sans que la hache ou le poignard ait ensanglanté leur mort [39].

Il envie déjà l'éloquence et la renommée de Démosthène ou de Cicéron, il en implore le don pendant les cinq jours de fêtes consacrés à la déesse [40], ce jeune nourrisson de Minerve qui reçoit à vil prix les premières leçons de l'art d'écrire [41], et dont le mince porte-feuille est porté par un petit esclave. Cependant l'éloquence fut fatale à ces deux orateurs : ils furent victimes de leur

Ingenio manus est et cervix cæsa; nec unquam
Sanguine caussidici maduerunt rostra pusilli.
O FORTUNATAM NATAM, ME CONSULE, ROMAM!
Antoni gladios potuit contemnere, si sic
Omnia dixisset. Ridenda poemata malo,
Quam te conspicuæ, divina Philippica, famæ,
Volveris a prima quæ proxima. Sævus et illum
Exitus eripuit, quem mirabantur Athenæ
Torrentem, et pleni moderantem frena theatri.
Dis ille adversis genitus fatoque sinistro,
Quem pater ardentis massæ fuligine lippus
A carbone et forcipibus, gladiosque parante
Incude, et luteo Vulcano ad rhetora misit.

BELLORUM exuviæ, truncis affixa tropæis
Lorica, et fracta de casside buccula pendens,
Et curtum temone jugum, victæque triremis
Aplustre, et summo tristis captivus in arcu,
Humanis majora bonis creduntur: ad hæc se
Romanus Graiusque ac barbarus induperator
Erexit; caussas discriminis atque laboris
Inde habuit: tanto major famæ sitis est, quam
Virtutis! quis enim virtutem amplectitur ipsam,
Præmia si tollas? Patriam tamen obruit olim
Gloria paucorum, et laudis titulique cupido

génie vaste et fécond. C'est ton génie, Cicéron, qui te fit trancher la tête et la main ; car on ne vit jamais la tribune rougie du sang d'un orateur médiocre.

> O Rome fortunée,
> Sous mon consulat née[42] !

Il aurait pu mépriser les poignards d'Antoine[43], s'il eût toujours parlé de même. Que n'a-t-il fait des vers ridicules au lieu de cette seconde Philippique[44], divin et immortel chef-d'œuvre ! Un destin non moins cruel était réservé à l'orateur entraînant[45], qui ravissait et subjuguait à son gré les esprits des Athéniens. Les dieux irrités, un astre ennemi, présidèrent sans doute à sa naissance. Fallait-il que son père, noirci par les vapeurs du fer ardent, le forçât de quitter l'enclume, les tenailles et les glaives qu'il fabriquait, pour le faire passer de l'antre enfumé de Vulcain à l'école d'un rhéteur[46] !

Des dépouilles ravies dans les combats, une cuirasse attachée à un trophée, des casques brisés, le pavillon d'une trirème vaincue[47], un captif tristement enchaîné sur un arc de triomphe[48], voilà ce qu'on regarde parmi les hommes comme le souverain bien ; c'est ce qui enflamma les généraux grecs, romains et barbares ; c'est ce qui leur fit affronter les périls et les travaux : tant nous sommes plus altérés de gloire que de vertu ! Supprimez en effet l'attrait des récompenses, qui embrassera la vertu pour elle-même[49] ? Cependant cette gloire, partage de quelques hommes[50], cette soif des éloges et des titres, vainement gravés sur le marbre qui couvre une cendre

Hæsuri saxis cinerum custodibus; ad quæ
Discutienda valent sterilis mala robora ficus;
Quandoquidem data sunt ipsis quoque fata sepulcris.

EXPENDE Annibalem : quot libras in duce summo
Invenies? Hic est, quem non capit Africa Mauro
Percussa Oceano, Niloque admota tepenti,
Rursus ad Æthiopum populos, aliosque elephantos!
Additur imperiis Hispania; Pyrenæum
Transilit : opposuit natura Alpemque nivemque;
Diducit scopulos, et montem rumpit aceto.
Jam tenet Italiam; tamen ultra pergere tendit :
Actum, inquit, nihil est, nisi Pœno milite portas
Frangimus, et media vexillum pono Suburra.
O qualis facies, et quali digna tabella,
Quum Gætula ducem portaret bellua luscum!
Exitus ergo quis est? O gloria! vincitur idem
Nempe, et in exsilium præceps fugit, atque ibi magnus
Mirandusque cliens sedet ad prætoria regis,
Donec Bithyno libeat vigilare tyranno.
Finem animæ, quæ res humanas miscuit olim,
Non gladii, non saxa dabunt, non tela; sed ille
Cannarum vindex, et tanti sanguinis ultor
Annulus. I, demens! i, sævas curre per Alpes,
Ut pueris placeas, et declamatio fias!

UNUS Pellæo juveni non sufficit orbis;

insensible, a été de tout temps funeste à la patrie. Un méprisable et stérile figuier suffira pour détruire ces monumens frivoles : car les sépulcres eux-mêmes sont sujets à la mort [51].

Pesez la cendre d'Annibal, et dites-moi quel poids vous lui trouvez [52]. Le voilà donc, celui que ne pouvait contenir l'Afrique, entre les rives battues par l'Océan Mauritanien [53] et les contrées baignées par le Nil, entre les nations de l'Éthiopie et l'autre patrie des éléphans [54] ! Il ajoute l'Espagne à son empire, et franchit les Pyrénées. En vain la nature lui oppose les Alpes et leurs neiges éternelles : il entr'ouvre les rochers ; il brise les montagnes dissoutes par le vinaigre [55]. Déjà l'Italie est en son pouvoir ; cependant il faut pénétrer plus avant : « Soldats, dit-il, nous n'avons rien fait si nous ne brisons les portes de Rome, si nous ne plantons les drapeaux de Carthage au milieu du quartier de Suburre. » La bonne figure, le bon modèle à peindre que ce borgne monté sur son éléphant ! mais que devient-il ? O gloire ! il est vaincu, il fuit en exil ; et cet illustre client attend à la porte d'un roi de Bithynie le réveil de son orgueilleux patron [56]. Il ne périra, ce fléau des humains, ni par le glaive ni par les flèches ; un anneau empoisonné vengera le sang précieux qu'il fit couler à Cannes. Courage, insensé ! gravis les Alpes escarpées, afin de plaire aux enfans, et d'être un jour le sujet de leurs déclamations [57].

Un seul univers ne suffit pas au jeune héros de Pella [58] :

Æstuat infelix angusto limite mundi,
Ut Gyari clausus scopulis parvaque Seripho.
Quum tamen a figulis munitam intraverit urbem,
Sarcophago contentus erit. Mors sola fatetur,
Quantula sint hominum corpuscula. Creditur olim
Velificatus Athos, et quidquid Græcia mendax
Audet in historia; constratum classibus isdem
Suppositumque rotis solidum mare : credimus altos
Defecisse amnes, epotaque flumina Medo
Prandente, et madidis cantat quæ Sostratus alis.
Ille tamen, qualis rediit Salamine relicta,
In Corum atque Eurum solitus sævire flagellis
Barbarus, Æolio nunquam hoc in carcere passos,
Ipsum compedibus qui vinxerat Ennosigæum?
Mitius id sane, quod non et stigmate dignum
Credidit. Huic quisquam vellet servire deorum?
Sed qualis rediit? Nempe una nave, cruentis
Fluctibus, ac tarda per densa cadavera prora.
Has toties optata exegit gloria pœnas.

Da spatium vitæ, multos da, Jupiter, annos!
Hoc recto vultu solum, hoc et pallidus optas.
Sed quam continuis et quantis longa senectus
Plena malis! Deformem et tetrum ante omnia vultum,
Dissimilemque sui, deformem pro cute pellem,
Pendentesque genas, et tales aspice rugas,

le malheureux se trouve à l'étroit, et comme s'il étouffait entre les rochers de Gyare ou de Sériphe [59] : mais dans Babylone [60], il se contentera d'un cercueil. La mort seule nous force d'avouer [61] combien l'homme est peu de chose. Nous croyons, sur la foi des traditions mensongères de la Grèce [62], qu'une flotte a fait voile à travers le mont Athos [63], et que les vaisseaux pressés offrirent aux chars une route solide sur les flots de la mer. Nous croyons que les Mèdes desséchaient en un seul repas les rivières et les fleuves [64] : nous croyons, enfin, tout ce que chante Sostrate échauffé par le vin [65]. Dans quel état cependant revint de Salamine [66] ce barbare qui, plus sévère qu'Éole, châtiait les vents à coups de fouet, et osait enchaîner Neptune lui-même ? Ce fut sans doute par excès d'indulgence qu'il ne le fit pas marquer d'un fer ardent. Quelle divinité voudrait servir un tel maître [67] ? Comment revient-il enfin ? dans un fragile esquif, mais retardé par les cadavres de ses soldats flottans sur la mer ensanglantée. C'est ainsi, le plus souvent, que la gloire punit ses adorateurs.

Prolonge ma vie, ô Jupiter ! accorde-moi de nombreuses années ! Voilà le vœu que vous adressez au ciel et dans la prospérité et dans l'infortune [68]. Cependant, à combien de maux une longue vieillesse n'est-elle pas condamnée ? D'abord, le visage devient difforme et méconnaissable ; la peau se flétrit ; les joues sont pendantes et sillonnées de rides, comme celles d'une vieille guenon

Quales, umbriferos ubi pandit Tabraca saltus,
In vetula scalpit jam mater simia bucca.
Plurima sunt juvenum discrimina: pulchrior ille
Hoc, atque ille alio; multum hic robustior illo.
Una senum facies; cum voce trementia labra,
Et jam leve caput, madidique infantia nasi.
Frangendus misero gingiva panis inermi:
Usque adeo gravis uxori, natisque, sibique,
Ut captatori moveat fastidia Cosso.

Non eadem vini atque cibi, torpente palato,
Gaudia: nam coitus jam longa oblivio; vel si
Coneris, jacet exiguus cum ramice nervus,
Et, quamvis tota palpetur nocte, jacebit.
Anne aliquid sperare potest hæc inguinis ægri
Canities? quid, quod merito suspecta libido est,
Quæ Venerem affectat sine viribus? Aspice partis
Nunc damnum alterius: nam quæ cantante voluptas,
Sit licet eximius citharœdus, sitve Seleucus,
Et quibus aurata mos est fulgere lacerna?
Quid refert, magni sedeat qua parte theatri,
Qui vix cornicines exaudiet atque tubarum
Concentus? Clamore opus est, ut sentiat auris
Quem dicat venisse puer, quot nuntiet horas.

PRÆTEREA minimus gelido jam corpore sanguis
Febre calet sola; circumsilit agmine facto

des forêts de Tabraca[69]. Les jeunes gens diffèrent entre eux; l'un est plus beau, l'autre est plus fort. Tous les vieillards se ressemblent; tous ont la voix et les lèvres tremblantes, la tête chauve, le nez humide comme celui d'un enfant. Le malheureux ne peut plus broyer le pain qu'avec une gencive désarmée. Aussi est-il tellement à charge à son épouse, à ses enfans, à lui-même, qu'il rebute jusqu'à l'intrigant Cossus[70].

Son palais émoussé ne trouve plus aux vins la même sève, ni le même goût aux alimens. Pour les plaisirs de l'amour, depuis long-temps il en a oublié l'usage; une nuit de caresses laborieuses ne saurait ranimer sa langueur[71]. Qu'attendre d'un vieillard épuisé ? Des désirs unis à l'impuissance de les satisfaire ne sont-ils pas justement suspects[72] ? Ce n'est pas là sa seule infirmité. Peut-il être sensible aux accens mélodieux du plus habile citharsite, de Séleucus lui-même[73], et de ces chanteurs dont les robes dorées brillent sur la scène[74] ? Qu'importe la place qu'il occupe au théâtre, s'il entend à peine le bruit des cors et des trompettes[75] ? Il faut crier pour lui dire l'heure[76], ou lui annoncer une visite.

La fièvre seule peut rendre quelque chaleur à son sang appauvri dans ses veines glacées; toutes les maladies con-

Morborum omne genus; quorum si nomina quæras,
Promptius expediam, quot amaverit Hippia mœchos,
Quot Themison ægros autumno occiderit uno,
Quot Basilus socios, quot circumscripserit Hirrus
Pupillos, quot longa viros exsorbeat uno
Maura die, quot discipulos inclinet Hamillus;
Percurram citius, quot villas possideat nunc,
Quo tondente gravis juveni mihi barba sonabat.
Ille humero, hic lumbis, hic coxa debilis; ambos
Perdidit ille oculos, et luscis invidet: hujus
Pallida labra cibum accipiunt digitis alienis.
Ipse ad conspectum cœnæ diducere rictum
Suetus, hiat tantum, ceu pullus hirundinis, ad quem
Ore volat pleno mater jejuna. Sed omni
Membrorum damno major dementia, quæ nec
Nomina servorum, nec vultum agnoscit amici,
Cum quo præterita cœnavit nocte, nec illos
Quos genuit, quos eduxit. Nam codice sævo
Heredes vetat esse suos; bona tota feruntur
Ad Phialen: tantum artificis valet halitus oris,
Quod steterat multis in carcere fornicis annis!

Ut vigeant sensus animi, ducenda tamen sunt
Funera natorum, rogus aspiciendus amatæ
Conjugis, et fratris, plenæque sororibus urnæ.
Hæc data pœna diu viventibus, ut, renovata

jurées viennent l'assaillir à la fois; s'il fallait les compter, j'aurais plutôt nommé les amans d'Hippia, les malades que Thémison[77] expédia dans une automne, les cliens et les pupilles qu'Hirrus et Basilus ont dépouillés, les hommes que la maigre Maura[78] épuise en un seul jour, et les jeunes élèves qu'Hamillus a corrompus; j'aurais plutôt fait l'énumération des maisons de campagne que possède aujourd'hui ce barbier qui, dans ma jeunesse, me délivrait d'une barbe importune[79]. L'un se plaint de l'épaule, des reins ou de la cuisse; l'autre, privé de la vue, est réduit à envier le sort des borgnes : il faut à celui-ci qu'une main étrangère porte les alimens sur ses lèvres flétries; assis à table, il ne peut qu'entr'ouvrir la bouche, tel que le petit d'une hirondelle, quand sa mère, à jeun, revole vers son nid, le bec rempli de nourriture. Mais la démence est la plus cruelle de ses infirmités : il oublie le nom de ses esclaves : il méconnaît les traits de l'ami qui la veille soupait à ses côtés; il méconnaît jusqu'à ses enfans, ses propres enfans. Un testament barbare[80] les déshérite et transporte tous ses biens à Phialé : tant sont puissantes les séductions de cette bouche artificieuse, instruite depuis si long-temps à tromper dans les antres de la prostitution[81]!

Mais qu'il conserve toutes les facultés de son esprit, n'est-il pas condamné à conduire la pompe funèbre de ses enfans, à contempler le bûcher d'un frère et d'une épouse chérie, les urnes cinéraires de ses sœurs[82]? Pour porter la peine d'avoir trop vécu, il verra sa famille in-

Semper clade domus, multis in luctibus, inque
Perpetuo mœrore, et nigra veste senescant.
Rex Pylius, magno si quidquam credis Homero,
Exemplum vitæ fuit a cornice secundæ.
Felix nimirum, qui tot per sæcula mortem
Distulit, atque suos jam dextra computat annos,
Quique novum toties mustum bibit! Oro, parumper
Attendas, quantum de legibus ipse queratur
Fatorum, et nimio de stamine, quum videt acris
Antilochi barbam ardentem; nam quærit ab omni
Quisquis adest socio, cur hæc in tempora duret,
Quod facinus dignum tam longo admiserit ævo.
Hæc eadem Peleus, raptum quum luget Achillem,
Atque alius, cui fas Ithacum lugere natantem.
Incolumi Troja, Priamus venisset ad umbras
Assaraci magnis solennibus, Hectore funus
Portante, ac reliquis fratrum cervicibus, inter
Iliadum lacrimas, ut primos edere planctus
Cassandra inciperet, scissaque Polyxena palla,
Si foret exstinctus diverso tempore, quo non
Cœperat audaces Paris ædificare carinas.
Longa dies igitur quid contulit? Omnia vidit
Eversa, et flammis Asiam ferroque cadentem.
Tunc miles tremulus posita tulit arma tiara,
Et ruit ante aram summi Jovis, ut vetulus bos,
Qui domini cultris tenue et miserabile collum

cessamment ravagée par la mort; il vieillira dans le
deuil, dans les larmes, dans l'amertume. Le roi de Pylos,
si l'on en croit le grand Homère [83], atteignit presque la
durée de la corneille; heureux, dites-vous, d'avoir pu
suspendre si long-temps les coups de la mort, d'avoir
compté ses années sur les doigts de sa main droite [84], et
de s'être enivré tant de fois des prémices de la vendange.
Mais écoutez-le accuser la rigueur du sort et maudire les
Parques qui n'ont pas tranché ses jours, quand il voit
le corps du vaillant Antiloque [85] dévoré par les flammes;
entendez-le demander aux amis qui l'entourent, quel
crime lui a mérité le fardeau d'une si longue vie. Ainsi
Pélée déplore la mort d'Achille : ainsi le vieux Laërte
gémit sur le sort de son fils, jouet des vagues irritées.
Si Priam eût fini sa carrière avant que Pâris eût construit ses coupables vaisseaux, il aurait laissé Troie encore debout, et son ombre serait descendue solennelle-
ment vers les mânes de son aïeul Assaracus. Hector,
avec tous ses frères, eût porté le lit funèbre [86] à travers
la foule des Troyennes gémissantes; Cassandre, et Polyxène déchirant sa robe, eussent donné le signal de la
douleur. Que lui servit d'avoir vécu si long-temps? il
vit son empire s'écrouler, l'Asie ravagée par le fer et
par la flamme. Alors, guerrier débile, il dépose la tiare,
saisit un glaive, et tombe au pied de l'autel du grand
Jupiter; tel un vieux taureau, que l'ingrat laboureur a
rejeté de la charrue, présente au fer de son maître un
cou languissant et décharné. Mais enfin, tout affreux
qu'il est, le destin de Priam est celui d'un homme : son
épouse, assez malheureuse pour lui survivre, est réduite,

Præbet, ab ingrato jam fastiditus aratro.
Exitus ille utcumque hominis : sed torva canino
Latravit rictu, quæ post hunc vixerat, uxor.

Festino ad nostros, et regem transeo Ponti,
Et Crœsum, quem vox justi facunda Solonis
Respicere ad longæ jussit spatia ultima vitæ.
Exsilium, et carcer, Minturnarumque paludes,
Et mendicatus victa Carthagine panis,
Hinc caussas habuere. Quid illo cive tulisset
Natura in terris, quid Roma beatius unquam,
Si, circumducto captivorum agmine, et omni
Bellorum pompa, animam exhalasset opimam,
Quum de Teutonico vellet descendere curru?
Provida Pompeio dederat Campania febres
Optandas; sed mœstæ urbes et publica vota
Vicerunt. Igitur fortuna ipsius et urbis
Servatum victo caput abstulit. Hoc cruciatu
Lentulus, hac pœna caruit, ceciditque Cethegus
Integer, et jacuit Catilina cadavere toto.

Formam optat modico pueris, majore puellis
Murmure, quum Veneris fanum videt anxia mater,
Usque ad delicias votorum. Cur tamen, inquit,
Corripias? pulchra gaudet Latona Diana.
Sed vetat optari faciem Lucretia, qualem
Ipsa habuit. Cuperet Rutilæ Virginia gibbum

par une cruelle métamorphose, à ne plus faire entendre que les hurlemens d'une chienne [87].

IMPATIENT de puiser dans notre histoire, je ne citerai ni Mithridate, ni ce Crésus, à qui le sage Solon conseillait d'attendre, pour prononcer sur le bonheur, le dernier terme d'une longue vie [88]. C'est à la vieillesse que Marius dut l'exil et les fers, et les marais de Minturne, et le pain mendié sur les ruines de Carthage [89]. Quel mortel, dans Rome et dans l'univers, eût été plus heureux que lui, s'il eût exhalé son âme rassasiée de gloire [90], en descendant de son char de triomphe, au milieu de la pompe guerrière et de la foule des Teutons captifs? Par une favorable prévoyance des maux qui devaient accabler Pompée, la Campanie le frappe d'une fièvre salutaire [91] : mais les villes en deuil [92] et les vœux de tout un peuple emportèrent la balance. Le destin, fatal à sa gloire et à notre liberté, ne conserva sa tête triomphante que pour la faire tomber vaincue sous le fer d'un assassin. Lentulus et Cethegus échappèrent à cet outrage, et le cadavre de Catilina fut étendu tout entier sur le champ de bataille [93].

VOYEZ cette mère inquiète : dès qu'elle aperçoit le temple de Vénus, elle demande à voix basse, pour ses fils, le don de la beauté : mais elle l'implore pour ses filles avec la plus tendre ferveur [94]. — Pourquoi me blâmerait-on, dit-elle? Latone ne voit-elle pas avec joie la beauté de Diane? — Mais le sort de Lucrèce te défend

Accipere, atque suam Rutilae dare. Filius autem
Corporis egregii miseros trepidosque parentes
Semper habet : rara est adeo concordia formae
Atque pudicitiae! Sanctos licet horrida mores
Tradiderit domus, ac veteres imitata Sabinas;
Praeterea castum ingenium, vultumque modesto
Sanguine ferventem tribuat natura benigna
Larga manu (quid enim puero conferre potest plus
Custode et cura natura potentior omni?),
Non licet esse viris : nam prodiga corruptoris
Improbitas ipsos audet tentare parentes :
Tanta in muneribus fiducia! Nullus ephebum
Deformem saeva castravit in arce tyrannus;
Nec praetextatum rapuit Nero loripedem, nec
Strumosum, atque utero pariter gibboque tumentem.

Nunc ergo specie juvenis laetare tui, quem
Majora exspectant discrimina! Fiet adulter
Publicus, et poenas metuet, quascumque mariti
Exigere irati; nec erit felicior astro
Martis, ut in laqueos nunquam incidat. Exigit autem
Interdum ille dolor plus, quam lex ulla dolori
Concessit. Necat hic ferro, secat ille cruentis
Verberibus; quosdam moechos et mugilis intrat.
Sed tuus Endymion dilectae fiet adulter
Matronae; mox quum dederit Servilia nummos,

de souhaiter ses appas : Virginie aurait volontiers échangé tous les siens 95 contre les difformités de Rutila. Quant à tes fils, songes-y bien ; les avantages de la figure dans un fils font l'éternel tourment de sa mère : la pudeur et la beauté se trouvent si rarement unies ! Qu'il ait reçu de sa famille, héritière de l'antique vertu des Sabines, les principes les plus austères ; que la nature bienfaisante l'ait doué d'un esprit chaste, d'un front qui rougit aisément 96 (et la nature, plus puissante que la contrainte et les leçons, pourrait-elle faire davantage pour lui ?), il ne lui sera pas permis d'être homme 97. La perversité, semant l'argent à pleines mains, tentera de corrompre les parens eux-mêmes ; tant la puissance de l'or inspire de confiance ! Ce ne fut jamais l'enfant difforme que le fer cruel d'un tyran priva des sources de la vie 98 : jamais Néron, parmi les jeunes patriciens, n'enleva ni le boiteux, ni le scrofuleux, ni le bossu 99.

Réjouis-toi maintenant 100 de la beauté de ce fils, réservé peut-être à de plus grands malheurs. Un jour, adultère banal, il lui faudra redouter sans cesse la vengeance des maris outragés 101 ; plus heureux que Mars, pourra-t-il toujours éviter les filets 102 ? Souvent la jalousie franchit les bornes prescrites par les lois aux plus vifs ressentimens ; elle poignarde un rival, le déchire à coups de lanières, et glisse quelquefois dans ses entrailles un poisson dévorant 103. Ton Endymion, dis-tu, n'aura qu'une maîtresse. Oui, jusqu'à ce que Servilie fasse briller l'or à ses yeux : sans amour, il en sera l'amant, et ce sera pour la dépouiller 104. Quelle femme, fût-ce Oppia

Fiet et illius, quam non amat: exuet omnem
Corporis ornatum. Quid enim ulla negaverit udis
Inguinibus, sive est hæc Oppia, sive Catulla?
Deterior totos habet illic femina mores.

SED casto quid forma nocet? quid profuit olim
Hippolyto grave propositum? quid Bellerophonti?
Erubuit nempe hæc, ceu fastidita, repulsa.
Nec Sthenobœa minus, quam Cressa excanduit, et se
Concussere ambæ. Mulier sævissima tunc est,
Quum stimulos odio pudor admovet. Elige quidnam
Suadendum esse putes, cui nubere Cæsaris uxor
Destinat? Optimus hic, et formosissimus idem
Gentis patriciæ rapitur miser, exstinguendus
Messalinæ oculis: dudum sedet illa parato
Flammeolo, Tyriusque palam genialis in hortis
Sternitur, et ritu decies centena dabuntur
Antiquo; veniet cum signatoribus auspex.
Hæc tu secreta et paucis commissa putabas?
Non, nisi legitime, vult nubere. Quid placeat, dic?
Ni parere velis, pereundum erit ante lucernas.
Si scelus admittas, dabitur mora parvula, dum res
Nota urbi et populo contingat principis aures.
Dedecus ille domus sciet ultimus: interea tu
Obsequere imperio, si tanti est vita dierum
Paucorum. Quidquid melius leviusque putaris,
Præbenda est gladio pulchra hæc et candida cervix.

ou Catulla, refusa jamais quelque chose à sa pressante ardeur [105]? En pareil cas, la plus avare ne ménage rien [106].

Quoi! la beauté peut-elle nuire à l'homme chaste? Demandez à Hippolyte, à Bellérophon, ce qu'ils gagnèrent avec leur sévérité! Phèdre et Sthénobée rougirent des dédains qu'elles essuyèrent. Leur colère s'enflamme; toutes deux respirent la vengeance [107]. Le ressentiment d'une femme est implacable, quand la honte aiguillonne sa haine. Quel conseil donnerez-vous à celui que la femme de César se propose d'épouser [108]? Il est vertueux, beau, d'une naissance illustre; le malheureux est traîné aux pieds de Messaline, ou plutôt à la mort [109]. Impatiente, elle l'attend dans ses jardins. Le voile, le lit nuptial [110], tout est prêt : suivant l'antique usage, le million de sesterces sera compté [111]; l'augure viendra, les témoins seront appelés. Tu te flattais, Silius, d'un hymen secret? Messaline ne veut que des formes légales. A quoi te résous-tu? Si tu refuses d'obéir, tu périras avant la fin du jour : si tu consens, tu vivras encore quelques momens, jusqu'à ce que le bruit de ton crime, répandu dans la ville, ait frappé les oreilles de l'empereur. Il saura le dernier le déshonneur de sa maison. Obéis donc, si quelques jours d'une pareille vie te semblent si précieux. Mais, quelque parti que tu prennes, cette tête charmante n'en sera pas moins livrée au tranchant du glaive.

Nil ergo optabunt homines? Si consilium vis,
Permittes ipsis expendere numinibus, quid
Conveniat nobis, rebusque sit utile nostris.
Nam pro jucundis aptissima quæque dabunt di.
Carior est illis homo, quam sibi. Nos animorum
Impulsu, et cæca magnaque cupidine ducti,
Conjugium petimus, partumque uxoris; at illis
Notum, qui pueri, qualisque futura sit uxor.
Ut tamen et poscas aliquid, voveasque sacellis
Exta, et candiduli divina tomacula porci,
Orandum est, ut sit mens sana in corpore sano.
Fortem posce animum, mortis terrore carentem,
Qui spatium vitæ extremum inter munera ponat
Naturæ, qui ferre queat quoscunque labores,
Nesciat irasci, cupiat nihil, et potiores
Herculis ærumnas credat sævosque labores
Et Venere, et cœnis et pluma Sardanapali.
Monstro quod ipse tibi possis dare. Semita certe
Tranquillæ per virtutem patet unica vitæ.
Nullum numen habes, si sit prudentia; nos te,
Nos facimus, Fortuna, deam, cœloque locamus.

Ainsi les hommes ne doivent rien désirer? — Croyez-moi, laissons aux dieux le soin de nos vrais intérêts : nous demandons ce qui plaît, ils donneront ce qu'il faut. Ils aiment mieux l'homme, que l'homme ne s'aime lui-même. Emportés par un aveugle élan, par d'effrénés désirs, nous souhaitons une épouse; nous la voulons féconde : les dieux seuls savent quelle sera la mère, quels seront les enfans. S'il faut cependant que vous adressiez des vœux à Jupiter, que vous offriez des sacrifices sur ses autels, demandez-lui la santé de l'esprit avec celle du corps [112]; demandez-lui une âme forte, exempte des terreurs de la mort, et qui sache la regarder comme un bienfait de la nature [113]; une âme qui supporte les peines de la vie, qui soit inaccessible à la colère, aux vains désirs, qui préfère enfin les travaux d'Hercule et ses cruelles épreuves aux délices et à la mollesse de Sardanapale. Ces biens, que je loue, vous pouvez vous les procurer vous-même. La vertu seule, n'en doutez pas, conduit au calme du bonheur [114]. O fortune, ton pouvoir est détruit, si nous sommes sages [115]! c'est à nos faiblesses que tu dois ta divinité et la place que tu tiens dans le ciel.

NOTES

SUR LA SATIRE X.

1. Argument. Juvénal fait sentir la folie de la plupart de nos vœux. Après avoir examiné ceux qui ont pour objet les richesses, les honneurs, le pouvoir, l'éloquence, la gloire, la vieillesse et la beauté, il finit par indiquer les vœux que nous pouvons raisonnablement adresser au ciel.

Cette satire a toujours été regardée comme le chef-d'œuvre de Juvénal. Cependant, qu'offre-t-elle au premier coup d'œil? une vérité sur laquelle les hommes, dans tous les temps, ont été d'accord; car on n'a jamais douté que les vœux des mortels ambitieux n'appelassent le plus souvent le malheur sur leurs têtes imprudentes: tant il est vrai que ce ne sont pas les sujets les plus recherchés qui l'emportent! En général, le sentiment et la manière de traiter décident du succès.

O le puissant levier que le sentiment! Heureux l'écrivain qui sait, comme Juvénal, s'en servir au gré de son âme enflammée par la vertu! Tous les sujets lui seront égaux, parce qu'il saura les rajeunir ou les féconder, parce qu'il les enrichira du fruit de ses veilles et de ses profondes méditations; qu'il leur donnera, selon les occurrences, de nouveaux aspects, des relations nouvelles; mais surtout parce qu'il y imprimera fortement le sceau durable de son caractère individuel.

Dans la fameuse satire du Turbot (satire 4), la plus grande partie du succès de notre poète vient de l'art: il n'appartient ici qu'à la nature des choses fidèlement représentées, qu'à la raison secondée de toutes les ressources de l'éloquence, de l'imagination, et d'un fonds immense de l'érudition la mieux choisie. Ce qu'il y a peut-être de plus remarquable dans l'exécution de cet ouvrage, consacré par l'estime publique, c'est d'en avoir soutenu l'intérêt jusqu'à la fin ; et cela, en détruisant nos plus chères illusions, en nous montrant le néant de tout ce que les hommes, séduits par de vaines apparences, ont, de générations en générations, constamment préféré à la sorte de bonheur dont nous sommes susceptibles.

Comment se fait-il que le genre humain, qui aime tant qu'on le flatte, ne cesse de courir après ceux qui le gourmandent et le châtient, et pourquoi les principes les plus austères ne manquent-ils jamais d'approbateurs ? c'est qu'il est de notre essence, sans désirer peut-être de devenir meilleurs, de chercher la vérité jusqu'au dernier soupir ; et cet attrait irrésistible est le plus beau triomphe de l'auguste vérité.

2. *Parcourez la terre depuis Cadix jusqu'au Gange*, etc., v. 1. BOILEAU a dit, sat. 8, v. 1 et suivans :

> De tous les animaux qui s'élèvent dans l'air,
> Qui marchent sur la terre, ou nagent dans la mer,
> De Paris au Pérou, du Japon jusqu'à Rome,
> Le plus sot animal, à mon avis, c'est l'homme..... J. P.

3. *Que la baleine de l'Océan britannique surpasse les dauphins*, etc., v. 14. Voilà une comparaison bien recherchée : il paraît cependant que Juvénal a voulu imiter ces deux vers de Virgile, églogue 1 :

> Verum hæc tantum alias inter caput extulit urbes,
> Quantum lenta solent inter viburna cupressi;

mais quelle différence !

4. *Du trop riche Sénèque*, etc., v. 16. Juvénal, satire 5, v. 109, dit que Sénèque était bienfaisant, et qu'il secourait ses amis malheureux. Il en parle encore d'une manière honorable, satire 8, v. 212. Mais ici je crois qu'il a voulu lui reprocher, en passant, ses immenses richesses, dont l'acquisition suppose des soins et un caractère peu compatibles avec les vrais principes de la philosophie. Au reste, il fut accusé par Festus Rufus et par Tigellinus :

Tanquam ingentes et ultra privatum modum evectas opes adhuc augeret, quodque studia civium in se verteret, hortorum quoque amœnitate, et villarum magnificentia, quasi principem supergrederetur. TACIT., *Annal.*, lib. XIV.

(Juvénal ne reproche pas à Sénèque ses immenses richesses; il remarque seulement qu'elles causèrent la perte du philosophe. J. P.)

5. *Que nos richesses*, etc., v. 24. Il y a quelque différence entre *divitiæ* et *opes*. Jupiter, dans Plaute, n'est pas appelé *dives*, mais *opulentus*, et cela parce qu'il peut tout.

6. *Au Forum*, etc., v. 25. Le plupart des endroits appelés *Forum* étaient des marchés distingués par les noms des villes, ou par les noms de ceux qui les avaient fondés. Trajan fit bâtir un *Forum* qui portait son nom : les sénateurs et les citoyens opulens y portaient leurs coffres-forts, comme dans un lieu de sûreté; et ce lieu même s'appelait *Opes*.

(Dusaulx a suivi le sentiment de l'ancien scoliaste, sur le motif pour lequel les sénateurs déposaient leur argent dans le Forum. Il me semble que Juvénal entend plutôt qu'ils y plaçaient leur argent à intérêt. Ce Forum était une espèce de *banque* générale. On peut consulter la note 34 de la première satire. J. P.)

7. *Le Sétine*, etc., v. 27. Pline (lib. XXXIV, cap. 6), dit qu'Auguste et ses successeurs préféraient ce vin à tous les autres vins d'Italie, et que le Falerne n'avait que le second rang. *Voyez* satire 5, v. 33.

8. *Ces deux philosophes, dont l'un ne pouvait mettre le pied dans la rue sans rire, et l'autre sans pleurer*, v. 28. Il faut, dit Sénèque, s'accoutumer à ne pas voir en noir, mais en ridicule les vices de la multitude. Il vaut mieux imiter Démocrite qu'Héraclite : l'un riait, l'autre pleurait toutes les fois qu'ils paraissaient en public. Toutes nos actions semblaient tragiques à l'un, et comiques à l'autre. Ne voyons que la moitié des vices, et supportons-les avec indulgence. Il y a plus d'humanité à se moquer des hommes qu'à en gémir : ajoutez qu'on leur est aussi plus utile. Celui qui

rit laisse au moins quelque espérance ; mais, en supposant même qu'on désespère, il y a de la folie à pleurer. A tout prendre, j'aime mieux l'homme qui ne peut s'empêcher de rire, que celui qui ne peut retenir ses larmes. Le premier n'est affecté que légèrement ; il ne voit dans tout cet appareil de la vie humaine rien d'important, rien de grand, ni même de sérieux. » (*De Tranquil. anim.*, cap. XV.)

9. *Ni prétextes, ni trabées*, etc., v. 35. La prétexte, dit Varron, était une espèce de tunique blanche, bordée de pourpre : *Prætexta toga est alba, purpureo limbo*. Les enfans des patriciens ne la prenaient qu'à un certain âge : sans elle, ils ne pouvaient être admis ni dans les assemblées publiques ni dans le sénat. Les magistrats la portaient dans toutes les solennités : le préteur ne ne la quittait que lorsqu'il fallait condamner quelqu'un. *Voyez* sur la trabée, satire 8, note 70.

10. *Revêtu de la tunique de Jupiter*, etc., v. 38. Cette tunique, que l'on appelait encore *prætexta*, *toga palmata*, ou *toga picta*, ne servit d'abord qu'aux triomphes ; mais ensuite elle fut portée par les consuls et les préteurs. Lampride dit, dans la Vie d'Alexandre Sévère : *Prætextam et pictam togam nunquam nisi consul accepit, et eam quidem, quam de Jovis templo sumptam alii quoque accipiebant, aut prætores aut consules.*

11. *Les épaules chargées d'un vaste manteau de pourpre tyrienne*, v. 39. Pour exprimer l'ampleur de cette toge, Juvénal se sert d'une périphrase satirique : *pictæ aulæa togæ*, une toge qui ressemblait au rideau avec lequel les Romains cachaient la scène aux yeux des spectateurs.   J. P.

12. *Avertit le consul de ne pas trop s'enorgueillir*, etc., v. 41. Juvénal appelle consul celui qu'il vient de nommer préteur : c'est qu'insensiblement, dit Asconius Pedianus, l'un et l'autre nom fut donné quelquefois à ces deux magistratures. Dans les premiers temps de la république, les consuls suffisaient pour commander les armées et pour rendre la justice. Mais lorsque les Romains eurent plus d'ennemis à combattre, on créa deux préteurs pour

servir comme d'adjoints et de collègues aux consuls : le nombre en fut porté jusqu'à huit. On les élisait dans une assemblée par centuries comme les consuls, et les mêmes auspices servaient pour les deux élections. (AULUG., lib. XIII, cap. 15.)

13. *Et nos citoyens en robes blanches*, etc., v. 45. Plutarque dit que Paul-Émile, allant exercer la préture en Espagne, était vêtu de blanc, lui et tout son cortége.

14. *La sportule*, v. 46. *Voyez* satire 1, note 32.   J. P.

15. *Sa sagesse nous prouve que, sous un air épais, au pays des stupides moutons*, etc., v. 48. Le pays des moutons était une manière de parler proverbiale. Plaute avait déjà dit, pour désigner un homme stupide et grossier: *Ain' vero, vervecum caput.*

Démocrite, dont il s'agit ici, était d'Abdère, ville de Thrace; on croyait que l'air de ce climat, favorable aux animaux, abrutissait les hommes. Le même préjugé avait lieu contre la Béotie, comme on le voit par ce vers d'Horace :

    Bœotum in crasso jurares aere natum.

16. *Pour lui, méprisant les menaces de la Fortune, il osait la défier, et la narguer du doigt*, v. 52. *Mandaret laqueum* exprime une insulte triviale qui répondait à ceci : « Va te pendre. » Quant à *medium ostenderet unguem*, c'était chez les anciens la plus grande marque de mépris que de désigner quelqu'un avec le doigt du milieu. Perse appelle ce doigt infâme, et Martial impudique :

    Rideto, multum, qui te, Sextile, cinædum
    Dixerit, et digitum porrigito medium.
               MARTIAL., lib. II, epig. 28.

17. *Les vœux dont nous chargeons les genoux des immortels*, etc., v. 55. *Incerare* est une expression satirique qu'il est impossible de rendre en français, à moins de dire : « Quand on cire les genoux des dieux ; » ce qui serait aussi ridicule qu'inintelligible. Quelques-uns croient qu'*incerare* signifie rendre les statues des dieux luisantes à force de les toucher en les implorant : d'autres,

qu'il s'agit des petits cierges que l'on y plaçait. L'interprétation la plus autorisée est que les Grecs et les Romains collaient, sur les statues des dieux qu'ils invoquaient, des tablettes sur lesquelles leurs promesses étaient écrites ainsi que leurs vœux. Ce passage d'Apulée ne saurait signifier autre chose : *Votum in alicujus statuæ femore assignasti.* Vid. Rutgersii var. Lect., pag. 459.

18. *Les honneurs accumulés sur leur tête ont hâté leur naufrage*, v. 57. L'ancien scoliaste de Juvénal dit qu'il y avait devant les statues les noms et les titres de ceux qu'elles représentaient, et que cette liste ou table s'appelait *tabula patronatus*, c'est-à-dire, la table des noms et des titres des ancêtres.

19. *Les statues descendent de leurs bases, et suivent le câble qui les tire*, v. 58. Pourquoi Juvénal n'a-t-il pas dit, en parlant de ces statues, elles se précipitent, s'abîment, etc.? c'est qu'il n'aurait pas rendu avec autant d'exactitude l'effet dont vraisemblablement il avait été le témoin oculaire dans le siècle où il vivait ; siècle, comme on le sait, si fécond en ruines et en désastres. Pour moi, je n'ai bien senti la valeur intrinsèque de *Descendunt statuæ restemque sequuntur*, que lorsque la statue équestre de la place Vendôme, tirée par des câbles, s'inclinant insensiblement, et devenue presque horizontale, tomba doucement hors de la balustrade; de sorte qu'elle paraissait plutôt descendre que s'abîmer. La lenteur de la chute vient, en pareil cas, de ce que les branches de fer qui soutiennent ces masses énormes ne se rompent qu'après avoir été totalement repliées sur elles-mêmes. Combien d'autres commentaires, plus importans que celui-ci, le temps présent ne me fournirait-il pas sur cet auteur qui connaissait si bien les choses et les hommes, que, même aujourd'hui, sa puissante voix retentit encore au cœur des criminels? — *Tacita sudant præcordia culpa*, satire 1, vers 166.

Je n'insisterai point sur le magnifique tableau de la catastrophe de Séjan et de ses pareils : que pourrais-je en dire, que nous n'ayons pas éprouvé nous-mêmes sous le règne atroce de nos tyrans subalternes?

20. *Le grand Séjan tout entier éclate et se dissout*, etc., v. 62.

Je ne crois pas que l'épithète de grand fasse allusion au crédit dont Séjan avait joui, ni à la hauteur de sa taille, comme dans ce vers de Perse, satire 2 :

> Ingentes trepidare Titos, etc. ;

il me semble qu'il s'agit de sa statue qui, vraisemblablement, était colossale.

21. *Va servir de matière aux ustensiles les plus vulgaires*, v. 64. Il est malheureux que la langue française ne souffre pas certains détails : ce qu'elle gagne en noblesse, elle le perd en énergie et en vérité. Dans le texte, il y a une opposition très-marquée entre les mots *facie toto orbe secunda* et l'usage auquel on destine cette noble figure de Séjan, *urceoli fiunt, pelves, sartago, patellæ*. Mais supporterait-on en français cette traduction littérale du père Tarteron : « De la statue de Séjan, mise en fusion, on fait des « chopines, des marmites, des poêles à frire et toutes sortes d'us- « tensiles de cuisine ? » J. P.

22. *Un taureau sans tache*, v. 66. Juvénal dit *cretatumque bovem*, parce qu'on se servait de craie pour effacer les taches, ou plutôt pour les dissimuler. Perse a dit métaphoriquement (sat. 5) *cretata ambitio*.

23. *Une longue et verbeuse lettre est arrivée de Caprée*, etc., v. 71. Cette lettre n'existe plus ; une lacune d'environ trois ans, dans le cinquième livre des Annales de Tacite, nous l'a dérobée. Suétone (*Vita Tiber.*, cap. 65) en parle ainsi : *Sejanum.... inopinantem criminatus est, pudenda miserandaque oratione*, etc. Dion (lib. LVIII, cap. 10) est entré dans un plus grand détail. « Cette « lettre, dit-il, était longue, et ne contenait rien de suivi contre « le ministre. Tibère y parlait d'abord de toute autre chose ; « après quoi venait un mot de plainte contre Séjan. L'empereur « passait à quelque autre objet, et puis il retombait sur ce favori. « Enfin, il demandait que l'on fît justice de deux sénateurs atta- « chés à Séjan, et qu'on les gardât en prison. Dans la crainte « d'exciter quelque trouble il n'osait demander sa mort, etc. » Traduction de M. l'abbé de la Bletterie.

24. *Je t'entends, il suffit,* v. 72. Ici finit le dialogue qui recommencera au vers 81, soit entre les mêmes interlocuteurs, soit entre d'autres personnages pris au hasard dans la foule du peuple. Pour bien comprendre cette fiction, il faut se représenter Juvénal écoutant sur la place publique, et se parlant à lui-même. Tout ce détail, vraiment dramatique, est plein de force et de verve.

25. *Que Nursia, plus propice, eût fait tomber le vieux prince sous les coups imprévus de son Toscan,* v. 74. Séjan était né chez les Volsiniens, peuple de la Toscane. Tite-Live (lib. VII) dit que, pour marquer le nombre des années, ils enfonçaient des clous dans les portes du temple de Nursia. On croit qu'ils adoraient la Fortune sous le nom de cette déesse.

26. *Depuis qu'on n'achète plus nos suffrages,* v. 77. Lorsque le peuple romain avait le droit d'élire ses magistrats dans les comices, les candidats donnaient de l'argent, et faisaient des présens pour obtenir les suffrages de leurs concitoyens. La dictature de Sylla, auquel on avait attribué, par un sénatus-consulte, toutes les sortes de pouvoirs, abrogea cet usage. Caligula, dit Suétone, voulut le rétablir : *Tentavit et comitiorum more revocato suffragia populo reddere.* Ce n'est pas la vénalité que Juvénal regrette ici, c'est la perte de la liberté. En écrivant *effudit curas*, au lieu d'*effugit*, j'ai rappelé la meilleure leçon.

27. *Du pain, et les jeux du cirque, voilà l'objet unique de leurs désirs inquiets,* v. 80. Dès le temps d'Auguste, le peuple romain ne songeait plus guère qu'à ses plaisirs ; pourvu qu'il eût du pain, il ne s'embarrassait pas du reste. Les loteries de notre temps, les rentes viagères, les boulevards et les tripots, prouvent que nous en sommes à peu près au même point. Juvénal revient souvent aux jeux du cirque ; il a dit, satire 3, vers 223 :

> Si potes avelli circensibus, etc.

Satire 8, vers 117 :

> . . . . Parce et messoribus illis
> Qui saturant urbem circo scenæque vacantem.

On verra, satire 11, vers 53:

> Mœstitia est caruisse anno circensibus uno.

A la fin les concussions enfantent la disette, et c'est alors que commencent les tempêtes. Voici un passage qui m'a frappé dans les Recherches philosophiques sur les Grecs.—« Tout, dit M. de Paw, était réjouissance chez les Athéniens; au lieu que l'on croit voir aujourd'hui, dans les états militaires de l'Europe, des vaisseaux menacés d'un prochain naufrage, et où déjà l'on n'entend plus ni le chant des matelots, ni la musique des passagers; aussi est-il probable que cette crise violente finira enfin par une catastrophe qui étonnera les vaincus et les vainqueurs. »—Et c'est avant 1788 que M. de Paw a tracé ces lignes prophétiques, tom. I, pag. 216.

Chénier, dans sa tragédie de Tibère, où il a si heureusement transporté les traits les plus saillans des écrivains et des poètes du second âge de la littérature romaine, n'a pas oublié celui-ci : je cite une partie de la scène, pour que le dernier vers ne perde rien de son effet :

SÉJAN.

Les amis de Séjan vous consacrent leur vie.
César se souviendra de leur fidélité?

TIBÈRE.

Ils obtiendront le prix qu'ils auront mérité.

SÉJAN.

Un regard! des faveurs!

TIBÈRE.

Dis ma reconnaissance,
Séjan, tous mes trésors et toute ma puissance.

SÉJAN.

Natta, Balbus, Afer, nos zélés orateurs?

TIBÈRE.

Du crédit, des emplois d'édiles, de questeurs.

SÉJAN.

Les agens plus obscurs d'une émeute docile?

TIBÈRE.

De l'or.

SÉJAN.

Fulcinius?

TIBÈRE.

La préture en Sicile.

SÉJAN.

Et les cris importuns de ce peuple odieux?

TIBÈRE.

Du pain, les jeux du cirque, un sacrifice aux dieux..... J. P.

28. *La fournaise est vaste*, v. 82. Ce vers est diversement interprété; les uns l'entendent de la colère du prince, les autres de la fournaise allumée pour y fondre la statue de Séjan et y brûler ses complices. Observons que le diminutif *fornacula*, mis avec *magna*, n'est pas de bon style, puisque Quintilien (*Instit. Orat.*, lib. I, cap. 5) a repris ceux qui écrivaient *magnum peculiolum*.

29. *Je viens de rencontrer, près de l'autel de Mars, mon ami Brutidius*, etc., v. 83. Il y avait à Rome, dans les places et dans les carrefours, des autels sans temple, comme était l'autel d'Hercule, appelé *Ara Maxima*, lequel était situé à l'entrée du grand cirque, et dont il a déjà été fait mention, satire 8, vers 13.

Le Brutidius dont il s'agit était rhéteur; il obtint, selon Tacite (*Annal.*, lib. III), la faveur de Tibère par ses flatteries et par ses délations; mais il fut accusé à son tour. Il plaida vainement sa propre cause, et fut contraint de se tuer.

30. *Je crains bien qu'Ajax vaincu ne fasse éclater sa fureur, pour nous punir de ne l'avoir pas assez vengé*, v. 84. Dusaulx croit que ce nom d'Ajax vaincu est donné à Brutidius et non pas à Tibère. Les raisons qu'il allègue ne m'ont pas paru concluantes: il prétend que l'interlocuteur de Juvénal parle haut, et que, par conséquent, il ne doit pas se permettre une comparaison inju-

rieuse. Mais on peut supposer avec bien plus de vraisemblance que cet interlocuteur fait une confidence à son ami. D'ailleurs l'idée, telle que je l'ai rendue, se lie très-bien avec ce qui suit, tandis que celle de Dusaulx paraît jetée au hasard. J'ajoute qu'*exigere pœnas*, ne signifie jamais *se donner la mort :* cette expression, souvent employée dans les auteurs, veut dire, *punir, donner la mort.* (*Voyez* TITE-LIVE, XXXIX, 18; FLOR., III, 19; OVID., *Métam.*, VIII, 531, XIV, 477, etc., etc.) Voici au reste la note de Dusaulx : J. P.

Il ne faut pas croire, avec la plupart des interprètes, que notre poète ait voulu comparer ici Tibère à Ajax. Brutidius, dit Juvénal, se tuera comme Ajax s'est tué; l'un et l'autre n'ayant pas pu prouver en justice ce qu'ils voulaient prouver, celui-là son innocence, celui-ci que les armes d'Achille devaient lui appartenir. Observez que l'interlocuteur de Juvénal parle haut; qu'il veut être entendu. On ne saurait donc lui supposer une comparaison injurieuse et qui l'aurait compromis. *Frustra ergo alii*, dit Grangæus, *qui hæc ad Tiberium referunt.* On sait qu'Ajax, dans sa fureur, tua des bœufs et des moutons, croyant tuer les généraux de l'armée grecque.

31. *Ne traînent leur maître, tremblant et chargé de chaînes*, v. 87. Les esclaves étaient reçus en déposition contre leurs maîtres quand il s'agissait du crime de lèse-majesté. Cela est prouvé *ex lege famosi Titul. Pandect. ad legem Juliam majestatis*, et *ex lege* 6 *et* 7.

32. *Des chaises curules*, v. 91. Au lieu de *summas*, adopté par Dusaulx, j'ai lu *sellas ;* c'est la leçon de presque tous les manuscrits de Paris. J. P.

La chaise curule, *sella curulis*, était un siége d'ivoire, pliant et sans dossier, plus élevé que les siéges ordinaires, sur lequel s'asseyaient les rois, et dans la suite les premiers magistrats, tels que les dictateurs, les consuls, les proconsuls, les préteurs, les propréteurs, les censeurs et les grands édiles, non-seulement chez eux, mais partout où ils allaient, au sénat, à la place publique, dans les assemblées du peuple, dans les temples, aux spectacles, et même chez les particuliers. Cette chaise les suivait à l'armée; on la plaçait sur les chars de triomphe; et l'on prétend que c'est de là qu'elle a tiré son nom : mais quelques-uns croient que c'est d'une petite ville des Sabins, nommée Cures, dont les Romains en avaient emprunté l'usage.

33. *Confiné sur l'étroit rocher de Caprée*, etc., v. 93. Cinq bonnes éditions ont ici *augusta*, au lieu d'*angusta*, que l'on trouve dans toutes les autres. Je me suis décidé pour la première leçon, parce qu'elle contient une ironie, ou plutôt un sarcasme violent contre Tibère, qui avait transporté sur ce rocher tous les attributs de la majesté impériale.

(J'ai rétabli *angusta* qui est la leçon des plus anciens et des meilleurs manuscrits. J. P.)

34. *Un camp prétorien*, v. 95. On voit dans Xiphilin que Séjan étant préfet des gardes prétoriennes, en rassembla les cohortes éparses dans un seul endroit, afin de les avoir promptement à ses ordres, et par ce moyen d'intimider ses ennemis.

35. *Ceux mêmes qui ne veulent tuer personne, ne sont pas moins jaloux d'en avoir la puissance*, v. 96. « Partout où Polycrate, tyran de Samos, dirigeait ses armes, la Fortune ne cessait de l'accompagner. Il avait cent vaisseaux à cinquante rames, et mille hommes de trait. Il attaquait tout le monde sans aucune distinction, disant qu'il ferait plus de plaisir à un ami en lui restituant ce qu'il lui aurait pris, que s'il ne lui eût rien enlevé du tout. » *Et qui nolunt occidere quemquam, — posse volunt.* HERODOT., liv. III, §. 39.

Cette considération de Polycrate, vraiment tyrannique, explique la conduite de presque tous les ambitieux, grands et petits.

36. *A l'édilité modeste d'Ulubre*, v. 102. Il y avait aussi des édiles dans les villes municipales, et qui jouissaient des mêmes prérogatives que les édiles de Rome. Cette magistrature fut créée d'abord pour les plébéiens; elle le fut la même année que le tribunat. Le nom d'édile vient d'*ædes*, temple ou maison; il fut donné à ces magistrats; à cause de l'inspection qu'ils avaient sur les édifices. Leurs autres fonctions embrassaient presque toute la

police civile : ils jugeaient des poids et des mesures, fixaient le prix des denrées, veillaient sur les mœurs, censuraient les pièces de théâtre, donnaient à leurs dépens des jeux et des festins. On ne retrouve plus d'édiles dans l'histoire depuis le règne de Constantin.

Perse (satire 1, vers 129) se moque de l'un de ces édiles qui se croyait quelqu'un, parce qu'il avait le droit de faire briser les chopines :

> Sese aliquem credens, Italo quod honore supinus
> Fregerit heminas Areti aedilis iniquas.

37. *Quelle cause perdit les Crassus, les Pompée, et celui qui courba sous le joug les Romains asservis?* v. 108. Crassus père et fils périrent dans la guerre contre les Parthes :

> Crassus ad Euphraten aquilas, natumque, suosque
> Perdidit, et leto est ultimus ipse datus.
> OVID., *Fast.* VI.

On sait quel fut le sort du grand Pompée et de ses deux fils Cneius et Sextus Pompeius. Quant au troisième, il s'agit de Jules-César, dictateur perpétuel. Quelques-uns, néanmoins, croient que Juvénal fait allusion au songe dans lequel Cicéron crut voir Jupiter qui donnait un fouet au jeune Octave, en signe de la puissance souveraine (SUET., *August.*, cap. XCIV); mais Auguste mourut dans son lit, au lieu que Jules-César fut percé de vingt-trois coups de poignard.

38. *Peu de rois et de tyrans*, etc., etc., v. 112. M. Larcher observe que les poëtes anciens ont souvent confondu ces deux mots, mais que les prosateurs les ont soigneusement distingués. Par exemple, ils n'ont jamais appelé les rois de Perse, de Lacédémone et d'Athènes, tyrans; mais ils ont donné ce nom aux rois de Syracuse, etc. Tyran, chez les Grecs, signifie un usurpateur qui gouverne un peuple contre son gré, sans son aveu, quand même il gouvernerait selon les règles de la justice. Au reste, ce mot n'a rien d'équivoque dans notre langue. Mais écoutons Xénophon : — Socrate croyait que la royauté et la tyrannie étaient deux espèces d'empires, mais différens entre eux. Celui

où les sujets étaient gouvernés de leur consentement, et conformément aux lois, il le regardait comme une royauté : mais il appelait tyrannie celui où les sujets étaient gouvernés malgré eux, d'une manière contraire aux lois, et suivant les caprices du prince. (*Socratis Memorabilia*, lib. IV, cap. 6.) *Voyez* la traduction d'Hérodote, lib. III, note 87.

39. *Sans que la hache ou le poignard n'ait ensanglanté leur mort*, v. 113. On dit très-bien en latin, *sicca morte* et *siccis oculis*; mais, en français, il serait ridicule de dire une mort sèche, quoique nous disions l'œil sec.

Depuis Jules-César, qui avait insolemment triomphé de la liberté publique, et qui lui fut enfin sacrifié, on compte jusqu'à Charlemagne plus de trente empereurs qui périrent de mort violente.

40. *Pendant les cinq jours de fêtes consacrées à la déesse*, v. 115. Cette fête s'appelait les Quinquatries; elle répondait aux Panathénées des Grecs. On la célébrait à Rome le 19 mars jusqu'au 23, parce qu'on croyait que ce jour était celui de la naissance de la déesse. C'était la fête des écoliers. On trouve dans Ovide (*Fast.* v, lib. III, vers. 809) plusieurs usages relatifs aux Quinquatries :

> Una dies media est; et fiunt sacra Minervæ;
> Nominaque a junctis quinque diebus habent.
> Sanguine prima vacat, nec fas concurrere ferro :
> Caussa, quod est illa nata Minerva die.
> Altera, tresque super strata celebrantur arena :
> Ensibus exsertis bellica læta dea est.

41. *Ce jeune nourrisson de Minerve, qui reçoit à vil prix les premières leçons de l'art d'écrire*, etc., v. 116. Les enfans qui faisaient leurs études sous les rhéteurs et les grammairiens, avaient coutume de leur donner une gratification plus ou moins forte le jour de la naissance de Minerve, et cette gratification s'appelait *minerval*. Tous les interprètes savaient cela; mais le seul Vulpius, dans la paraphrase de cette satire (page 274), a expliqué d'une manière satisfaisante *colit partam Minervam*, ce qui signifie « cé-

« lèbre la naissance de Minerve, ou cultive les lettres. » Les vers d'Ovide, cités dans la note précédente, font sentir la justesse de cette explication.

42. . . . . O Rome fortunée
Sous mon consulat née!   (*vers* 122.)

Ces deux petits vers, empruntés de Martignac, imitent parfaitement la platitude de celui que l'on attribue à Cicéron, et qui lui échappa, dit-on, après qu'il eut apaisé la conjuration de Catilina. Juvénal paraît suivre ici l'opinion de ses contemporains, de Sénèque le père, de Sénèque le philosophe, de Quintilien et de Martial, qui refusaient unanimement à cet orateur le talent de la poésie.

Carmina quod scribis Musis et Apolline nullo,
Laudari debes : hoc Ciceronis habes.
MARTIAL., lib. II, epigr. 89.

Cependant, si l'on en juge par quelques fragmens qui sont parvenus jusqu'à nous, ce talent, quoique très-inférieur à son éloquence, ne devait pas être si médiocre qu'on l'a prétendu. Plutarque (*Vie de Cicéron*) dit qu'il fut le meilleur poète de son temps; il est vrai qu'il eut peu de rivaux, et que la poésie romaine était encore au berceau. Au reste, on voit qu'il se défiait de ses compositions poétiques. « Quant au poëme que vous me demandez, écrivait-il à Atticus (lib. IV, epist. 8), s'il voulait se montrer, le permettriez-vous ? » *Qui si cupiat effugere? quid? sinas?*

43. *Il aurait pu mépriser les poignards d'Antoine*, v. 123. Il est possible que Juvénal ait fait allusion à cette belle apostrophe de la seconde Philippique, § 46 : *Contempsi Catilinæ gladios, non pertimescam tuos.*   J. P.

44. *Que n'a-t-il fait des vers ridicules au lieu de cette seconde Philippique*, etc., v. 125. Cette seconde Philippique flétrit à jamais la mémoire du triumvir Antoine, et le rendit implacable. Ces oraisons auraient dû s'appeler *Antoniennes ;* mais Cicéron aima mieux les nommer *Philippiques*, pour marquer qu'il combattait l'ennemi de la patrie, comme Démosthène avait com-

battu Philippe, roi de Macédoine, tandis que celui-ci préparait secrètement des fers à la Grèce florissante.

45. *Un destin non moins cruel était réservé à l'orateur entraî-nant*, etc., v. 126. Démosthène, pour ne pas tomber entre les mains d'Antipater, avala le poison qu'il conservait dans le chaton d'une bague, et mourut âgé de soixante ans.

On demandait à Cicéron laquelle des oraisons de Démosthène lui paraissait la plus belle; il répondit : « la plus longue. » Plutarque (*Vie de Cicéron*).

46. *Fallait-il que son père, noirci par les vapeurs du fer ardent, le forçât de quitter l'enclume, les tenailles et les glaives qu'il fabriquait, pour le faire passer de l'antre enfumé de Vulcain à l'école d'un rhéteur?* v. 129. Le savant M. de Paw, s'attachant beaucoup plus à la lettre qu'à l'intention de ce passage, dit, dans ses Recherches philosophiques sur les Grecs, tome I, page 68 : — « C'est en suivant des idées absurdes, puisées dans les mœurs des Romains, que Valère-Maxime et Juvénal ont parlé de Démosthène, comme s'il eût été le fils d'un forgeron qui ne subsistait que du travail de ses mains, ainsi que le dernier des mortels : mais c'était au contraire un citoyen très-illustre et très-distingué par ses richesses. Il payait à l'état un tribut aussi considérable que les familles les plus nobles de l'Attique, qui avaient elles-mêmes des fabriques, et qui exploitaient surtout les mines d'argent de la Paralie. »

Je prie M. de Paw d'observer que Juvénal ne conteste pas plus au père de Démosthène d'avoir été riche, qu'à son fils d'avoir illustré son pays par ses talens sublimes. Vers 126:

. . . . Sævus et illum
Exitus eripuit, quem mirabantur Athenæ
Torrentem, et pleni moderantem frena theatri.

Quelle oraison funèbre !

Il ne reste plus que le titre de forgeron et quelques expressions figurées qui ont semblé à cet illustre critique avilir l'un et l'autre : mais la manière de Juvénal, et surtout la franchise de son caractère, suffisent pour le disculper. Ennemi du luxe, ami de l'antique pauvreté romaine qu'il ne cesse de regretter, *Ex quo paupertas romana perit*, etc. (sat. 6, vers 295), il ne jugeait des hommes que par leurs qualités personnelles : lorsqu'ils étaient honnêtes, il les mettait tous sur la même ligne, et ne voyait parmi eux ni premier ni dernier. On ne saurait donc dire que, dans cette circonstance, Juvénal violant ses principes et sortant de son sujet se soit trop émancipé. *At nos virtutes ipsas invertimus.* (HORAT., *Satirarum* lib. 1, sat. 3, vers. 56.)

47. *Le pavillon d'une trirème vaincue*, etc., v. 135. Ces ornemens que Juvénal appelle *aplustre*, et Cicéron (*in Arato*) *aplustra*, consistaient en figures de bois, attachées au haut de la poupe d'un vaisseau, et qui représentaient un Triton ou quelqu'autre divinité.

48 *Un captif tristement enchaîné sur un arc de triomphe*, etc., v. 136. Il s'agit ici des prisonniers de guerre que l'on représentait enchaînés aux pieds de leurs vainqueurs, comme on le voit dans ces vers de Prudence (*advers. Symmach.*) :

> Frustra igitur currus summo miramur in arcu
> Quadrijugis, stantesque duces in curribus altis,
> Fabricios, Curios, hinc Drusos, inde Camillos:
> Sub pedibusque ducum captivos poplite flexo,
> Ad juga depressos manibusque in terga retortis.

49. *Qui embrassera la vertu pour elle-même*, v. 141. Je ne sais pourquoi l'on s'autorise de ce vers, qui n'exprime qu'un regret, lorsqu'on veut prouver que la vertu n'est en dernière analyse que le résultat de l'intérêt personnel. Rien dans cet endroit, ni même dans le reste de l'ouvrage, ne mène à cette triste conséquence : Juvénal avait de la vertu des idées plus relevées. Il convient, il est vrai, que très-peu d'hommes la chérissent pour elle-même; mais on voit qu'il en gémit, et ne le conçoit pas. D'ailleurs, avec quel enthousiasme n'a-t-il pas célébré, dans le cours de ses satires, les vrais amis de la vertu, ceux qui l'ont pratiquée au risque de leur vie, et jusque dans les bras de la mort? Juvénal ne croyait donc pas seulement à la vertu, mais encore aux hommes

vertueux; et il était si persuadé qu'on devait l'aimer pour elle-même, qu'il en fait la profession de foi la plus authentique dans ces deux vers immortels et tracés en lettres de feu :

> Summum crede nefas animam præferre pudori,
> Et propter vitam vivendi perdere caussas.
> Sat. 8, vers. 83.

S'il arrivait jamais que ce feu sacré vînt à s'éteindre dans tous les cœurs, ce qui répugne à la nature des choses, que deviendrait l'humanité? qui la régénérerait, qui la ressusciterait, pour ainsi dire, après les grandes révolutions qu'éprouvent périodiquement les nations corrompues?

50. *Cette gloire, partage de quelques hommes*, v. 143. Marius, Sylla, Pompée, César, Octave, Antoine, Lépide, etc.

51. *Car les sépulcres eux-mêmes sont sujets à la mort*, v. 146. Properce (lib. III, eleg. 2) avait dit aussi :

> Nec Mausolæi dives fortuna sepulcri
> Mortis ab extrema conditione vacat.

On lit dans Ausone :

> . . . . Monimenta fatiscunt,
> Mors etiam saxis nominibusque venit.

52. *Pesez la cendre d'Annibal, et dites-moi quel poids vous lui trouvez.* v. 147. L'Anglais Ferguson ne saurait pardonner à Juvénal d'avoir dans cette satire si maltraité non-seulement Annibal, mais encore les plus grands hommes de l'antiquité. Où va-t-il prendre qu'il leur ait manqué de respect? je le dirai. Leur a-t-il contesté les qualités réelles qui les ont illustrés? Au contraire, car il ne manque pas une occasion de célébrer le talent, le courage et la constance de ceux mêmes dont il plaint les erreurs. Il soutient seulement, que plus sages et mieux inspirés, au lieu de courir après des chimères et de troubler le monde, ils y auraient fait moins de bruit et plus de bien : c'est ainsi qu'en jugeaient et Socrate et Platon. Mais que répondrait Ferguson, si je lui prouvais que notre satirique, parlant des Démosthène, des Pompée,

et de tant d'autres, se sert de leurs propres aveux, consignés dans l'histoire?

Des jeunes gens d'Athènes allaient admirer Démosthène dans son exil : ils ne l'entretenaient que de sa gloire immortelle. — « Ah, mes amis, leur répondit-il, je l'ai cru comme vous, que le bonheur était inséparable de la gloire; mais elle m'a coûté trop cher, et vous en conviendrez un jour. Oui, trop cher; car si j'avais prévu dès le commencement de ma carrière le sort qui m'attendait, et qu'on m'eût alors ouvert deux routes, l'une aboutissant à la tribune, et l'autre à une mort soudaine, pour éviter les tourmens qui ont empoisonné ma vie et ne cessent de la menacer, je me serais jeté tête baissée dans la route de la mort. » (PLUTARQUE, *Vie de Démosthène*.)

Et ce Pompée, l'idole des Romains, déclaré maître de tout ce qu'avait possédé Sylla, ne l'entendit-on pas au milieu de ses prospérités et de sa puissance s'écrier : — « Quoi! toujours des guerres et des travaux continuels! quoi! toujours en butte aux fureurs de l'envie! Quelle différence, si tout entier à mes champs paternels, à ma femme, à mes enfans, je ne m'étais pas, dès ma tendre jeunesse, embarqué sur cette mer si féconde en naufrages!» (PLUTARQUE, *Vie de Pompée*.)

Les ambitieux de tous les temps ont tenu le même langage. Quel peut donc être aux yeux de Ferguson le tort de Juvénal? on ne s'en douterait pas : c'est que le satirique romain ne cesse d'invoquer la paix et la concorde, au lieu que le philosophe anglais prétend que la guerre et l'opposition sont les causes premières de la perfectibilité humaine; que, sans ces deux élémens, jamais les diverses sociétés n'auraient pu se former. *Inde iræ*, etc. JUVEN., sat. 1, vers 168.

Observons que la manie du paradoxe et des systèmes a causé de grands ravages dans nos temps modernes. Il semblait dans l'ordre que la philosophie dût un jour consommer le bonheur du genre humain; mais, par l'abus le plus fatal, des politiques de cabinet, ou plutôt des sophistes, l'ont tellement défigurée, qu'on ne reconnaît plus son auguste visage. Qui sait ce qu'il en peut arriver?

Quemquam posse putas mores narrare futuros?
MARTIAL.

53. *Les rives battues par l'Océan Mauritanien*, v. 149. J'ai rétabli *percussa*, au lieu de *perfusa*, d'après la plupart des manuscrits de Paris. C'est une leçon à conserver. Ovide a dit (*Trist.* I, eleg. 1, v. 85), *cymba vasta percussa procella*. J. P.

54. *Entre les nations de l'Éthiopie et l'autre patrie des éléphans!* v. 150. Je crois que Juvénal veut désigner par *Africa Oceano Mauro percussa Niloque tepenti admota* la côte de l'Afrique depuis l'Océan occidental jusqu'à l'Égypte, et par *rursus ad Æthiopum populos aliosque elephantos*, la partie intérieure de l'Afrique depuis l'Éthiopie jusqu'aux Indes. Les Indes ont aussi des éléphans, et même de plus grands que l'Afrique. C'est le sens que j'attribue à *alios elephantos*. Dusaulx a compris ce passage autrement ; il traduit : *Non content de l'Éthiopie dont les éléphans sont inférieurs à ceux des Indes, il ajoute l'Espagne*, etc. J. P.

55. *Il brise les montagnes, dissoutes par le vinaigre*, v. 153. Tite-Live (lib. XXI) raconte ce fait comme Juvénal. On coupa, dit-il, une multitude d'arbres, on y mit le feu ; et quand les rochers furent rougis par les flammes, on y versa du vinaigre pour les dissoudre : *ardentiaque saxa infuso aceto putrefaciunt*. Pline (lib. XXXIII) dit que, dans cette circonstance, le feu n'agissait pas sans le vinaigre. Polybe, qui a décrit avec tant de soin la seconde guerre punique, aurait-il passé sous silence ce procédé d'Annibal, s'il ne l'avait pas cru fabuleux ?

56. *Cet illustre client attend à la porte d'un roi de Bithynie le réveil de son orgueilleux patron*, v. 162. Annibal se réfugia chez Prusias : celui-ci voulut le livrer aux ambassadeurs romains ; mais il s'empoisonna. (*Voyez* Tite-Live, lib. XXXIX, c. 61.)

57. *Et d'être un jour le sujet de leurs déclamations*, v. 167. *Voyez* satire 7, note sur le vers 150 ; et dans la même satire, vers 161, où il est question d'Annibal.

58. *Un seul univers ne suffit pas au jeune héros de Pella*, v. 168. Il eût été bien moins satirique de dire « au jeune Alexandre. » Juvénal le désigne comme un aventurier, par le nom de la ville

dans laquelle lui et son père étaient nés; et c'est ainsi qu'en a parlé Lucain :

. . . . Pellæi proles vesana Philippi.

On trouve dans les fragmens de Pétrone ce vers sur Alexandre :

Magnus in exemplo est cui non suffecerat orbis.

59. *Entre les rochers de Gyare ou de Sériphe*, v. 170. Sur Gyare, *voyez* sat. 1, note sur le vers 73. Sur Sériphe, *voyez* sat. 6, note sur le vers 564.

60. *Mais dans Babylone*, etc., v. 171. Juvénal dit, « dès qu'il sera entré dans la ville fortifiée par des potiers, » pour marquer que Babylone était construite avec des briques. Cette manière de la désigner était commune aux poètes et aux historiens, comme on le voit dans Hérodote, Diodore de Sicile, Justin, Vitruve et Quinte-Curce. Dans Ovide (*Metamorph.*, lib. IV, v. 57) :

. . . . Ubi dicitur altam
Coctilibus muris cinxisse Semiramis urbem.

Dans Properce (*Eleg.*, lib. III, eleg. 11) :

Persarum statuit Babylona Semiramis urbem,
Ut solidum cocto tolleret aggere opus.

Observons que Lucain, dans sa Pharsale (lib. VI, v. 51), appelle *testa* la matière dont on s'était servi pour bâtir les murs de Babylone, ce qui signifie toujours la même chose :

. . . . Fragili circumdata testa
Mœnia mirentur refugi Babylonia Parthi.

Selon l'évaluation de M. Larcher, les murs de Babylone devaient avoir environ 360 pieds de hauteur sur 90 d'épaisseur. *Voyez* la note 462 sur le premier livre d'Hérodote.

61. *La mort seule nous force d'avouer*, etc., v. 172. *Fatetur* est ici pour *fateri cogit*. Ce vers est la conséquence de celui-ci :

Expende Annibalem; quot libras in duce summo
Invenies?

62. *Nous croyons, sur la foi des traditions mensongères de la Grèce*, etc., v. 173. J'ai plusieurs fois entendu des hommes de mérite s'autoriser contre Hérodote de ce trait de satire; mais comment se figurer que Juvénal, malgré son aversion contre les Grecs, ait voulu désigner un auteur dont il paraît avoir fait ses délices, et s'est plusieurs fois autorisé avec tant de succès, un auteur dont les plus grands hommes de l'antiquité ont reconnu la transcendance, qu'ils ont appelé père de l'histoire, et à qui d'illustres modernes ont aussi rendu la justice la plus éclatante? Voici ce qu'en dit Boerhaave, qui l'avait bien médité : *Hodiernæ observationes probant fere omnia magni viri dicta.* (*Elem. Chymiæ*, tom. 1, pag. 550). Que Juvénal en ait voulu à un Ctésias, menteur avéré, à l'ivrogne Sostrate, ou à quelques autres Grecs diffamés, rien de plus simple; mais j'ai l'intime conviction qu'il estimait trop Hérodote pour l'attaquer, même indirectement.

(Il est très-possible, quoi qu'en dise Dusaulx, que le poète fasse allusion aux fables qu'Hérodote accueille presque toujours avec la simplicité d'un enfant. Au reste, à l'époque où Juvénal écrivait ses satires, Rome était remplie de Grecs qui racontaient et exagéraient les aventures merveilleuses de leur pays. Peut-être, fatigué de tant de mensonges, Juvénal a-t-il voulu en faire justice par un trait de satire.) J. P.

Ceux qui ne voient dans la Grèce ancienne que ce que nous appelons aujourd'hui la Morée, et qui sont surpris que Juvénal y revienne si souvent, y attache tant d'importance, liront avec fruit cette remarque de M. de Paw : — « La Grèce proprement dite, n'offrait que la surface d'une contrée très-bornée; mais quand on considère tout l'espace qu'occupaient sur le globe les villes grecques de l'Europe, de l'Asie et de l'Afrique, depuis Marseille jusqu'aux extrémités du Pont-Euxin, et depuis Cyrène jusqu'aux frontières de la Thrace, le lieu de la scène s'agrandit prodigieusement, et embrasse à peu près la moitié du monde connu. » (*Recherches philosophiq. sur les Grecs*, tom. II, pag. 100.)

63. *A travers le mont Athos*, v. 174. Mont Athos, haute montagne de Macédoine au golfe de Contessa; elle ne tient au con-

tinent que par un isthme d'une demi-lieue de largeur; elle en a environ dix de circuit. On prétend que Xerxès ordonna de couper cet isthme, afin de procurer à sa flotte un chemin plus abrégé.

64. *Nous croyons que les Mèdes desséchaient.... les rivières et les fleuves*, etc., v. 177. Hérodote le dit positivement; il y met cependant une restriction.—« Ces expéditions, et toutes celles dont je n'ai point parlé, ne peuvent être mises en parallèle avec celle-ci. En effet, quelle nation de l'Asie Xerxès ne mena-t-il pas contre la Grèce? Quelles rivières ne furent pas épuisées, si l'on en excepte les grands fleuves? » (Lib. VI, §. 21.)

65. *Ce que chante Sostrate échauffé par le vin*, v. 178. Plusieurs interprètes par *madidis alis* entendent les aisselles qui s'échauffent et suent lorsqu'on récite des vers avec trop de contention : mais j'ai préféré l'autre sens, parce que *madidus* et *madere*, chez les poètes, signifient presque toujours avoir bu, être ivre. Le Sostrate dont il s'agit ici était vraisemblablement l'un de ces Grecs qui venaient chercher fortune à Rome, comme on l'a vu satire 3.

Il est certain que le vin a eu une très-grande influence sur l'esprit et la conduite des Athéniens, et en général de toute la Grèce. — « Dans la Grèce, dit M. de Paw, beaucoup de choses se firent qui ne se seraient jamais faites, ou qui se seraient faites autrement, si la culture de la vigne n'y eût pas été si généralement répandue. » (*Rech. philosophiq. sur les Grecs*, tom. 1, p. 196.)

66. *Salamine*, v. 179. Salamine, petite île de la mer Égée, située près de l'Attique.

67. *Quelle divinité voudrait servir un tel maître?* v. 184. Juvénal fait entendre que parmi les dieux subalternes, parmi ceux que les Latins appelaient *dii minuti*, et Plaute *patellarii*, aucun n'aurait voulu rendre le moindre service à ce fou, à ce tyran insensé. Dusaulx, en traduisant, *qui des dieux voudrait le seconder*, n'a pas rendu la force du mot *servire*. Xerxès traitait les dieux comme ses esclaves; mais les dieux irrités lui refusaient *leurs services*.

J. P.

68. *Et dans la prospérité et dans l'infortune*, v. 189. C'est, je pense, le sens de *recto vultu*, et de *pallidus*. « Lorsque la misère a imprimé la pâleur sur ton visage, non moins que dans la bonne fortune, lorsque tu portes la tête avec fierté. » *Recto vultu* et *pallidus* expriment des idées opposées, et c'est mal à propos que des critiques, et particulièrement Dusaulx dans sa traduction, ont voulu les rattacher à la seule idée d'*optare* : ils n'ont pas songé d'ailleurs à la force de la conjonction ainsi placée, *hoc et pallidus*.
J. P.

69. *Des forêts de Tabraca*, v. 194. Tabraca, ville de Numidie, située sur le fleuve Tusca, et qui, selon Pline (lib. v, cap. 3), appartenait aux Romains. Quant aux singes qui habitaient les forêts voisines, Juvénal paraît être le seul qui en fasse mention.

70. *Qu'il rebute jusqu'à l'intrigant Cossus*, v. 202. Ceux qui captaient les successions à Rome, s'appelaient *captatores*. Horace en parle d'une manière très-piquante, lib. II, sat. 5. On les nommait aussi *vultures*.—*Amico œgro aliquis assidet; probamus. At hoc si hereditatis caussa facit, vultur est, cadaver exspectat.* Senec., epist. xcv. Martial dit aussi, lib. VI, epigr. LXII,

Cujus vulturis hoc erit cadaver?

71. *Une nuit de caresses laborieuses ne saurait ranimer sa langueur*, v. 205. J'ai dû abréger les détails de la phrase latine. Pourquoi faut-il que Juvénal ait mêlé des obscénités aux sublimes leçons de morale qui terminent ce chef-d'œuvre ? J. P.

72. *Des désirs unis à l'impuissance de les satisfaire ne sont-ils pas justement suspects?* v. 207. Quand les anciens voyaient un vieillard languissant rechercher les femmes, *irrumatorem esse suspicabantur*. Martial, si je n'y répugnais pas, pourrait à cet égard me fournir un plus long commentaire.

73. *Peut-il être sensible aux accens mélodieux du plus habile citharîste, de Séleucus lui-même*, v. 210. J'ai rétabli dans le texte la leçon des manuscrits : les éditeurs modernes, jugeant la construction vicieuse, avaient écrit *citharœdo sive Seleuco*. Je pense, avec Ruperti, que la phrase latine n'a pas besoin de ce changement.
J. P.

74. *Dont les robes dorées brillent sur la scène?* v. 212. On voit dans l'ouvrage *ad Herennium* (lib. IV) de quelle magnificence étaient les habits et les ornemens des harpeurs qui tenaient le premier rang parmi les acteurs scéniques. — Ils avaient une robe brodée en or, un manteau de pourpre nuancé de diverses couleurs, et une couronne d'or resplendissante de pierres précieuses. Ovide (*Fast.* lib. II, v. 107) dit en parlant du fameux Arion :

> Induerat tyrio bis tinctam murice pallam :
> Reddidit icta suos pollice chorda sonos.

Horace (*Epist. ad Pison.*, v. 214) nous apprend que les joueurs de flûte n'étaient guère moins brillans :

> Sic priscæ motumque et luxuriem addidit arti
> Tibicen, traxitque vagus per pulpita vestem.

75. *S'il entend à peine le bruit des cors et des trompettes.* v. 214. *Concentus,* au propre, est le son de plusieurs voix réunies ; mais au figuré, comme ici, il ne signifie que le bruit des trompettes. C'est ainsi qu'Horace (*Epist. ad Pison.*, v. 414) fait chanter un joueur de flûte : *Qui Pythia cantat. — tibicen,* etc. Et Properce (lib. IV, eleg. postrema) *Sic mœstæ cecinere tubæ,* etc.

76. *Pour lui dire l'heure,* v. 216. Les esclaves, chez les anciens qui n'avaient ni montres ni pendules, allaient de temps en temps, dans le cours de la journée, visiter le cadran solaire, pour dire à leur maître quelle heure il était ; et cela s'appelait *nuntiare, denuntiare horas* :

> At mihi Persephone nigram denuntiat horam.
> TIBULL., lib. III, eleg. v.

Cette fonction des esclaves est confirmée par une multitude de témoignages. Pline dit que Cneius Bébius Tamphilus mourut *quum a puero quæsisset horas.* Et Martial (lib. VIII, epigr. 67) *Horas quinque puer nondum tibi nuntiat,* etc.

77. *Les malades que Thémison,* etc., v. 221. Thémison, médecin de Laodicée, fut disciple d'Asclépiade, et vécut peu de temps avant Celse, c'est-à-dire sous le règne d'Auguste : il est célèbre dans l'histoire de la médecine pour avoir fondé la secte méthodique.

M. le chevalier de Jaucourt (article *Médecine*, de l'Encyclopédie) ne croit point que ce Thémison soit celui dont Juvénal a parlé. Il est vraisemblable, dit-il, que le satirique avait en vue quelque médecin méthodique de son temps. Cette conjecture est applicable à plusieurs noms de l'ancienne Rome, employés par notre auteur pour châtier indirectement la moderne. Celse (lib. IV, cap. 15) et Pline (lib. XXIX, cap. 1) ont parlé de Thémison ; et Sénèque (epist. XCV) le compte parmi les grands médecins : *Itaque alia est Hippocratis, alia Asclepiadis, alia Themisonis.* — Boileau a imité ce tour de Juvénal, sat. 4, v. 29 :

> En un mot, qui voudrait épuiser ces matières,
> Peignant de tant d'esprits les diverses manières,
> Il compterait plutôt combien, dans un printemps,
> Guénaud et l'antimoine ont fait mourir de gens,
> etc., etc.   J. P.

78. *La maigre Maura*, etc., v. 224. Il ne paraît pas que cette Maura fût une simple courtisane, mais que c'était une Messaline subalterne. Juvénal en a déjà parlé satire 6, v. 305 :

> . . . . Qua sorbeat aera sanna
> Maura, Pudicitiæ veterem quum præterit aram.

79. *Ce barbier qui, dans ma jeunesse, me délivrait d'une barbe importune,* v. 226. On a déjà vu ce même vers (sat. 1, v. 25); il est imité de Virgile, eclog. 1, v. 29 :

> Candidior postquam tondenti barba cadebat.

Observons qu'il ne s'agit point ici de rasoir, comme on le croit vulgairement, mais de pinces avec lesquelles on arrachait la première barbe. *Sonabat* exprime le bruit que faisaient ces pinces lorsqu'on s'en servait.

80. *Un testament barbare*, etc., v. 236. *Codice* signifie ici *tabulis testamenti*. Il n'y avait point, dans ce qu'on appelait codicile, d'institution d'héritier : ce n'était même, du temps de Juvénal, qu'une lettre écrite par le testateur pour recommander certaines choses, et ce codicile n'obligeait qu'autant qu'il était confirmé par le testament.

81. *Instruite depuis si long-temps à tromper dans les antres de la prostitution*, v. 239. Les mots de Juvénal sont positifs; ils marquent que cette Phialé était du nombre de celles que les Romains appelaient *fellatrices. Steterat* du vers 139, est pour *prostiterat*; c'est le simple au lieu du composé. Cette manière de s'exprimer vient de ce que les courtisanes, comme on l'a vu sat. 3, v. 136, étaient assises à l'entrée des maisons de débauche. Il est dit sat. 6, v. 121, qu'elles avaient des loges dans les lieux ouverts à la prostitution; c'est ce que signifie *in carcere fornicis* du vers 239.

82. *Les urnes cinéraires de ses sœurs*, v. 242. Je n'ai pas eu le courage de dire, comme Juvénal, « les urnes pleines de sœurs », *plenæque sororibus urnæ* : cependant ma traduction ne rappelle que l'idée commune de cendres inanimées, au lieu que l'auteur, plus hardi, met, pour ainsi dire, sous les yeux, et ressuscite les objets de nos plus tendres affections. Il a savamment puisé cette belle image dans les plus douces illusions de la bonne nature, et d'un sentiment originel qui n'a jamais permis aux hommes de croire à leur entière destruction. Qui de nous, en effet, s'approchant de la tombe d'un père, d'une mère ou d'une épouse chérie, ne leur adresse pas, comme à des êtres vivans, des paroles enflammées ? Voilà, si je ne me trompe, ce qu'a voulu peindre Juvénal, et ce que, par respect pour le génie de ma langue, je n'ai pas osé risquer.

83. *Le roi de Pylos, si l'on en croit le grand Homère*, etc., v. 246. Il s'agit de Nestor. Les plus beaux génies de Rome, ceux même qui ont critiqué Homère, lui ont donné l'épithète de grand :

Tu nihil in magno doctus reprehendis Homero?
HORAT., lib. 1, sat. 10, v. 52.

Indicio magni sciremus Homeri.
OVID., *Fast.*, lib. 11.

Quintilien n'a pas craint d'affirmer que ce père de la poésie avait franchi les bornes de l'esprit humain.

Personne, à mon gré, n'a mieux loué Homère que l'auteur du Voyage du jeune Anacharsis : « La nature a produit en Ionie un grand nombre de talens distingués et de génies sublimes. Hérodote naquit à Halicarnasse, Hippocrate à Cos, Thalès à Milet, Pythagore à Samos, Parrhasius à Éphèse, Xénophane à Colophon, Anacréon à Clazomène; Homère partout (Tome VI, in-8°., page 221).

84. *D'avoir compté ses années sur les doigts de sa main droite*, v. 249. Les anciens marquaient les nombres avec la main gauche, depuis l'unité jusqu'à cent : pour exprimer les centaines et les mille, ils se servaient de la main droite. Pline (lib. XXXIV, cap. 7) dit, en décrivant la statue de Janus, que *digitis ita figuratis, ut tercentorum sexaginta quinque dierum nota, per significationem anni, temporis et ævi se deum indicaret.* Ce passage est très-bien expliqué par Alexander ab Alexandro (*Genial. Dier.*, lib. I, cap. 14); et surtout par le comte Silvestri, dans sa traduction italienne de Juvénal.

Tot per sæcula du vers 248, ne signifie que plusieurs âges d'hommes, plusieurs générations. C'est dans ce sens que Lucrèce a dit *hominum sæcla; mortalia sæcla; scriptorum, ferarum sæcla.*

85. *Quand il voit le corps du vaillant Antiloque*, etc., v. 252. Juvénal a imité ces vers de Properce, lib. II, eleg. 13 :

> Nestoris est visus post tria sæcla cinis.
> Si tam longævæ minuisset fata senectæ
> Gallicus iliacis miles in aggeribus,
> Non ille Antilochi vidisset corpus humati;
> Diceret aut, O mors! cur mihi sera venis?

Il paraît que Properce lui-même avait imité quelque ancien poète cyclique, dans lequel on lisait la description des funérailles d'Antiloque et les lamentations de son père; mais il n'en reste plus la moindre trace.

86. *Hector, avec tous ses frères, eût porté le lit funèbre*, etc., v. 259. Dans les temps anciens, on se faisait un devoir de porter le corps de ses pères à la sépulture. Les fils et les gendres de Quintus Metellus le portèrent sur leurs épaules à travers la ville, et le mirent sur le bûcher. (*Valer. Max.*, lib. VII, cap. 1.) Les fils de saint Louis en firent autant. Nos mœurs actuelles et nos bienséances répugnent à ce devoir : on ne va plus guère aux en-

terremens de ses proches ; et il n'est pas du bon ton de parler du défunt dans sa famille.

87. *Son épouse, assez malheureuse pour lui survivre, est réduite, par une cruelle métamorphose, à ne plus faire entendre que les hurlemens d'une chienne,* v. 272. Hécube fut métamorphosée en chienne : Juvénal dit qu'elle aboya d'une manière hideuse, *canino latravit rictu.*

Voyez si vous reconnaîtrez la pensée de Juvénal dans cette version de Dusaulx : *La mort de ce prince tient aux vicissitudes humaines : celle de son épouse, assez malheureuse pour lui survivre, y répugne, s'il est vrai que ses derniers soupirs, comme une chienne aux abois, n'aient été que de longs hurlemens.* La traduction de Dusaulx donnerait souvent matière à des observations de ce genre : mais, dans un ouvrage déjà très-chargé de notes, j'ai dû me les interdire, et abandonner les rapprochemens à la curiosité du lecteur. J. P.

88. *Ce Crésus, à qui le sage Solon conseillait d'attendre, pour prononcer sur le bonheur, le dernier terme d'une longue vie,* etc., v. 274. Crésus demandait à Solon quel était le plus heureux des mortels. — « Quant à votre demande, lui dit Solon, je ne puis y répondre avant de savoir que vous ayez fini vos jours dans la prospérité. Tant qu'un homme vit, on ne doit point dire qu'il est heureux, mais seulement qu'il est fortuné. » (HERODOT., lib. I.) J'avertis que je me sers toujours de l'excellente traduction de M. Larcher.

89. *Et le pain mendié sur les ruines de Carthage,* etc., v. 277. *Victa Carthagine* fait encore allusion aux victoires que Marius avait remportées en Afrique sur Jugurtha. On lit dans Cicéron (*Orat. in Pison.*) : *Marium.... Africa, devicta ab eodem, expulsum et naufragum vidit.*

90. *Son âme rassasiée de gloire,* etc., v. 281. J'ai suivi l'interprétation la plus naturelle : cependant Juvénal a peut-être voulu faire allusion aux dépouilles opimes, c'est-à-dire à celles que l'on remportait sur le général ennemi après l'avoir tué de sa propre main. De quelque manière qu'on l'entende, le sens reste toujours le même.

91. *Par une favorable prévoyance des maux qui devaient accabler Pompée*, etc., v. 283. Sénèque fera les frais de cette note, et d'une manière digne de Juvénal:

« Si Pompée, l'ornement et l'appui de notre empire, eût été emporté par la maladie qu'il eut à Naples, il fût mort incontestablement le premier des Romains. Quelques années de plus l'ont précipité du haut de sa gloire: il vit ses légions massacrées en sa présence, survivant lui-même à la perte d'une armée dont le sénat formait la première ligne: il vit le fer d'un bourreau égyptien; et son corps, sacré pour les vainqueurs, devint la proie d'un vil satellite. Quand même on l'eût épargné, sa conservation eût été un opprobre pour lui. Quelle honte pour Pompée de devoir la vie à un roi! » (*Consol. ad Marc.*)

92. *Mais les villes en deuil*, v. 284. M. Ruhnkenius (*ad Velleii Paterculi* lib. II, cap. 48, pag. 239) avertit qu'il faut lire *mœstæ urbes*, au lieu de *multæ*, etc. Je l'avais déjà senti, puisque dans la première édition j'ai traduit en conséquence. J'avoue que je suis content lorsque je trouve mes conjectures autorisées par des critiques tels que les Markland et les Ruhnkenius.

93. *Et le cadavre de Catilina fut étendu tout entier sur le champ de bataille*, v. 288. Cette comparaison serait encore froide et déplacée, quand Juvénal aurait voulu plaisanter; car ce n'est pas ici la place d'un sarcasme trivial.

(Dusaulx me paraît se tromper sur l'intention de Juvénal: notre poète ne veut pas plaisanter. Pompée allait mourir en Campanie, au sein de la gloire et des prospérités: les destins l'arrachent à cette mort désirable, et le livrent au poignard d'un assassin, qui sépare sa tête de son corps, pour la présenter à son rival: il meurt de la mort la plus cruelle pour un héros; il meurt plus misérablement que Lentulus, Céthegus et Catilina. Je ne puis trouver dans cette comparaison ni froideur, ni inconvenance, ni trivialité, surtout quand je songe que c'était un déshonneur chez les Romains, comme chez la plupart des nations, d'avoir subi un genre de mutilation qui rappelle le supplice des criminels.) J. P.

94. *Mais elle l'implore pour ses filles avec la plus tendre ferveur*,

v. 291. Je n'ai pas adopté le sens et l'explication de Dusaulx : *Optare usque ad delicias votorum* me paraît signifier seulement *faire les vœux les plus tendres* : la mère ne fait pas pour sa fille des vœux ordinaires; elle y met une sorte de recherche, une ferveur particulière. Sénèque et Pline ont employé l'expression latine *ad delicias* dans un sens analogue : l'un a dit (*de Benef.*, IV, 5) : *Non necessitatibus tantummodo nostris provisum est; usque in delicias amamur;* et l'autre (*Hist. nat.* II, 63) : *Quasi non ad delicias.... (terra) serviat homini.* Ces exemples contredisent l'interprétation de Dusaulx, qui veut voir dans *delicias votorum* des vœux formés par un cœur corrompu. Voici sa note. J. P.

Ses vœux alors n'ont plus de bornes. C'est-à-dire, des vœux tels que le luxe et la mollesse, ordinairement dégoûtés des choses simples et naturelles, ont coutume d'en former, des vœux pleins de délices et qui partent d'un cœur corrompu. Le mot *deliciæ*, employé par Juvénal (sat. 6, v. 47 et 259; sat. 8, v. 140.), est toujours relatif à des dispositions contraires au bonheur, à la trop grande délicatesse, à la recherche des plaisirs, au défaut de constance dans les revers inopinés.

Il est évident que Juvénal a puisé dans Hérodote l'idée charmante de cette mère implorant le don de la beauté, surtout en faveur de ses filles. — « Une Spartiate, née laide, dit l'historien, était devenue, sans contredit, la plus belle personne de la ville. Sa nourrice s'avisa de la porter tous les jours au temple d'Hélène, qui est dans le lieu appelé Therapné, au dessus du temple de Phœbéum. Toutes les fois qu'elle l'y portait, elle se tenait debout devant la statue de la déesse, et la priait de donner la beauté à cette enfant. » Livre VI, §. 51.

(J'avoue que je ne suis nullement persuadé que Juvénal ait puisé son idée dans Hérodote. Elle est très-naturellement amenée par le sujet, et j'en ferais honneur plutôt à l'imagination qu'à la mémoire du poëte.) J. P.

95. *Virginie aurait volontiers échangé tous les siens,* etc., v. 294. La plupart des éditions ont *atque suam;* mais le savant Vulpius, qui ne se décide jamais que d'après les bons manuscrits, écrit

suum, c'est-à-dire *quod suum erat, scilicet, raram et eximiam formam.* J'ai préféré cette dernière leçon, parce que dans l'autre, *suam* me paraît trop éloigné de *faciem.*

(*Suum*, substitué à la leçon des manuscrits, se rapporterait naturellement à *gibbum*, et rendrait la phrase inexplicable. J. P.)

96. *Que la nature bienfaisante l'ait doué d'un esprit chaste, d'un front qui rougit aisément*, etc., v. 300. Courage, mon enfant! disait Diogène à un jeune homme qui rougissait, voilà les couleurs de la vertu. (DIOGEN. LAERT., lib. VI, §. 54.)

97. *Il ne lui sera pas permis d'être homme*, v. 304. Plusieurs éditions, et entre autres celle de Dusaulx, ont *non licet esse viros*: il y a *non licet esse viris* dans douze manuscrits de Paris; j'ai rétabli, avec M. Achaintre, cette dernière leçon.   J. P.

98. *Que le fer cruel d'un tyran priva des sources de la vie*, v. 307. Les tyrans dont il s'agit employaient la castration, afin que les victimes de leur lubricité conservassent plus long-temps la fraîcheur de la jeunesse. Suétone rapporte (*Vie de Domitien*, ch. VII) que cet empereur, après avoir fait des lois contre l'adultère, défendit la castration; ce que l'on voit aussi dans Martial, lib. VI, epigr. 2 :

  Lusus erat sacræ connubia fallere tœdæ;
  Lusus et immeritos exsecuisse mares.
  Utraque tu prohibes, Cæsar, etc.

Je croirais que Juvénal a voulu désigner ici les amours infâmes d'Adrien avec son Antinoüs, s'il était possible de supposer que notre satirique ait pu écrire une satire aussi vigoureuse que celle-ci sur le déclin de l'âge ; car il était très-vieux, lorsqu'Adrien parvint à l'empire.

99. *Jamais Néron, parmi les jeunes patriciens, n'enleva ni le boiteux, ni le scrofuleux, ni le bossu*, v. 308. Ceux qui avaient ce que nous appelons les écrouelles, étaient nommés *strumosi*, et quelquefois *strumæ*, comme on le voit dans Catulle (carm. 52). Les enfans des patriciens qui avaient le droit de porter la prétexte, *prætextati*, furent long-temps à couvert, sous ce vêtement sacré, de toutes sortes d'obscénités ; mais Suétone et Tacite nous ap-

prennent que Néron, que Tibère, souillèrent publiquement la prétexte des jeunes patriciens.

100. *Réjouis-toi maintenant*, v. 310. J'ai trouvé dans le texte de Dusaulx *I nunc, et juvenis specie*, etc. Mais les anciennes éditions et tous les manuscrits portent *nunc ergo specie juvenis*, qu'on a eu tort de changer, puisque le sens en est très-clair et très-naturel. J. P.

101. *Il lui faudra redouter sans cesse la vengeance des maris outragés*, v. 312. Vulpius écrit *quascumque maritis Iratis debent;* mais ce n'est qu'une correction. J'ai rappelé la leçon des anciennes éditions. *Voyez* celle de Junte, de 1513, et qui se trouve aussi dans de bons manuscrits : *Et pœnas metuet quascumque mariti Exigere irati*, sous-entendez *solent*. Gronovius a prouvé que cette leçon est la véritable.

102. *Plus heureux que Mars, pourra-t-il toujours éviter les filets*, v. 313. La mythologie raconte que Mars et Vénus, enveloppés dans les filets de Vulcain, eurent pour témoins de leur amour adultère les dieux réunis. C'est à cette fable que Juvénal fait allusion. J. P.

103. *Et glisse quelquefois dans ses entrailles un poisson dévorant*, v. 317. Dans le supplice emprunté des Athéniens, on épilait le fondement d'un malheureux avec de la cendre chaude, et on y introduisait un poisson vorace, appelé *mugil* ou *mugilis*. Catulle (*carm.* 15) dit qu'on y introduisait encore une grosse rave ou raifort :

> Ah tum te miserum, malique fati!
> Quem attractis pedibus, patente porta,
> Percurrent raphanique mugilesque.

On peut voir dans la seconde satire d'Horace (lib. 1) les autres châtimens que l'on infligeait aux adultères.

104. *Sans amour, il en sera l'amant, et ce sera pour la dépouiller*, v. 320. Tout ce passage est mal entendu par ceux qui n'ont pas senti qu'*Endymion* est le nominatif d'*exuet*. Juvénal dit

qu'Endymion dépouillera cette femme, comme Martial (lib. IV, epigr. 27) disait à Chloé :

Nudam te statuet tuus Lupercus.

105. *Quelle femme, fût-ce Oppia ou Catulla*, etc., v. 321. C'est-à-dire prodigue comme l'une, et avare comme l'autre. Il a déjà fait mention d'Hippia, sat. VI, v. 82, et dans cette satire, v. 220. Juvénal parle de Catulla dans la satire 2, vers 49.

Quant à ces deux Romaines si passionnées, et à tant d'autres citées par Juvénal, jusqu'où les fureurs de l'amour n'ont-elles pas été portées chez tous les peuples, puisqu'on en trouve de terribles exemples chez les plus renommés par leur austérité ? « L'amour, dit M. de Paw, qui est déjà une passion terrible par elle-même, dégénérait en manie dans le sein brûlant des Lacédémoniennes : elles tombaient dans des fureurs inexprimables. J'ose avouer à la face de l'univers, dit Galien, que j'avais conçu une haine mortelle contre ma propre mère; car elle était, ajoute-t-il, si violente, que dans ses accès de fureur elle mordait ses propres esclaves comme une bête féroce, et alors le sang coulait de sa bouche. » (*Recherches philosoph. sur les Grecs*, tom. II, pag. 320.)

(On lit dans quelques éditions *Hippia* au lieu d'*Oppia*; mais j'ai adopté la leçon de Ruperti, parce que l'Hippia, déjà citée au vers 220, était une concubine du dernier ordre, tandis qu'il s'agit plutôt ici d'une patricienne, ou au moins d'une femme prodigue. Juvénal l'oppose à Catulla, femme du peuple ou femme avare.)
J. P.

106. *En pareil cas, la plus avare ne ménage rien*, v. 323. On ne peut expliquer ce vers que par rapport à ce qui précède. *Mores*, chez les Latins, signifie souvent les bonnes mœurs, la vertu, comme dans *moribus ornes*, etc. (HORAT., lib. II, epist. 1), et dans *moribus et cœlum patuit*, etc. (PROPERT., lib. IV, eleg. postrema) : mais dans *habet totos mores* il y a nécessairement une ironie dont il n'est pas facile aujourd'hui de sentir toutes les nuances.

107. *Leur colère s'enflamme; toutes deux respirent la vengeance*, v. 327. On trouve dans Muret (*Variar. Lect.*, lib. I, cap. 12) huit exemples fameux de femmes qui se sont vengées de ceux qui avaient rejeté leurs avances.

108. *Celui que la femme de César se propose d'épouser*, etc., v. 330. Claude étant parti de Rome pour aller faire des sacrifices dans la ville d'Ostie, Messaline épousa publiquement C. Silius. L'empereur en fut instruit par Narcisse, et les fit périr tous deux. *Voyez* TACITE, *Annal.*, lib. XI; et SUET., *in Claud.*

109. *Il est vertueux, beau, d'une naissance illustre: le malheureux est traîné aux pieds de Messaline, ou plutôt à la mort*, v. 331. Juvénal, quelquefois plus indulgent que l'histoire, rend Silius beaucoup plus intéressant que Tacite ne l'a peint. Il est vrai que Messaline le força d'abord de répudier Junia Silana, son épouse; mais ensuite, aveuglé par l'espérance des honneurs et des richesses, ce fut lui qui la pressa de célébrer l'hymen extravagant qui devait bientôt les faire périr tous deux. « Au point où nous en sommes, « lui dit-il, l'âge avancé de Claude est une ressource trop lente: « l'innocence peut se passer de forfaits; le coupable avéré n'a « d'appui que l'audace. Nos complices, en butte aux mêmes ris-« ques, sont à notre disposition. Étant sans femme et sans enfans, « rien ne m'empêche de vous épouser et d'adopter Britannicus. « Vous jouirez du même pouvoir à l'abri de toute crainte, dès « que nous aurons prévenu la vengeance d'un prince aussi prompt « à s'allumer qu'inhabile à se garantir d'un piège. » Traduction du Père d'Otteville. (TACIT., *Ann.*, lib. IX, §. 26.)

110. *Le lit nuptial*, etc., v. 334. Le lit nuptial, appelé par les Romains *lectus genialis*, était un lit qu'on dressait exprès pour la nouvelle mariée dans la salle située à l'entrée de la maison, et qui était décorée des images des ancêtres de l'époux. Le lit nuptial était toujours placé dans cette salle, parce que c'était le lieu où la nouvelle épouse devait, dans la suite, se tenir ordinairement pour vaquer aux ouvrages de son sexe. On avait un grand respect pour ce lit, on le gardait toujours pendant la vie de la femme pour laquelle il avait été dressé; et si le mari se remariait, il

devait en faire tendre un autre. C'est pourquoi Cicéron traite de crime atroce l'action de la mère de Cluentius, qui, devenue éperdument amoureuse de son gendre, l'épousa, et se fit tendre le même lit nuptial qu'elle avait fait dresser deux ans auparavant pour sa propre fille, et d'où elle l'avait chassée. Properce appelle le lit de noces *adversum lectum*, parce qu'on le mettait en face de la porte: il s'appelait *genialis*, parce qu'on le consacrait au génie qui présidait à la naissance des hommes, c'est-à-dire au dieu de la nature. *Geniales eos proprie esse lectos qui puellis nubentibus sternuntur, dictos ita a generandis liberis.* (*Servius ad libr.* VI *Æneid.*)

111. *Le million de sesterces sera compté*, v. 335. Turnèbe (*Adv.* lib. XVIII, cap. 30) a cru que Juvénal avait posé cette quantité de sesterces pour exprimer une somme extraordinaire: mais on trouve dans les auteurs, que la dot usitée des filles de bonne maison était d'un million de sesterces. Ce n'est pas que les parvenus n'en comptassent autant, et même davantage. Si l'on veut connaître cet usage expliqué dans un fort grand détail, on peut consulter *Heineccii Syntagm. antiquit. roman.*, etc., pag. 502. *Voyez* la satire 1, page 28.

112. *S'il faut cependant que vous adressiez des vœux à Jupiter, que vous offriez des sacrifices sur ses autels, demandez-lui la santé de l'esprit avec celle du corps*; v. 354. « Ailleurs, dit Plutarque, on importune les dieux par des prières indiscrètes et longues. A Sparte on ne leur demande que la grâce de faire de bonnes actions, après en avoir fait de belles; et cette formule est terminée par ces mots dont les grandes âmes sentiront la profondeur: Donnez-nous la force de supporter l'injustice. » (*Instit. Lacon.*, traduction de Ricard.)

113. *Demandez-lui une âme forte, exempte des terreurs de la mort, et qui sache la regarder comme un bienfait de la nature*, etc., v. 357. Citons une prière telle que Juvénal voulait qu'on en adressât aux dieux. Le jeune Adam Luz, immolé pour avoir trop aimé la vertu, me la récita, cette fameuse prière, dans la prison que j'avais l'honneur de partager avec lui, lorsqu'on allait le traîner à l'échafaud.

PRIÈRE TIRÉE D'ÉPICTÈTE.

En toute occasion aie toujours présente à la mémoire cette prière : « Grand Jupiter! et vous, puissante destinée! conduisez-« moi partout où vous avez arrêté dans vos décrets que je dois « aller; je suis prêt à vous suivre constamment. En effet, quand « je m'obstinerais à vous résister, il faudrait toujours vous suivre « malgré moi. »

Souviens-toi de plus, que « celui qui cède à la nécessité est « véritablement sage, et habile dans la connaissance des secrets « des dieux. »

Enfin, dis avec Socrate : « Cher Criton, si les dieux l'ont ainsi « résolu, que leur volonté s'accomplisse. Anytus et Mélitus peu- « vent bien me faire mourir, mais ils ne sauraient me nuire. » (Traduction de Naigeon.)

114. *La vertu seule, n'en doutez pas, conduit au calme du bonheur*, v. 363. Aristote ne plaçait le bonheur dont nous sommes susceptibles, que dans une âme dont les mouvemens, dirigés par la raison et la vertu, sont uniquement consacrés à l'utilité publique. (*De Morib.*, lib. 1, cap. 6.)

Si le bonheur, dit l'ingénieux Barthelemy, n'est que la santé de l'âme, ne doit-on pas le trouver dans les lieux où règne une juste proportion entre les besoins et les désirs, où le mouvement est toujours suivi du repos, et l'intérêt toujours accompagné du calme? (*Voyage du jeune Anacharsis*.)

115. *O fortune, ton pouvoir est détruit, si nous sommes sages*, v. 365. Ceux qui lisent *nullum numen abest* l'expliquent ainsi : « La prudence tient lieu de tous les dieux. » Mais cette autre leçon, *nullum numen habes*, a prévalu, parce qu'elle est plus conséquente, et qu'elle offre un plus beau sens.

Avant de terminer les notes de cette satire, je citerai deux anecdotes relatives au tableau de la vieillesse, vers 188, jusqu'au vers 272.

En 1757, prononçant un discours sur les satiriques latins à l'Académie de Nancy, en présence du vieux Stanislas, roi de Pologne, je touchai, d'après mon auteur, cette corde délicate. Son chancelier voulut m'imposer silence; mais le prince philosophe me fit signe de continuer.

Je ne sais si j'ai lu quelque part, ou si l'on m'a dit que des vieillards, après avoir entendu les vers dont il s'agit, se donnèrent volontairement la mort. Quoi qu'il en soit, je les lisais impunément dans ma jeunesse, parce que je n'y voyais que de la poésie : depuis que je m'approche de mon quatorzième lustre, j'avoue que, n'y voyant plus que du malheur, je m'y arrête moins volontiers ; et je ne suis pas le seul parmi les hommes de mon âge. Piron, qui disait, en riant, de grandes vérités, me parlait un jour de Juvénal. Quand il en fut au tableau de la vieillesse : — « Quelle force! quelle touche et quelle vérité! Voilà ce que j'appelle un peintre, non pas à la manière de l'Albane, mais de Rembrant. Nous autres, nous ne sommes que des élèves en comparaison de ce grand maître. Le croirez-vous, ajouta-t-il? dans mon ravissement, j'ai, ce matin, été tenté plusieurs fois de me jeter par la fenêtre. » Piron avait alors plus de quatre-vingts ans, et venait de lire ce sublime et désolant tableau des malheurs inséparables d'une trop longue vie.

SATIRA XI.

Mensæ luxus.

Atticus eximie si cœnat, lautus habetur;
Si Rutilus, demens. Quid enim majore cachinno
Excipitur vulgi, quam pauper Apicius? Omnis
Convictus, thermæ, stationes, omne theatrum
De Rutilo. Nam dum valida ac juvenilia membra
Sufficiunt galeæ, dumque ardent sanguine, fertur,
Non cogente quidem, sed nec prohibente tribuno,
Scripturus leges et regia verba lanistæ.
Multos porro vides, quos sæpe elusus ad ipsum
Creditor introitum solet exspectare macelli,
Et quibus in solo vivendi caussa palato est.
Egregius cœnat meliusque miserrimus horum,
Et cito casurus jam perlucente ruina.
Interea gustus elementa per omnia quærunt,
Nunquam animo pretiis obstantibus: interius si
Attendas, magis illa juvant, quæ pluris emuntur.
Ergo haud difficile est perituram arcessere summam
Lancibus oppositis, vel matris imagine fracta,
Et quadringentis nummis condire gulosum
Fictile: sic veniunt ad miscellanea ludi.
Refert ergo quis hæc eadem paret: in Rutilo nam

SATIRE XI.

Le luxe de la table [1].

Atticus et Rutilus font-ils bonne chère, l'un passe pour un homme magnifique, l'autre pour un fou. De qui se moque-t-on en effet plus volontiers, que d'un Apicius sans fortune [2]? Partout, à table, aux thermes, sur nos places, à tous nos théâtres, il est question de Rutilus. La vigueur de l'âge et la chaleur du sang l'appellent à porter le casque; et il va, dit-on, s'engager sous les lois despotiques d'un maître d'escrime [3]; et cela, sans que le tribun l'y contraigne, mais aussi sans qu'il s'y oppose. Combien ne voit-on pas ici de ces gens qui n'existent que pour manger, et que leur créancier, trop souvent éconduit, attend à l'entrée d'un marché? Celui qui a la table la mieux servie, c'est le plus obéré d'entre eux; c'est celui dont on prévoit déjà la ruine prochaine : en attendant, tous les élémens sont mis à contribution pour satisfaire leur palais [4]; le prix n'a rien qui les arrête : remarquez-le bien; les morceaux les plus chers leur semblent les meilleurs. Leur prodigalité a-t-elle besoin d'une nouvelle somme? rien de plus facile : ils mettent leur vaisselle en gage, brisent et vendent en détail la statue d'une mère, et trouvent le secret de manger quatre cent mille sesterces sur un plat d'argile [5] : avec ces habitudes, on est bientôt réduit au pain des gladiateurs [6]. Jugez-donc de la dépense sur les moyens : ce qui est excès pour

Luxuria est; in Ventidio laudabile nomen
Sumit, et a censu famam trahit. Illum ego jure
Despiciam, qui scit quanto sublimior Atlas
Omnibus in Libya sit montibus: hic tamen idem
Ignoret, quantum ferrata distet ab arca
Sacculus. E coelo descendit Γνῶθι σεαυτὸν,
Figendum et memori tractandum pectore, sive
Conjugium quaeras, vel sacri in parte senatus
Esse velis; nec enim loricam poscit Achillis
Thersites, in qua se traducebat Ulysses.
Ancipitem seu tu magno discrimine caussam
Protegere affectas, te consule, dic tibi qui sis,
Orator vehemens, an Curtius, an Matho, buccae.
Noscenda est mensura sui, spectandaque rebus
In summis minimisque; etiam quum piscis emetur,
Ne mullum cupias, quum sit tibi gobio tantum
In loculis. Quis enim te, deficiente crumena,
Et crescente gula, manet exitus, aere paterno,
Ac rebus mersis in ventrem, fenoris atque
Argenti gravis et pecorum agrorumque capacem?
Talibus a dominis post cuncta novissimus exit
Annulus, et digito mendicat Pollio nudo.

Non praematuri cineres, nec funus acerbum
Luxuriae, sed morte magis metuenda senectus.
Hi plerumque gradus: conducta pecunia Romae,

Rutilus n'est qu'une louable libéralité dans Ventidius; le luxe est relatif. J'ai droit de mépriser celui qui, sachant combien le mont Atlas surpasse en hauteur les autres montagnes de Libye, ne voit pas à quel point une petite bourse diffère d'un coffre-fort. Cette sentence, CONNAISSEZ-VOUS VOUS-MÊME, est descendue du ciel[7] : gravez-la profondément dans votre esprit, soit que vous cherchiez une épouse, soit que vous ambitionniez le rang de sénateur. Thersite ne disputa point à Ulysse l'armure d'Achille[8]. Entreprenez-vous de défendre une cause épineuse, consultez vos forces, demandez-vous ce que vous êtes, un orateur éloquent, ou un froid déclamateur, comme Curtius et Mathon[9]. Il faut savoir s'apprécier soi-même, et peser son talent dans les petites comme dans les grandes affaires. Voulez-vous acheter, ne fût-ce qu'un poisson, n'allez pas désirer un surmulet[10], quand vous n'avez qu'un goujon dans votre bourse. Quel sort vous est réservé, si votre gourmandise croît à mesure que votre fortune diminue, si votre ventre engloutit le bien de vos pères, revenus, argent massif, vases, troupeaux, métairies? L'anneau d'or suit bientôt tout le reste, et Pollion mendie le doigt nu[11].

CE n'est point un trépas prématuré, une mort douloureuse[12], que doivent craindre les prodigues; c'est la vieillesse, plus terrible pour eux que la mort même. Voici leur marche ordinaire : ils dépensent aux yeux mêmes du

Et coram dominis consumitur; inde ubi paulum
Nescio quid superest, et pallet fenoris auctor,
Qui vertere solum, Baias et ad ostrea currunt:
Cedere namque foro jam non tibi deterius, quam
Esquilias a ferventi migrare Suburra.
Ille dolor solus patriam fugientibus, illa
Mœstitia est, caruisse anno circensibus uno.
Sanguinis in facie non hæret gutta : morantur
Pauci ridiculum et fugientem ex urbe pudorem.

EXPERIERE hodie, numquid pulcherrima dictu,
Persice, non præstem vita vel moribus et re;
Sed laudem siliquas occultus ganeo; pultes
Coram aliis dictem puero, sed in aure placentas.
Nam quum sis conviva mihi promissus, habebis
Evandrum, venies Tirynthius, aut minor illo
Hospes, et ipse tamen contingens sanguine cœlum;
Alter aquis, alter flammis ad sidera missus.

FERCULA nunc audi nullis ornata macellis.
De Tiburtino veniet pinguissimus agro
Hædulus, et toto grege mollior, inscius herbæ,
Necdum ausus virgas humilis mordere salicti,
Qui plus lactis habet quam sanguinis; et montani
Asparagi, posito quos legit villica fuso.

créancier l'argent qu'ils empruntèrent à Rome : quand ils n'ont presque plus rien, quand l'usurier pâlit, ils s'enfuient et courent à Baies se régaler d'huîtres [13]; car, en pareil cas, il n'est pas plus honteux aujourd'hui d'abandonner la ville, que de quitter le bruyant quartier de Suburre pour habiter les Esquilies [14]. Ils n'ont qu'un chagrin et qu'un regret en quittant leur patrie, c'est d'être privés pendant un an des jeux du cirque. Leur front ne sait plus rougir; combien avons-nous de citoyens qui veuillent retenir dans la ville la pudeur devenue ridicule et forcée de s'exiler [15]?

Tu vas éprouver aujourd'hui, Persicus, si mes belles paroles sont démenties par la réalité et par ma manière de vivre; si je dédaigne en secret les légumes que je vante; si je dis tout haut à mon esclave : Je mangerai de la bouillie [16]; et à l'oreille : Il me faut des friandises. Tu m'as promis de souper chez moi; je t'y recevrai avec la même frugalité qu'Évandre [17] reçut Hercule ou Énée : celui-ci, moins illustre que l'autre, n'en était pas moins du sang des dieux; et tous deux s'élevèrent dans l'Olympe, l'un du milieu des flammes, l'autre du sein des ondes [18].

Voici les mets que je te destine; ils n'auront été parés dans aucun marché. Ma maison de Tibur fournira un chevreau, le plus gras, le plus tendre du troupeau; il n'a point encore brouté l'herbe ni mordu les branches des jeunes saules; il a plus de lait que de sang. Nous aurons des asperges que ma fermière, quittant ses fuseaux, est allée cueillir sur les montagnes, de gros œufs, encore

Grandia præterea tortoque calentia feno
Ova adsunt ipsis cum matribus, et servatæ
Parte anni, quales fuerant in vitibus, uvæ;
Signinum Syriumque pyrum, de corbibus isdem
Æmula Picenis, et odoris mala recentis,
Nec metuenda tibi, siccatum frigore postquam
Autumnum et crudi posuere pericula succi.
Hæc olim nostri jam luxuriosa senatus
Cœna fuit. Curius, parvo quæ legerat horto,
Ipse focis brevibus ponebat oluscula, quæ nunc
Squalidus in magna fastidit compede fossor,
Qui meminit, calidæ sapiat quid vulva popinæ.
Sicci terga suis, rara pendentia crate,
Moris erat quondam festis servare diebus,
Et natalitium cognatis ponere lardum,
Accedente nova, si quam dabat hostia, carne.
Cognatorum aliquis titulo ter consulis, atque
Castrorum imperiis et dictatoris honore
Functus, ad has epulas solito maturius ibat,
Erectum domito referens a monte ligonem.

Quum tremerent autem Fabios durumque Catonem,
Et Scauros et Fabricios, rigidique severos
Censoris mores etiam collega timeret,
Nemo inter curas et seria duxit habendum,

chauds dans le foin qui les enveloppe, et les mères qui les couvaient. Malgré la saison, tu verras des raisins aussi beaux que s'ils pendaient encore au cep. Un même panier t'offrira des poires de Syrie et de Signie, avec des pommes qui n'ont rien perdu de leur parfum, et qui le disputent à celles de Picène : tu pourras en manger avec sécurité; les froids de l'hiver en ont corrigé l'âcreté. Tels furent les repas de nos anciens sénateurs, lorsqu'ils commencèrent à s'éloigner de la frugalité de leurs pères. Curius préparait lui-même dans son modeste foyer les légumes de son petit jardin, que sa main avait cueillis. Aujourd'hui le plus sale des esclaves à la chaîne les dédaignerait, en se rappelant les morceaux friands qu'il a savourés dans quelque chaude taverne. Nos aïeux avaient coutume de conserver, pour les fêtes solennelles, un morceau de porc séché sur la claie, et d'offrir à leurs proches, le jour de leur naissance, une tranche de lard, en y ajoutant un peu de viande fraîche, si par hasard il restait quelque débris de la victime récemment immolée. L'un de leurs parens eût-il été trois fois consul, eût-il exercé la dictature, ou commandé nos armées, il n'en accourait pas moins à ce repas, avant l'heure ordinaire[19], rapportant sur son épaule la houe qui avait ouvert le sein de la montagne.

Dans les temps où les Fabius, les Scaurus, les Fabricius et le sévère Caton étaient redoutés, quand un censeur craignait pour lui-même la rigueur de son collègue[20], personne ne regardait comme une affaire sérieuse de savoir dans quels parages de l'Océan[21] nageaient

SATIRA XI.

Qualis in Oceani fluctu testudo nataret,
Clarum Trojugenis factura ac nobile fulcrum;
Sed nudo latere, et parvis frons aerea lectis
Vile coronati caput ostendebat aselli,
Ad quod lascivi ludebant ruris alumni.
Tales ergo cibi, qualis domus atque supellex.
Tunc rudis, et Graias mirari nescius artes,
Urbibus eversis, praedarum in parte reperta
Magnorum artificum frangebat pocula miles,
Ut phaleris gauderet equus, caelataque cassis
Romuleae simulacra ferae mansuescere jussae
Imperii fato, et geminos sub rupe Quirinos,
Ac nudam effigiem clypeo fulgentis et hasta,
Pendentisque dei, perituro ostenderet hosti.
Ponebant igitur Tusco farrata catino;
Argenti quod erat, solis fulgebat in armis.
Omnia tunc, quibus invideas, si lividulus sis.

Templorum quoque majestas praesentior, et vox
Nocte fere media mediamque audita per urbem,
Litore ab Oceani Gallis venientibus, et dis
Officium vatis peragentibus, his monuit nos.
Hanc rebus Latiis curam praestare solebat
Fictilis, et nullo violatus Jupiter auro.
Illa domi natas nostraque ex arbore mensas
Tempora viderunt; hos lignum stabat in usus,

les tortues, destinées maintenant à décorer la couche de nos superbes descendans d'Énée. Les lits étaient sans ornemens : un chevet de bronze avait pour toute décoration la tête d'un âne couronné [22], autour de laquelle folâtraient de rustiques enfans. Ainsi la table, les meubles et la maison, tout était d'une égale simplicité. Lorsque le soldat grossier, et qui ne savait pas encore admirer les arts de la Grèce, trouvait dans sa part du butin, après la prise d'une ville, des coupes ciselées par les grands maîtres, il les brisait pour en parer son cheval et son casque, pour montrer à l'ennemi, prêt à tomber sous ses coups, et cette louve qui, par l'ordre du destin, déposant sa férocité naturelle, allaita sous une roche les deux fils de Mars, et ce dieu lui-même représenté tout nu, incliné sur le sommet du casque [23], tenant son bouclier et sa pique formidable. C'est sur des plats de Toscane qu'était servie la farine bouillie : le peu d'argent que chacun possédait ne brillait que sur les armes [24]. Tout chez eux était à envier, pour qui sait envier quelque chose.

Aussi la présence des dieux se faisait-elle mieux sentir dans nos temples : une voix céleste, entendue dans Rome au milieu de la nuit [25], révéla l'approche des Gaulois, qui des bords de l'Océan se précipitaient sur l'Italie : les dieux alors étaient eux-mêmes nos augures. C'est ainsi que veillait sur les destinées du Latium un Jupiter d'argile, que l'or n'avait pas encore souillé. Dans ces temps antiques, les tables [26] n'étaient faites qu'avec les arbres du pays. Si par hasard l'Aquilon renversait un vieux

Annosam si forte nucem dejecerat Eurus.
At nunc divitibus coenandi nulla voluptas;
Nil rhombus, nil dama sapit; putere videntur
Unguenta atque rosæ, latos nisi sustinet orbes
Grande ebur, et magno sublimis pardus hiatu,
Dentibus ex illis, quos mittit porta Syenes,
Et Mauri celeres, et Mauro obscurior Indus,
Et quos deposuit Nabatæo bellua saltu,
Jam nimios capitique graves. Hinc surgit orexis,
Hinc stomacho bilis: nam pes argenteus illis,
Annulus in digito quod ferreus. Ergo superbum
Convivam caveo, qui me sibi comparat, et res
Despicit exiguas. Adeo nulla uncia nobis
Est eboris, nec tessellæ, nec calculus ex hac
Materia: quin ipsa manubria cultellorum
Ossea; non tamen his ulla unquam opsonia fiunt
Rancidula, aut ideo pejor gallina secatur.

Sed nec structor erit, cui cedere debeat omnis
Pergula, discipulus Trypheri doctoris, apud quem
Sumine cum magno lepus, atque aper, et pygargus,
Et Scythicæ volucres, et phoenicopterus ingens,
Et Gætulus oryx, hebeti lautissima ferro
Cæditur, et tota sonat ulmea coena Suburra.
Nec frustum capreæ subducere, nec latus Afræ
Novit avis noster tirunculus, ac rudis omni

noyer, il était consacré à cet usage. Mais aujourd'hui les riches mangent sans plaisir, et le turbot ou le daim est pour eux sans saveur, les essences et les roses sans parfum, si leur table n'est soutenue par un grand léopard à gueule béante, fait avec l'ivoire des plus belles dents que nous envoient Syène[27], la Mauritanie, l'Inde et les forêts de l'Arabie, où les déposa l'éléphant fatigué de leur poids. C'est-là ce qui aiguise leur appétit et irrite leur estomac[28] : une table à pied d'argent est pour eux ce que serait au doigt un anneau de fer[29]. Loin de moi ce convive superbe, qui ne me compare à lui que pour mépriser ma médiocrité ! Moi, je ne possède pas une once d'ivoire; je n'ai pas un dé, pas un jeton de cette matière : les manches de mes couteaux ne sont même que de l'os le plus commun : cependant ils ne gâtent point les viandes, et la poule dont ils divisent les membres ne perd rien de son goût.

Tu ne me verras point pour écuyer tranchant le plus expert des élèves de ce docte Tryphère[30], chez lequel on apprend à découper avec un fer émoussé les mamelles d'une laie qui vient de mettre bas, le lièvre, le sanglier, la gazelle d'Égypte, les oiseaux de Scythie, le grand phénicoptère, la chèvre de Gétulie[31], et dont le souper de bois fait retentir tout le quartier de Suburre[32]. Mon écuyer novice ne sait point enlever avec adresse un filet de chevreuil, ni l'aile d'une poule d'Afrique[33]; il ne

Tempore, et exiguæ frustis imbutus ofellæ.
Plebeios calices et paucis assibus emptos
Porriget incultus puer, atque a frigore tutus;
Non Phryx aut Lycius, non a mangone petitus
Quisquam erit, et magno. Quum posces, posce latine.
Idem habitus cunctis; tonsi rectique capilli,
Atque hodie tantum propter convivia pexi.
Pastoris duri est hic filius, ille bubulci;
Suspirat longo non visam tempore matrem,
Et casulam, et notos tristis desiderat hædos;
Ingenui vultus puer, ingenuique pudoris,
Quales esse decet, quos ardens purpura vestit;
Nec pugillares defert in balnea raucus
Testiculos, nec vellendas jam præbuit alas,
Crassa nec opposito pavidus tegit inguina gutto.
Hic tibi vina dabit diffusa in montibus illis,
A quibus ipse venit, quorum sub vertice lusit:
Namque una atque eadem vini patria atque ministri.

FORSITAN exspectes, ut Gaditana canoro
Incipiat prurire choro, plausuque probatæ
Ad terram tremulo descendant clune puellæ,
Irritamentum Veneris languentis, et acres
Divitis urticæ: major tamen ista voluptas
Alterius sexus; magis ille extenditur; et mox
Auribus atque oculis concepta urina movetur.
Non capit has nugas humilis domus. Audiat ille

connaît que la tranche de viande grillée [34]. Un esclave, que ses modestes habits préservent seulement du froid, nous présentera des coupes plébéiennes achetées à vil prix. Tu ne verras chez moi ni Phrygien ni Lycien, ni ces serviteurs chèrement payés au marchand d'esclaves [35]. Quand tu demanderas quelque chose, parle latin. Mes deux esclaves [36] sont pareillement vêtus, tous deux ont les cheveux courts et droits; aujourd'hui seulement ils seront un peu mieux peignés, en l'honneur de mon convive. L'un est fils de mon pâtre, l'autre de mon bouvier : celui-ci soupire après sa mère, qu'il n'a point vue depuis longtemps [37] ; il regrette encore et ses chevreaux favoris, et sa chère cabane. Son front ingénu brille de cette pudeur qui siérait si bien à nos jeunes patriciens. Il ne porte point aux bains une voix enrouée, d'énormes testicules, et des aisselles épilées [38]; il ne cache pas avec confusion, sous le vase d'huile, le signe gonflé de son sexe. Cet enfant te versera d'un vin pressuré sur les montagnes qui le virent naître et folâtrer ; l'esclave et le vin sont du même pays.

Ne te flatte pas que de jeunes Espagnoles viennent nous provoquer par leurs chants lascifs [39], et exécutent, au milieu des applaudissemens, ces danses licencieuses, imaginées pour réveiller la vivacité des désirs dans les sens assoupis de nos riches énervés [40]. L'autre sexe, néanmoins, les remue davantage [41] ; il se développe mieux, il a plus d'expression : aussi, bientôt embrasés par les yeux et les oreilles, ils ne peuvent plus se contenir. Mon humble domicile n'admet point de pareils divertissemens.

Testarum crepitus cum verbis, nudum olido stans
Fornice mancipium quibus abstinet; ille fruatur
Vocibus obscenis omnique libidinis arte,
Qui Lacedæmonium pytismate lubricat orbem:
Namque ibi fortunæ veniam damus. Alea turpis,
Turpe et adulterium mediocribus; hæc eadem illi
Omnia quum faciant, hilares nitidique vocantur.
Nostra dabunt alios hodie convivia ludos:
Conditor Iliados cantabitur, atque Maronis
Altisoni dubiam facientia carmina palmam.
Quid refert, tales versus qua voce legantur?

Sed nunc dilatis averte negotia curis,
Et gratam requiem dona tibi, quando licebit
Per totam cessare diem: non fenoris ulla
Mentio; nec, prima si luce egressa, reverti
Nocte solet, tacito bilem tibi contrahat uxor,
Humida suspectis referens multicia rugis,
Vexatasque comas, et vultum auremque calentem.
Protinus ante meum, quidquid dolet, exue limen;
Pone domum et servos, et quidquid frangitur illis,
Aut perit: ingratos ante omnia pone sodales.

Interea Megalesiacæ spectacula mappæ
Idæum solenne colunt, similisque triumpho,
Præda caballorum, prætor sedet; ac, mihi pace
Immensæ nimiæque licet si dicere plebis,

Laissons ces instrumens, ces chansons obscènes, dont rougirait la plus vile courtisane, tous ces raffinemens de la débauche, à ceux qui, rejetant les vins dont leur estomac est rempli, salissent des parvis de marbre[42] : c'est un privilége qu'on pardonne à leur fortune. L'adultère et les jeux de hasard déshonoreraient la médiocrité; ce n'est pour l'opulence qu'enjouement et bon ton. Je te promets des plaisirs plus décens : on nous récitera des vers d'Homère et de Virgile, rivaux entre lesquels la victoire reste encore indécise. Quand il s'agit de pareils vers, qu'importe l'organe du lecteur?

Écarte aujourd'hui de ta pensée les soins et les affaires : livre-toi au doux repos, puisque la journée toute entière nous appartient. Point de retour sur les capitaux que tu as placés. Ton épouse, sortie dès le point du jour, dût-elle, selon sa coutume, ne rentrer qu'au milieu de la nuit, les cheveux en désordre, les joues et les oreilles brûlantes, rapportant sur sa robe humide et froissée des vestiges suspects, n'en sois pas de plus mauvaise humeur. Dépose à ma porte tout ce qui pourrait te chagriner. Oublie ta maison, la maladresse et l'infidélité de tes esclaves : oublie surtout l'ingratitude de tes amis[43].

Cependant le signal est donné[44]; les jeux en l'honneur de Cybèle ont déja commencé; déjà le préteur, que ses chevaux ont ruiné[45], est assis sur son char en triomphateur[46]; et, s'il m'est permis de le dire sans blesser un peuple trop nombreux[47], Rome entière est aujour-

Totam hodie Romam circus capit, et fragor aurem
Percutit, eventum viridis quo colligo panni:
Nam, si deficeret, mœstam attonitamque videres
Hanc urbem, veluti Cannarum in pulvere victis
Consulibus. Spectent juvenes, quos clamor, et audax
Sponsio, quos cultæ decet assedisse puellæ.
Spectent hoc nuptæ, juxta recubante marito,
Quod pudeat narrasse aliquem præsentibus ipsis.
Nostra bibat vernum contracta cuticula solem,
Effugiatque togam. Jam nunc in balnea, salva
Fronte, licet vadas, quanquam solida hora supersit
Ad sextam. Facere hoc non possis quinque diebus
Continuis, quia sunt talis quoque tædia vitæ
Magna. Voluptates commendat rarior usus.

d'hui dans le cirque. J'entends des acclamations, et j'en conclus que la faction verte triomphe[48]; sinon nous verrions la ville aussi consternée qu'après le désastre de Cannes. Que la jeunesse assiste à ces jeux; le tumulte, les paris téméraires et le plaisir d'être assis auprès des jeunes filles conviennent à cet âge. Que les nouvelles épouses, penchées sur leurs époux, contemplent ce qu'on rougirait de raconter en leur présence[49]. Nous autres, quittons la toge, et allons réchauffer notre peau ridée aux rayons du soleil d'avril[50]. Quoique nous ne soyons encore qu'à la cinquième heure[51], tu peux sans honte te présenter aux bains. Mais rappelle-toi que tu ne mènerais pas cette vie pendant cinq jours de suite; car elle a aussi ses dégoûts. C'est la modération qui donne du prix aux plaisirs.

NOTES

SUR LA SATIRE XI.

---

1. Argument. Juvénal offre à son ami Persicus un repas, dont il fait contraster la frugalité avec le luxe et la profusion qui régnaient de son temps.

Après la satire des Vœux, il fallait un repos ; car le sentiment du sublime s'use à la longue. Juvénal l'a si bien senti, qu'il a soin, dans le cours de son ouvrage, de se détendre de temps en temps, mais sans sortir de sa sphère, sans déroger à sa gravité naturelle : ce n'est pas qu'il ne paraisse quelquefois vouloir égayer son sujet ; mais, à proprement parler, il ne rit pas ; il sourit tout au plus, et souvent d'un rire sardonique. L'ami de la vertu,

Virtutis veræ custos rigidusque satelles,

ne saurait un seul instant, pour se délasser ou pour plaire, se mentir à lui-même et transiger avec le vice.

L'un de ses procédés les plus ordinaires, quelque sujet qu'il traite, c'est d'aller droit au principe, de le suivre jusque dans ses dernières conséquences. Presque toujours voisin de la belle, je veux dire de la forte nature, on ne le voit point, comme tant de beaux esprits ses contemporains, flatter son siècle, ni se jeter dans de froides et stériles analyses du cœur humain, qui ne prouvent guère que de la sagacité, sans profit pour les mœurs.

Avec beaucoup de ce qu'on appelle esprit, on dirait, malgré son énergie et son éclat, qu'il n'a voulu montrer que du bon sens et de la véracité : aussi nul écrivain n'a-t-il mérité plus que lui qu'on lui appliquât son fameux *Vitam impendere vero*. (Tom. 1, sat. 4, v. 91.) J'ajouterais volontiers que le goût chez lui n'est souvent que du naturel; témoin ces deux vers, dont je ne crois pas qu'il soit possible de faire passer le charme secret dans notre langue. Il s'agit du jeune pâtre qu'il avait pris à son service :

> Suspirat longo non visam tempore matrem,
> Et casulam, et notos tristis desiderat hædos.
> Sat. 11, vers. 152.

Remarquons encore que plusieurs satires qu'il a placées de distance en distance, comme autant d'épisodes dans un long poëme, tiennent tellement à son plan de censure générale, qu'elles y servent de commentaire et de supplément; qu'elles offrent une foule de détails curieux, piquans, et non moins utiles à la conduite de la vie publique, qu'au maintien des mœurs privées. Que l'on se rappelle ce qu'il a déjà dit de l'influence du luxe sur le sort des empires; que l'on considère comment il le définit ici, comment il en suit les progrès, quoiqu'il ne s'agisse que du *luxe de la table*; on sera convaincu que les modernes, quant à cette question si souvent rebattue, n'ont pas été plus loin.

J'ai déjà prévenu que ces nouvelles considérations, qui auraient retardé la marche de mon Discours sur les Satiriques latins, n'étaient guère que des réminiscences, et que je les saisirais à mesure qu'elles se présenteraient. *Voyez* l'argument de la satire 7, tome II, page 22.

Après avoir, dans le Discours préliminaire, exposé les principaux rapports de Juvénal avec la situation politique, morale et littéraire de son siècle, après l'avoir comparé avec ceux qui l'avaient précédé dans la carrière satirique, il ne me restait qu'à le confronter avec lui-même. N'y devant plus revenir, je me hâte donc, à mesure que l'on imprime, de saisir le véritable esprit de ses compositions, et surtout les circonstances qui l'ont fait ce qu'il est devenu, c'est-à-dire un poète unique dans son genre.

Tout me confirme dans mes premières observations. Plus je l'approfondis, plus je me persuade que, lorsqu'il s'élança pour la première fois sur les traces de Lucilius, il était non-seulement pourvu d'une immense littérature, *mens ingenti flumine litterarum inundata* (Petron.); mais encore qu'il avait le cœur gros de vérités importantes, et confirmées par l'expérience. D'une vue d'aigle il avait déjà, comme J. J. Rousseau l'a fait depuis, mais dans un autre genre, mesuré toute la circonférence de l'horizon moral. Ce ne saurait donc être par un simple élan poétique qu'il s'est écrié : « Toutes les actions, tous les sentimens des mortels, seront la matière de mon livre : »

. . . . Nostri est farrago libelli.
Sat. 1, vers. 86.

Non, ce n'est point sans projet et par hasard qu'il a montré tant de suite dans les idées, tant de justesse dans le raisonnement.

Jeunesse studieuse et passionnée pour les grands modèles de la docte antiquité, vous dont le cœur s'embrase au feu sacré de ces hommes divins, et qui brûlez de les atteindre, apprenez-en le secret de Pythagore. « Celui qui veut, dit-il, parler de l'homme d'une manière conforme à sa nature mobile et variable, doit considérer d'abord, comme d'une haute montagne, tout ce qui se passe sur la terre ; il doit envisager des yeux de l'âme cette multitude de sociétés, de labourages, de mariages, de divorces, de naissances, de morts; le tumulte des tribunaux, les pays inhabités, les barbares de toutes couleurs, les réjouissances, les deuils, les foires, les marchés, et cette confusion, ce mélange d'élémens contraires dont le monde est composé. » *Voyez* les Pensées de Marc-Aurèle.

Si ce vaste coup d'œil et cette énumération rapide des principales circonstances de l'humaine activité, trop souvent convulsive, n'ont pas dirigé l'esprit et les intentions de Juvénal, qui n'a rien emprunté que de son génie, de sa conscience et de son propre caractère, il est évident du moins qu'ils offrent le sommaire de ses riches satires. Au reste, de quelque manière qu'il les ait conçues, et quelles qu'en soient les causes occasionelles, il n'en a pu rassembler les matériaux épars qu'en s'élevant idéalement au sommet de la montagne emblématique du philosophe de Samos. Ceux qui les auront bien comprises, ces satires, dignes d'un plus beau nom, les regarderont désormais, je n'en doute pas, comme l'un des cours les plus complets de morale élémentaire, que la haine du vice, jointe à l'enthousiasme de la vertu, ait jamais opposé aux passions abjectes et criminelles des hommes de tous les temps et de tous les lieux.

2. *De qui se moque-t-on en effet plus volontiers, que d'un Apicius sans fortune?* v. 2. Les maximes et les réflexions de Juvénal se tiennent et découlent l'une de l'autre. Il a dit satire 3, vers 152 :

> Nil habet infelix paupertas durius in se,
> Quam quod ridiculos homines facit.

Sur Apicius, *voyez* satire 4, note sur le v. 23.

3. *Sous les lois despotiques d'un maître d'escrime*, etc., v. 8. Ce que Juvénal appelle ici *regia verba* étaient certaines formules laconiques et impérieuses, dont se servaient les *lanistes* pour enseigner l'art gladiatoire. Ces formules sont encore usitées aujourd'hui dans nos salles d'armes.

4. *Tous les élémens sont mis à contribution pour satisfaire leur palais*, v. 14. Presque tous les auteurs reprochent aux Romains le luxe de la table, et une gourmandise dont aucune nation n'a fourni tant d'exemples. Je ne citerai qu'un passage de Sénèque, qui en parle souvent : *Ultra Phasim capi volunt, quod ambitiosam popinam instruat; nec piget a Parthis, a quibus nondum pœnas repetiimus, aves petere. Undique convehunt omnia nota fastidienti gulæ. Quod dissolutus deliciis stomachus vix admittat, ab ultimo portatur Oceano. Vomunt ut edant, edunt ut vomant; et epulas, quas toto orbe conquirunt, nec concoquere dignantur.* Consol. ad Helv., cap. IX.

5. *De manger quatre cent mille sesterces sur un plat d'argile*, v. 19. Les prodigues se servaient de ces sortes de plats quand ils n'en avaient plus d'autres; mais on a vu (sat. 4, v. 131) que les riches eux-mêmes y avaient recours, lorsqu'il s'agissait de préparer quelque morceau d'une grandeur démesurée :

> . . . . Testa alta paretur,
> Quæ tenui muro spatiosum colligat orbem.

(J'ai conservé la traduction de Dusaulx, quoique cette somme de quatre cent mille sesterces, équivalente à peu près à quatre-vingt mille francs de notre monnaie, puisse paraître exorbitante.

Mais rien ne doit étonner, en ce genre, chez le peuple où Caligula dépensa en une année plus de cinq cents millions (SUET., *Calig.*, 37). Il est vrai que Caligula était empereur, et qu'il s'agit dans Juvénal d'une homme presque ruiné, qui met sa vaisselle en gage, et vend ses statues de famille. Voici, au reste, les divers sens qu'on peut donner à *quadringentis nummis*. Si *nummus* est ici pour *sestertius*, la quatrième partie du denier, *quadringenti nummi* représente environ quatre-vingts francs, ce qui me paraît trop peu de chose, dans le langage hyperbolique du poète. Si *nummus* est pour *sestertium*, mille sesterces, la traduction de Dusaulx est exacte; mais il faudrait prouver que *nummus* peut s'employer pour *sestertium* comme pour *sestertius*, ce qui est fort douteux. Enfin, s'il est question d'un *nummus aureus*, cinq cents *nummi* équivaudraient à sept mille huit cents francs; et à trois cent dix-huit francs, si Juvénal a voulu parler du *nummus argenteus*. On peut choisir entre ces interprétations. J. P.)

6. *On est bientôt réduit au pain des gladiateurs*, v. 20. *Ludi* est ici le nominatif pluriel de *ludus* pour *ludius*, qui signifie gladiateur : ce qui précède l'indique assez. Si par *miscellanea* on entend ce que Suétone (*Calig.*, cap. 20) appelle *miscellos ludos*, on doit prendre *ludi* pour les histrions. Il est beaucoup plus vraisemblable, comme le croit Saumaise (*Hist. Aug.*, page 328), que *miscellanea* exprime la nourriture mélangée des gladiateurs.

(Dusaulx n'avait pas rendu *miscellanea* : ce mot est cependant important, parce qu'il est opposé aux repas délicats que faisait autrefois Rutilus. Par *miscellanea*, l'auteur entend le mélange de toutes sortes d'alimens, avec lequel on engraissait les gladiateurs, *immundam saginam*, selon l'expression de Properce, IV, 8, 25.)

J. P.

7. *Cette sentence*, CONNAISSEZ-VOUS VOUS-MÊME, *est descendue du ciel*, v. 27. Suivant Diogène Laërce (*Vie de Thalès*, page 24), *Thaletis est, nosce te ipsum; quod Antisthenes in successionibus ait fuisse Phemonoes, idque sibi usurpasse Chilonem*. Cette Phemonoé est une des anciennes sibylles : comme on les croyait inspirées par les dieux, Juvénal a pu dire, dans ce sens, que la fameuse sentence dont il s'agit, était descendue du ciel. Au reste, jamais

maxime n'a été plus répétée : elle fut écrite dans le vestibule du temple de Delphes, et Stobée nous a conservé ce qu'en a dit Porphire :

> Nosce te ipsum, dictio quidem est brevis ;
> Sed tanta res, quam Jupiter solus sciebat.

8. *Thersite ne disputa point à Ulysse l'armure d'Achille*, v. 30. Dusaulx a joint *ancipitem* à *se traducebat*, et il a entendu, *les armes d'Achille, sous lesquelles Ulysse se produisait, de manière que l'on doutait qui des deux en était revêtu*. M. Achaintre blâme avec raison cette manière d'interpréter et de traduire. Mais il propose à son tour un sens qui ne me paraît guère meilleur : adoptant la ponctuation de Dusaulx, il explique ainsi le vers de Juvénal : *In petitione cujus loricæ, ipse Ulysses se traducebat, præbebat incertum, metuentem, ne, etsi vir ipse consiliis, prudentia, animo et fortitudine clarus, eam non obtineret.* Mais où a-t-on jamais représenté Ulysse doutant du succès de sa cause ? Dans le discours qu'Ovide lui a prêté, y a-t-il rien qui ressemble à de l'incertitude et à de la défiance ? Il me semble bien plus naturel de faire rapporter *ancipitem* à *causam*, et d'expliquer *in qua se traducebat Ulysses*, sous laquelle Ulysse voulait se placer, à laquelle Ulysse aspirait. C'est le sens qu'adopte M. B*** dans sa traduction, publiée en 1823.   J. P.

Tous les interprètes, par *in qua se traducebat Ulysses*, entendent, « sous lesquelles Ulysse s'exposait aux railleries des spectateurs ; » mais il me paraît évident qu'il faut prendre ici *traducere se* pour *ostendere se ;* autrement il n'y aurait plus d'opposition entre le caractère de Thersite et celui d'Ulysse.

9. *Ou un froid déclamateur, comme Curtius et Mathon*, v. 34. Ceux qui mettent un point après *Matho* n'ont pas senti que *buccæ* était une expression proverbiale, laquelle signifiait *fastuosi et ventosi caussidici*. Juvénal (sat. 3, v. 35) dit, en parlant de ceux qui faisaient retentir l'arène des villes municipales du bruit de leurs trompettes :

> . . . . Notæque per oppida buccæ.

10. *N'allez pas désirer un surmulet*, etc., v. 37. Il paraît que Juvénal fait allusion au fameux surmulet qui, selon Sénèque (epist. xcv), fut envoyé au marché par Tibère, et acheté cinq mille sesterces par un nommé Octavius. Une ville, disait Caton le censeur, où un poisson coûte plus cher qu'un bœuf, ne saurait subsister long-temps. *Voyez*, sur le surmulet, satire 4, note sur le vers 15.

11. *Et Pollion mendie le doigt nu*, v. 43. *Voyez* satire 1, note sur le vers 28.

(L'anneau était le signe distinctif des chevaliers : les débauchés de Rome poussaient le déréglement jusqu'à sacrifier cette marque honorable de leur dignité, pour satisfaire leur gourmandise. J. P.)

12. *Ce n'est point un trépas prématuré, une mort douloureuse*, etc., v. 44. Juvénal ajoute *et funus acerbum*, parce que les anciens désignaient ainsi les diverses époques de la mort. *Acerba* se disait des enfans, comme on le voit dans Virgile (*Æneid.*, lib. vi, 429):

. . . . Et funere mersit acerbo.

Immatura se disait des jeunes gens, et *naturalis* des vieillards.

13. *Et courent à Baies se régaler d'huîtres*, v. 49. On trouve dans un grand nombre d'éditions *ad Ostia currunt*. J'ai déjà observé, sur le vers 170 de la satire 8, qu'il faudrait *ad Ostiam*, s'il s'agissait de la ville d'Ostie : mais plusieurs manuscrits portent ici *ad ostrea*, et le sens l'exige. Les huîtres de Circei, sur la côte de Baies, étaient renommées ; c'est pourquoi les prodigues et les banqueroutiers, accoutumés à la bonne chère, préféraient cette ville à toutes les autres.

14. *Le bruyant quartier de Suburre pour habiter les Esquilies*, v. 51. C'est-à-dire, passer d'un quartier fréquenté dans un autre qui l'est moins. Le quartier de Suburre fut toujours très-peuplé ; mais les Esquilies, long-temps désertes, ne furent habitées, sous Auguste, que lorsque Mécène y eut fait bâtir une vaste maison, accompagnée de superbes jardins.

15. *Combien avons-nous de citoyens qui veuillent retenir dans la ville la pudeur, devenue ridicule et forcée de s'exiler?* v. 54. Le tra-

ducteur fait violence au latin, pour donner un autre sens à ce passage : *Que dis-je! leur front ne rougit plus; on en voit peu que la pudeur, aujourd'hui si ridicule, force à s'exiler de Rome.* Mais il n'y a aucune trace, dans le texte, de cette liaison, *Que dis-je!* mais *pauci morantur pudorem* ne peut signifier, *peu sont sensibles à la honte.* Il me semble qu'avec la traduction que je propose, la suite des idées est beaucoup plus naturelle. Juvénal vient de dire que les banqueroutiers, en fuyant la ville, ne regrettent que les jeux du cirque, et il ajoute qu'il n'y a plus de pudeur à Rome. Voici au reste la note de Dusaulx. J. P.

Je ne sache pas que ces deux vers aient été bien expliqués. Voyons si je serai plus heureux. *Pauci morantur pudorem ridiculum et fugientem ex urbe*, c'est-à-dire, *qui pudor cogit ex urbe fugere*. Peu sont sensibles à cette honte ridicule qui fuit de la ville; c'est-à-dire, il y en a peu que la honte force à s'exiler de Rome. Cette honte, qui leur ferait fuir les regards de leur concitoyens, serait regardée comme une chose pusillanime et ridicule. Voilà, ou je me trompe fort, le véritable sens : d'ailleurs cette interprétation est claire, conforme au texte, et il y a de la suite dans le raisonnement. En effet, que prétend Juvénal? Il prétend que les prodigues obérés sortaient de la ville, pour chercher quelque autre endroit où ils pussent encore faire bonne chère. Était-ce par honte qu'ils s'évadaient? non, car ceux qui avaient recours à l'évasion trouvaient la chose aussi simple que de changer de quartier. Le sens que j'ai suivi n'est donc qu'un résultat naturel de tout ce qui précède. Grangæus est si loin de cette interprétation, qu'il veut que l'on écrive *pudorem fugientem ex orbe*, au lieu de *ex urbe*.

16. *Je mangerai de la bouillie*, etc., v. 58. Puls était une espèce de bouillie ou de flan, que l'on faisait avec de la farine détrempée dans de l'eau; on y mettait quelquefois des œufs et du miel. Pline (lib. XVIII, cap. 8) dit que les Romains s'en nourrissaient avant de connaître l'usage du pain. Il en sera encore parlé sat. 14, v. 171 :

. . . . . Grandes fumabant pultibus ollæ.

17. *Avec la même frugalité qu'Évandre*, etc., v. 61. Virgile (*Æneid.*, lib. VIII, 100) dit :

> . . . . . . Tum res inopes Evandrus habebat.

et plus bas :

> . . . . Dum tecta subibant
> Pauperis Evandri.

18. *L'un du milieu des flammes, l'autre du sein des ondes*, v. 63. On sait qu'Hercule dressa lui-même le bûcher sur lequel il fut consumé. Quant à Énée, ayant disparu dans un combat, on crut qu'il s'était noyé dans le Numice, rivière voisine de Lavinium ; et c'est pourquoi, selon Tibulle (lib. II, eleg. 5), cette rivière lui fut consacrée :

> Illic sanctus eris, quum te veneranda Numici
> Unda deum cœlo miserit indigetem.

19. *Il n'en accourait pas moins à ce repas avant l'heure ordinaire*, v. 88. Tous les auteurs attestent la frugalité des anciens Romains et l'austérité de leurs lois somptuaires : en 591, la loi Fannia fixa ce que l'on pouvait dépenser par repas et à certains jours de fête. En 642, le tribun P. Licinius Crassus proposa une autre loi qui ne faisait, en quelque sorte, que confirmer la première : cette loi fut adoptée par le sénat, et exécutée avant d'avoir reçu la sanction du peuple. La loi de Licinius fut tempérée par Cornelius Sylla ; et le luxe, dont Juvénal a suivi les progrès, la fit enfin oublier.

20. *Quand un censeur craignait pour lui-même la rigueur de son collègue*, etc., v. 91. Il paraît que Juvénal fait ici allusion aux censeurs Livius Salinator et Claudius Nero, qui, l'an de Rome 548, se notèrent à l'envi, en faisant la revue des chevaliers, et se forcèrent réciproquement à vendre leur cheval ; affront par lequel on perdait le rang de chevalier. (Tit.-Liv., lib. XXIX, cap. 37.)

21. *Personne ne regardait comme une affaire sérieuse de savoir dans quels parages de l'Océan*, etc., v. 94. La plupart des éditeurs, malgré la leçon des plus anciens et des meilleurs ma-

nuscrits, ont écrit ici *Oceani* au lieu d'*Oceano* : la même faute se trouve au vers 113. J'ai rétabli ces deux hellénismes.

(La plupart des manuscrits et des anciennes éditions portent *Oceani*; c'est aussi la leçon de tous les manuscrits de Paris, à l'exception de trois. Je ne vois donc pas pourquoi l'on tiendrait à la locution très-rare de *Oceano fluctu*. Aucun écrivain du siècle d'Auguste n'a employé *Oceanus* adjectivement, et l'on a dû sans doute éviter, en latin comme dans toutes les langues, qu'un même mot fût à la fois adjectif et substantif. J. P.)

22. *Avait pour toute décoration la tête d'un âne couronné*, v. 97. Toutes les éditions portent *vile caput*; mais Ferrarius (*Elect.* XI, 26) a prouvé, d'après un passage d'Hygin (*fabula* CCLXXIV), qu'il faut *vite*. Voici le passage dans lequel il paraît que l'on croyait que l'âne, broutant la vigne, en avait originairement appris l'usage : *Antiqui nostri in lectis tricliniaribus, in fulcris, capita asellorum vite alligata habuerunt, significantes vini suavitatem invenisse.*

(La leçon *vite* n'est qu'une conjecture d'Henninius : tous les manuscrits portent *vile*, qui offre un sens plus clair, et qu'il ne faut pas changer sans nécessité. J. P.)

23. *Incliné sur le sommet du casque*, etc., v. 107. Mars servait de cimier, et son attitude était menaçante; c'est ce que signifie *pendentisque dei*. Quant au cimier, c'est l'ornement placé au haut d'un casque. Hérodote en attribue l'invention aux Cariens. Les anciens en portaient pour inspirer la terreur à leurs ennemis. On en portait aussi par superstition, comme Tacite le dit des Æstyens, peuples voisins de la mer Baltique. Plutarque (*Vie de Pyrrhus*) dit que ce prince portait pour cimier un grand panache et des cornes de bouc, etc.

Ne pourrait-on pas reprocher à Juvénal de s'être trop complu dans la description de ce casque? Premièrement, il n'est pas vraisemblable que les Romains eussent alors des artistes capables de grouper tant de figures; secondement, si le soldat était assez grossier pour être insensible aux arts de la Grèce, pouvait-il s'intéresser beaucoup plus aux arts du Latium, en supposant qu'ils existassent? Mais il ne faut pas tant scruter les poètes, dont le premier mérite est de parler à l'imagination.

24. *C'est sur des plats de Toscane qu'était servie la farine bouillie : le peu d'argent que chacun possédait*, etc., v. 108. Dans l'édition de Dusaulx, comme dans la plupart des éditions modernes, on a interverti l'ordre des deux vers *Ponebant igitur Tusco farrata catino*, et *Argenti quod erat, solis fulgebat in armis*, comme si l'enchaînement des idées exigeait cette correction. Mais, si je ne me trompe, l'ancienne leçon donne au style plus de variété et d'élégance, et n'est pas moins conforme à la liaison des idées : on en jugera par la traduction littérale que je propose. J. P.

« Philopœmen, dit Plutarque, fit servir l'or et l'argent à décorer les armes. La somptuosité de toutes les autres choses, ajoute-t-il, engendre le luxe et la mollesse ; au lieu que la magnificence dans tout ce qui concerne la guerre, fortifie le cœur et l'anime. C'est ainsi qu'Homère feint qu'Achille, dès que sa mère eut mis à ses pieds les belles armes récemment fabriquées par Vulcain, n'y eut pas plutôt jeté la vue, qu'il brûla d'impatience de s'en servir. » (*Vie de Philopœmen*.)

25. *Une voix céleste, entendue dans Rome au milieu de la nuit.* v. 112. Voici comment Plutarque raconte ce fait dans la Vie de Camille : « Un certain personnage, appelé Marcus Céditius, qui n'était pas d'une famille noble, ni du corps du sénat, mais d'une naissance honnête et homme de bien, avertit les tribuns de l'armée d'une chose digne de considération. Il leur dit que la veille, comme il marchait seul, pendant la nuit, dans la rue Neuve, il entendit quelqu'un qui l'appelait à haute voix, et que, s'étant retourné, il n'avait vu personne ; mais qu'il avait entendu une voix qui était plus forte que celle d'un homme, et qui lui dit : Marcus Céditius, dépêche-toi dès le point du jour d'aller dire aux tribuns de l'armée qu'ils attendent bientôt les Gaulois. Cet avertissement ne fut pour les tribuns qu'un sujet de risée. » Traduction de Dacier.

His monuit nos. Je défie de faire la construction de ce vers avec les trois précédens, en conservant *his*. Quelques éditeurs l'ont bien senti, puisqu'ils ont mis le point après *peragentibus*, ce qui rend les deux phrases imparfaites. Si les manuscrits de la bibliothèque du roi n'étaient pas empilés, parce qu'on refait les planchers de la salle qui les contient, je trouverais peut-être *admonuit nos*, au moyen de quoi il n'y aurait plus de difficultés, comme on peut le voir dans cette glose : *Templorum quoque majestas præsentior (tunc erat), et Gallis ab Oceani litore venientibus, vox, dis ipsis officium vatis peragentibus, nocte fere media mediamque audita per urbem, admonuit nos.* Je propose seulement cette correction ; car je me suis promis de ne jamais changer le texte sans autorités.

(*His monuit nos* est pour *de his nos monuit*, et *de his* se rapporte à *Gallis venientibus*. On sent que la phrase ne pouvait se passer d'un pronom qui rappelât la circonstance énoncée dans le vers précédent : *Templorum quoque majestas præsentior, et, Gallis venientibus ab Oceani litore, vox mediam per urbem audita, nocte fere media, deis officium vatis peragentibus, nos de his* (nempe *de Gallorum adventu*) *admonuit.* La construction est-elle donc si difficile, qu'il faille hasarder des conjectures que les manuscrits nous interdisent ? J. P.)

26. *Les tables*, etc. v. 117. *Voy.* sat. 1, note sur le v. 137.

27. *Syène*, etc. v. 124. Cette île, située aux confins de l'Éthiopie, avait, selon Strabon, cent mille pas de circonférence. Le même auteur, ainsi qu'Hérodote et Pline, l'appelle *Elephantina* ou *Elephantides*, parce qu'il y avait beaucoup d'éléphans. Comme elle servait de passage pour aller en Égypte, on l'appela *Porta*.

28. *C'est là ce qui aiguise leur appétit et irrite leur estomac*, v. 127. Les anciennes éditions et tous les manuscrits de Paris portent *bilis*, dont *vires*, adopté par Dusaulx, n'est sans doute que l'explication et la glose. *Bilis stomachi* est bien dans la manière de Juvénal, et n'a d'ailleurs rien d'étrange. On a dit *exæstuat stomachus*, et *bilis* exprime, sans plus de hardiesse, la même idée qu'*exæstuat*. J. P.

29. *Une table à pieds d'argent est pour eux*, etc., v. 128. Il est remarquable que l'ivoire fût alors plus estimé que l'argent.

30. *Le plus expert des élèves*, etc., v. 136. *Pergulæ* étaient des espèces de portiques où les artistes exposaient leurs ouvrages, et

où les rhéteurs donnaient des leçons. Vopiscus dit (*Vita Saturn.*): *Nam in Africa rhetoricœ operam dederat, Romœ frequentaverat pergulas magistrales.* On voit que Juvénal a employé ironiquement le mot *pergula*, qu'il n'est pas possible de conserver dans la traduction.

31. *La gazelle d'Égypte*, etc., *la chèvre de Gétulie*, v. 138. J'ai traduit *pygargus* et *Getulus oryx* sur la parole des commentateurs, et sans explication : c'est qu'alors je ne possédais pas l'immense trésor d'érudition que nous devons à M. Larcher. Je trouve dans ses notes sur Hérodote, liv. IV, qu'Aristote met le pygargus au rang des oiseaux de proie, et le regarde comme une espèce d'aigle. Mais Hérodote, n'en parlant qu'à l'occasion des quadrupèdes, témoigne assez qu'il n'est pas de cet avis. Pline en fait aussi mention dans un chapitre où il n'est question que de quadrupèdes. Il est donc vraisemblable que c'en est un : *Sunt et damœ, et pygargi, et strepsicerotes, multaque alia haud dissimilia* (lib. VIII, cap. 53). Le père Hardouin fait du pygargus une espèce de chevreuil.

Passons à l'oryx. Pline assure que cet animal n'a qu'une corne, *unicorne et bisulcum oryx* (*Hist. Nat.*, lib. XI, cap. 46). Mais Oppien (*Cynegetic.*, lib. II), qui en avait vu, dit le contraire. Aristote (*de Partib. animal.*, lib. III, cap. 2) range l'oryx dans la classe des animaux qui n'ont qu'une corne : peut-être que ce philosophe n'en a parlé que sur le témoignage d'autrui. Bochard (*Hierozoic.*, lib. III, cap. 27) ne croyait pas que l'oryx fût la gazelle. Mais parmi toutes les espèces décrites par M. de Buffon, tome XII, on ne sait à laquelle s'arrêter. Au reste, ajoute M. Larcher, l'oryx d'Oppien est un animal terrible ; ce qui me fait douter que ce soit en effet une espèce de gazelle.

32. *Et dont le souper de bois fait retentir tout le quartier de Suburre*, v. 141. Grangæus, par *ulmea cœna*, n'entend pas, comme tous les interprètes, la représentation en bois des animaux que l'on apprenait à découper : il entend les verges dont on châtiait les maladroits ; et cela, dit-il, parce que tout le monde sait que les esclaves étaient battus de verges. Mais que signifie le fer émoussé dont parle notre auteur ? Au reste ce passage est purement conjectural.

33. *Poule d'Afrique*, etc., v. 142. *Avis Afra*, autrement dite *gallina numidica*, est ce que nous appelons une pintade. Pétrone en fait mention, page 580 :

> Ales phasiacis petita Colchis,
> Atque Afræ volucres placent palato, etc..

34. *Il ne connaît que la tranche de viande grillée*, etc., v. 144. Les tranches de porc salé, ou de toute autre viande, même fraîche, que l'on passait à la poêle, ou que l'on faisait cuire sur le gril, s'appelaient *ofellæ*. Selon Martial (lib. x, epigr. 48), il ne fallait pas être fort habile pour les préparer :

> Et, quæ non egeant ferro structoris, ofellæ.

(Dusaulx avait traduit, *instruit à couper sans façon quelques morceaux de viande*, ce qui offre un sens fort clair ; mais peut-on entendre ainsi *exiguæ frustis imbutus ofellæ* ? Je ne dois pas cacher que les meilleurs textes portent *furtis*, au lieu de *frustis*. L'ancien scoliaste et Ruperti, adoptant *furtis*, expliquent ainsi la phrase : *Rudis servulus noster non novit scite, solerter subducere (pro rapere, furari) partes delicatiores ciborum*, etc. Mais n'est-il pas probable, d'après les idées qui précèdent *nec structor erit*, etc., que Juvénal veut parler de l'ignorance de son esclave, qui ne sait ni enlever une aile de poulet, ni lever un filet de chevreuil ? Reste la difficulté de bien adapter à ce sens le vers *exiguæ frustis imbutus ofellæ*. Je l'ai traduit un peu vaguement, de manière à conserver la liaison des idées sans trop m'écarter du latin. J. P.)

35. *Marchand d'esclaves*, v. 148. Le commerce des esclaves et de leurs enfans fut toujours permis à Rome. Ceux qui vendaient un esclave étaient obligés de le garantir, et d'exposer ses défauts corporels aussi bien que ceux de son caractère. Il fut même ordonné par les édiles que, quand on mènerait un esclave au marché, on lui attacherait un écriteau, sur lequel toutes ses bonnes et mauvaises qualités seraient marquées. A l'égard de ceux qui venaient des pays étrangers, comme on ne les connaissait pas assez pour les garantir, on les exposait pieds et mains liés dans le marché,

ce qui annonçait que le maître n'en répondait point. Les marchands d'hommes ne s'appelaient pas *mercatores*, mais *mangones*, de *manu* et *ago*, parce qu'ils ornaient leurs esclaves afin de les mieux vendre : de-là le verbe *mangonisare*, pour dire, farder sa marchandise.

36. *Mes deux esclaves*, v. 149. *Cuncti* peut se dire de deux comme d'un plus grand nombre : ne trouvons-nous pas *omnes* pour *duo ?* Cic., *pro Mur.* c. 15 : *Perfecta ab Lucullo hæc sunt omnia, ut urbs fidelissimorum sociorum defenderetur, et omnes copiæ regis diuturnitate obsidionis consumerentur.* Varron a même joint *omnes* à *singuli*, Deling. lat. cap. 4 : *Harum analogiarum primam sequi debet populus, secundam omnes singuli e populo, tertiam poetæ.* Voyez la note suivante.
J. P.

37. *Celui-ci soupire après sa mère*, etc., 152. Ruperti place un point après *bubulci*, et supprime celui qui se trouve après *hædos*. *Suspirat* a pour sujet, selon lui, *ingenui vultus puer* ; c'est un troisième esclave que se donne Juvénal. Mais, outre que deux esclaves suffisent à un homme dont la table est si frugale et dont les goûts sont si modestes, je vois que l'un des deux premiers serviteurs *plebeios calices porrigit*, et que le troisième, selon l'opinion du savant commentateur, *dat vina* : ce seraient donc deux esclaves pour les mêmes fonctions. Enfin, *Suspirat matrem ingenui vultus puer* se traduit difficilement par, *J'ai un troisième esclave qui soupire après sa mère*, etc. Le tour seul de la phrase latine semble indiquer que *ingenui vultus puer* se rapporte, comme attribut, à un des esclaves dont il a été déjà parlé, au fils du bouvier.
J. P.

38. *Il ne porte point aux bains une voix enrouée, d'énormes testicules, et des aisselles épilées*, v. 156. Les signes prématurés de la virilité sont des effets ordinaires du libertinage. Quand aux *aisselles épilées*, qu'on me permette de recourir à l'explication latine de M. Achaintre : « Alas, vel earum pilos dropace vel volsellis
« vellendos nondum præbuit, ne fœteant oleantque hircum : nam
« per ætatem illi pili non creverant adhuc. *Alæ grandes* virilitatis
« erant indicium. Ita, non ei ante ætatem orti sunt pili sub alis,

« qui solent fruticari iis, qui ante legitimam ætatem viri fiunt.
« Qui autem in balneis *alas* vellebant, *alipili* dicebantur. »

J. P.

39. *Que de jeunes Espagnoles viennent nous provoquer par leurs chants lascifs*, etc., v. 163. On trouve dans quelques éditions *Gaditana canoro Incipiant prurire choro*, etc., et dans ce cas on sous-entend le mot *cantica* : mais peut-on dire *Gaditana cantica pruriunt*, pour *prurire faciunt* ? Je sais qu'on lit dans Martial : *Lex hæc carminibus data est jocosis, ne possint, nisi pruriant, juvare;* ce qui ne prouve rien; car c'est la suite d'une métaphore soutenue dans toute cette épigramme, où l'on voit que l'auteur *etiam suis libellis mentulam tribuit*. La leçon que j'ai suivie ne vaut guère mieux, quoique généralement adoptée : cependant, en y changeant un mot, on la rétablit d'une manière satisfaisante. Markland (sur Stace, page 72) veut que l'on écrive *proeire*, au lieu de *prurire*. *Gaditana puella proeit* : une d'entre elles chante une chanson lascive ; les autres dansent en répétant le refrain de cette chanson, c'est pourquoi elles sont appelées *chorus canorus*.

Je n'ai qu'une remarque à faire sur cette belle correction, c'est qu'en général la préposition *proe* est brève dans les mots composés où elle est suivie d'une voyelle : mais il est probable qu'un homme aussi savant que Markland ne manquait pas d'autorités à cet égard ; du moins est-il sûr que Stace, contemporain de Juvénal, à fait la première syllabe longue dans *proeiret*.

40. *Imaginées pour réveiller la vivacité des désirs dans les sens assoupis de nos riches énervés*, v. 165. Dusaulx avait lu *artes* au lieu de *acres*, et cela parce que *irritamentum Veneris languentis* et *acres divitis urticæ* expriment la même idée. Est-il donc si rare que les poètes reproduisent leur pensée plusieurs fois et sous des formes variées ? *Acres urticæ* est une expression pleine d'énergie, qu'il faut se garder de changer. Voici la note de Dusaulx. J. P.

Le texte est évidemment corrompu dans cet endroit. Ceux qui expliquent *acres divitis urticæ* par « de puissans aiguillons », auraient dû s'apercevoir qu'*irritamentum Veneris languentis* signifie la même chose. Mais expliquons ces mots. *Urtica* veut dire *libido*, comme dans la satire 2, vers 128 :

>..................... Unde
>Hæc tetigit, Gradive, tuos urtica nepotes ?

Urtica dives est donc mis ici pour *divitum libido*. Markland, dans sa lettre à M. H. Hare, a prouvé qu'au lieu d'*acres* il faut mettre *artes* : cette dernière expression est familière à Juvénal. On verra plus bas, vers 171 :

>.................... Ille fruatur
>Vocibus obscenis, omnique libidinis arte.

Et satire 8, vers 223, on a vu

>Hæc opera, atque hæ sunt gene.osi principis artes.

J'ai traduit en conséquence de cette correction, mais sans changer le texte.

41. *L'autre sexe, néanmoins, les remue davantage*, etc., v. 166. Ce passage, très-satirique, n'a été bien expliqué que par Henninius dans ses notes sur Juvénal, page 964. Il est évident que *alterius sexus*, mis en opposition avec *probatæ puellæ*, doit s'entendre du sexe masculin. Les riches, comme on le voit dans Aulugelle (*Noct. Att.* XIX, 9), faisaient apprendre la musique, la danse et d'autres arts d'agrément à des jeunes gens qui servaient à leurs infâmes plaisirs.

42. *Qui, rejetant les vins dont leur estomac est rempli, salissent des parvis de marbre*, v. 173. Il s'agit ici, selon Scaliger (note sur Manilius, page 412 de l'édition de Strasbourg), de planchers en mosaïque, c'est-à-dire, de morceaux de marbre taillés en rond. Saumaise (notes sur l'Hist. d'Aug., pag. 160, de l'édition de Paris) entend par *Lacedæmonium orbem* une table ou buffet de marbre, parce que, dit-il, si Juvénal avait voulu désigner une mosaïque, il aurait mis *qui Lacedæmonios pytismate lubricat orbes*. Malgré cette remarque, j'ai suivi l'explication de Scaliger, parce que les buffets de marbre, comme je l'ai déjà observé dans la note sur le vers 203 de la satire 3, étaient très-communs et dédaignés par les riches, au lieu que les mosaïques annonçaient l'opulence

de ceux dont parle Juvénal. Voici un passage d'Horace (lib. II,
od. 14) qui a beaucoup de rapport à celui que nous examinons:

> Absumet heres cæcuba dignior
> Servata centum clavibus; et mero
> Tinget pavimentum superbo
> Pontificum potiore cœnis.

Dans plusieurs manuscrits on trouve *pavimentum superbum*.

(J'ai encore entendu *pytismate* autrement que Dusaulx. Il a
déjà été parlé de cette infâme habitude des Romains de boire
et de vomir, pour nettoyer leur estomac et exciter leur appétit
(*voyez* satire 6, v. 426 et suiv.). *Pytisma* par son étymologie,
πύτισμα, πτύειν, *exspuere*, se prête fort bien à cette interprétation. Les commentateurs, qui créent souvent des difficultés
pour faire ensuite les ingénieux et prouver leur sagacité, ont
mieux aimé changer *pytismate* en *pitilismate*, *pedemate*, *pireismate*,
petteumate, *poppysmate*, *pygysmate*, que d'expliquer si naturellement la leçon des manuscrits. J. P.)

43. *Oublie ta maison, la maladresse et l'infidélité de tes esclaves:
oublie surtout l'ingratitude de tes amis*, v. 189. Je n'ai guère insisté sur les beautés de détail dont brillent presque toutes ces
satires, parce que la plupart de ces beautés sont trop frappantes,
trop palpables, et que d'ailleurs presque tous les vers de Juvénal
ont servi et servent encore d'épigraphes : mais il lance quelquefois des traits si déliés, et avec tant de rapidité, qu'il est bon
d'en avertir et de les faire remarquer en passant.

Lorsque Sénèque, Épictète et Marc-Aurèle nous demandent
combien, par les services rendus à nos semblables, nous avons
déjà fait d'ingrats sans en être affectés, ils témoignent assez qu'ils
ne connaissent rien sur la terre de plus révoltant que l'ingratitude, et qu'il ne faut pas moins qu'une sagesse consommée pour
supporter ce vice, contre lequel la nature entière se soulève avec
d'autant plus d'indignation, que l'on n'a pas encore trouvé le
moyen de le réprimer par des lois positives. Mais il n'était pas
fait, ce vice anti-social, pour échapper à la censure de Juvénal.
J'ai d'abord été surpris qu'il s'en soit tenu à quelques paroles,
foudroyantes, il est vrai, par la place qu'elles occupent et le

résultat qu'elles offrent à l'esprit. Pourquoi, me disais-je, n'y est-il pas revenu? car ce sujet en valait la peine.

S'il est vrai, comme je l'ai dit, qu'il eût dès son début envisagé toute la circonférence de l'horizon moral, il lui suffirait d'avoir semé dans sa vaste carrière les germes de tous les sujets que, dans son genre, il était possible de traiter, d'autant plus intéressant, qu'en développant moins il allait plus vite, et donnait plus à penser. Mais il est une autre considération plus décisive. Après ce coup de foudre contre l'ingratitude,

. . . . Ingratos ante omnia pone sodales,

Juvénal n'avait rien de mieux à faire que de garder désormais le silence sur un vice qu'il avait si complètement flétri. Quand un trait vraiment caractéristique vaut une satire entière, il faut bien se garder d'y rien ajouter : car c'est ainsi que tant d'auteurs se sont appauvris au lieu de s'enrichir.

44. *Le signal est donné*, etc., v. 191. *Megalesiacæ spectacula mappæ*, etc., signifie que le signal de ces jeux appelés Mégalésiens, et dont j'ai parlé satire 6, vers 69, était donné avec une serviette que l'on suspendait dans le cirque. Voici, selon Cassiodore (lib. III, epist. 51), l'origine de cet usage. Un jour le peuple témoigna beaucoup d'impatience de ce que Néron retardait la fête, en restant trop long-temps à table : ce prince, pour avertir qu'on allait commencer, fit jeter sa serviette par la fenêtre; et depuis on employa une serviette pour annoncer ces jeux. M. l'abbé Brotier vient de prouver, dans un Mémoire sur les cirques anciens, lu à l'Académie des Inscriptions et Belles-Lettres, en juin 1781, que l'origine de cet usage remonte bien plus haut.

45. *Que ses chevaux ont ruiné*, v. 193. L'article des chevaux était le plus cher. On a vu (satire 1, vers 59) combien ils étaient ruineux pour ceux qui en avaient la manie :

Qui bona donavit præsepibus, et caret omni
Majorum censu, etc.

Gronovius le père a très-bien prouvé qu'il fallait écrire ici *præda caballorum*, et non pas *prædo*, etc., comme la plupart des éditeurs.

46. *Est assis sur son char en triomphateur*, etc., v. 193. On a vu (satire 10, vers 36) que le préteur présidait aux jeux, monté sur un char, et revêtu des ornemens du triomphe :

> Quid, si vidisset prætorem in curribus altis
> Exstantem, et medio sublimem in pulvere circi,
> In tunica Jovis?

47. *Un peuple trop nombreux*, v. 194. Juvénal croyait, avec presque tous les philosophes, que trop d'hommes entassés dans une ville se corrompent tôt ou tard par la fréquentation et le contact, tant au physique qu'au moral. — « Les philosophes et les législateurs grecs, dit le savant Barthélemy, persuadés qu'une grande population n'est qu'un moyen d'augmenter les richesses et de perpétuer les guerres, loin de la favoriser, ne se sont occupés que du moyen d'en prévenir l'excès. Les premiers ne mettent pas assez de prix à la vie, pour croire qu'il soit nécessaire de multiplier l'espèce humaine. Les seconds, ne portant leur attention que sur un petit état, ont toujours craint de le surcharger d'habitans qui l'épuiseraient bientôt. » (*Voyage du jeune Anacharsis*, tome II, in-8°., page 371.)

48. *J'en conclus que la faction verte triomphe*, v. 196. Les Romains donnaient le nom de factions aux différentes troupes ou quadrilles de combattans qui couraient sur des chars dans les jeux du cirque. Il y en avait quatre principales, distinguées par autant de couleurs, le vert, le bleu, le rouge et le blanc. L'empereur Domitien y en ajouta deux autres, la pourpre et la dorée, dénomination prise de l'étoffe ou de l'ornement des casaques qu'elles portaient : mais elles ne subsistèrent pas plus d'un siècle. Le nombre des factions fut réduit aux quatre anciennes dans les spectacles. La faveur des empereurs et celle du peuple se partageaient entre les factions ; chacune avait ses partisans. Caligula fut pour la faction verte, et Vitellius pour la bleue. Il résulta quelquefois de grands désordres de l'intérêt trop vif que les spectateurs prirent à ces factions. Sous Justinien, une guerre sanglante n'eût pas fait plus de ravages ; il y eut quarante mille hommes tués pour

les factions verte et bleue. Ce terrible événement fit supprimer le nom de factions dans les jeux du cirque.

49. *Ce qu'on rougirait de raconter en leur présence*, v. 202. Gulielmus Canterus (*Novar. lect.*, III, cap. 6) prétend que ce vers et le précédent ont été transposés par les copistes, et qu'il faut les reporter immédiatement après le vers 164 de cette satire. La raison qu'il en donne, c'est que les jeux du cirque n'étaient pas obscènes. Cette raison me paraît insuffisante, car il est vraisemblable que, du temps de Juvénal, il s'y passait bien des choses déshonnêtes. D'ailleurs, on a déjà vu (satire 3, vers 65) que les courtisanes infectaient le cirque :

. . . . Ad circum jussas prostare puellas.

50. *Aux rayons du soleil d'avril*, etc., v. 203. C'est ainsi qu'il faut traduire *vernum solem*; car la fête dont il s'agit commençait la veille des nones d'avril, comme on le voit par les anciens calendriers.

51. *Quoique nous ne soyons encore qu'à la cinquième heure, tu peux sans honte te présenter aux bains*, etc., v. 204. Les affaires à Rome ne finissaient qu'à six heures du soir ; et ceux qui conservaient l'ancien usage ne se baignaient point avant cette heure. *Voyez* satire 1, note 39.

In quintam varios extendit Roma labores:
Sexta quies lassis, septima finis erit.
MARTIAL.

(C'est par inadvertance que Dusaulx avait traduit *quanquam solida hora supersit ad sextam* par *quoiqu'il ne soit que cinq heures.* Tout le monde sait que la cinquième heure du jour chez les Romains répond, chez nous, à onze heures du matin. Dusaulx, après avoir commis cette erreur dans sa version, la reproduit et la justifie assez mal dans sa note : car il renvoie à la note 39 de la première satire, où il est dit qu'on ouvrait les bains à deux ou trois heures après midi, ce qui est en effet confirmé par plusieurs passages des auteurs latins (PLINE LE JEUNE, III, 1; et MARTIAL, x, 48.) Il faut croire, d'après le vers de Juvénal, qu'on pouvait devancer cette heure les jours de fête. *Voyez*, au reste, sur la durée inégale des heures romaines, la note 74 (IIIe liv.) de notre édition de Pline le Jeune. J. P.)

SATIRA XII.

Catulli Reditus.

Natali, Corvine, die mihi dulcior hæc lux,
Qua festus promissa deis animalia cespes
Exspectat. Niveam reginæ ducimus agnam;
Par vellus dabitur pugnanti Gorgone Maura.
Sed procul extensum petulans quatit hostia funem,
Tarpeio servata Jovi, frontemque coruscat:
Quippe ferox vitulus, templis maturus et aræ,
Spargendusque mero, quem jam pudet ubera matris
Ducere, qui vexat nascenti robora cornu.

Si res ampla domi similisque affectibus esset,
Pinguior Hispulla traheretur taurus, et ipsa
Mole piger, nec finitima nutritus in herba,
Læta sed ostendens Clitumni pascua sanguis
Iret, et a grandi cervix ferienda ministro,
Ob reditum trepidantis adhuc horrendaque passi
Nuper, et incolumem sese mirantis amici.
Nam præter pelagi casus, et fulguris ictum
Evasi, densæ cœlum abscondere tenebræ
Nube una, subitusque antennas impulit ignis,
Quum se quisque illo percussum crederet, et mox

SATIRE XII.

Retour de Catulle[1].

Ce jour, Corvinus, m'est plus cher que celui de ma naissance[2] : comme aux jours de fête, l'autel de gazon attend les victimes que j'ai promises aux dieux; j'immole[3] une brebis blanche à la reine du ciel, une autre de même couleur à la déesse qui porte dans les combats la tête de Méduse[4]. Je réserve à Jupiter Tarpéien un jeune taureau, qui, dans son ardeur pétulante, secoue impatiemment la corde qui le retient : son front est menaçant; déjà digne du temple, de l'autel et des libations[5], ce fier animal, dédaignant les mamelles de sa mère, essaie sur le tronc des arbres ses cornes naissantes.

Si j'étais riche, si ma fortune répondait à mon affection, je ferais traîner aux autels un taureau plus gras qu'Hispulla[6], et dont le poids retarderait la marche. Les pâturages voisins ne l'auraient point nourri : son sang en coulant témoignerait qu'il a brouté les riantes prairies arrosées par le Clitumne[7], et, pour frapper sa tête, il faudrait le plus robuste de nos victimaires. Voilà par quel sacrifice je célébrerais le retour d'un ami, frémissant lui-même encore des affreux dangers qu'il a courus, et surpris d'y avoir échappé. Et ce n'est pas seulement des périls de la mer et des éclats de la foudre qu'il a été préservé : un nuage avait répandu sur l'horizon d'épaisses

Attonitus nullum conferri posse putaret
Naufragium velis ardentibus. Omnia fiunt
Talia, tam graviter, si quando poetica surgit
Tempestas. Genus ecce aliud discriminis : audi
Et miserere iterum, quanquam sint cætera sortis
Ejusdem, pars dira quidem, sed cognita multis,
Et quam votiva testantur fana tabella
Plurima : pictores quis nescit ab Iside pasci ?
Accidit et nostro similis fortuna Catullo.

Quum plenus fluctu medius foret alveus, et jam,
Alternum puppis latus evertentibus undis
Arboris incertæ, nullam prudentia cani
Rectoris conferret opem, decidere jactu
Cœpit cum ventis, imitatus castora, qui se
Eunuchum ipse facit, cupiens evadere damno
Testiculi; adeo medicatum intelligit inguen!
Fundite, quæ mea sunt, dicebat, cuncta, Catullus,
Præcipitare volens etiam pulcherrima, vestem
Purpuream, teneris quoque Mæcenatibus aptam,
Atque alias, quarum generosi graminis ipsum
Infecit natura pecus, sed et egregius fons
Viribus occultis, et Bæticus adjuvat aer.
Ille nec argentum dubitabat mittere, lances
Parthenio factas, urnæ cratera capacem,
Et dignum sitiente Pholo, vel conjuge Fusci.

SATIRE XII.

ténèbres, et dérobé la lumière des cieux : un feu subit avait embrasé les antennes [8]. Chacun, dans sa terreur, se croyant frappé du même coup, eût trouvé le plus terrible naufrage moins redoutable que l'incendie. Que te dirai-je? une tempête poétique n'est pas plus effroyable [9]. Ce n'est pas tout : écoute, et compatis encore, quoique le reste n'ait rien de plus affreux, quoique l'exemple en soit commun, ainsi que l'attestent les tableaux votifs suspendus dans nos temples [10] : car, ne sait-on pas qu'Isis nourrit nos peintres [11] ? Notre Catulle, après tant d'autres, fut réduit à la dernière des extrémités.

Déjà l'onde amère remplissait à moitié le vaisseau; déjà les vagues irritées battaient les flancs de son navire flottant au gré des flots, et la science du vieux pilote n'était plus d'aucun secours. Alors, capitulant avec les vents, il jette à la mer ses effets les plus précieux, imitant le castor qui lui-même se fait eunuque [12], content d'échapper à ce prix; tant il connaît bien les propriétés de l'organe dont il se prive [13] ! Jetez tout ce qui m'appartient, s'écriait Catulle; et il voulait qu'on n'épargnât ni ses habits les plus précieux, ni sa robe de pourpre, digne de nos voluptueux Mécènes [14] : il sacrifiait jusqu'à ces rares tissus, colorés sur le dos des brebis par la vertu des pâturages, par la secrète influence des eaux et de l'air, dans l'heureux climat qu'arrose le Bétis [15]. Il n'hésite point à précipiter dans les flots son argenterie, ces plats magnifiques, ouvrage de Parthénius, ce cratère non moins ample qu'une urne [16], et capable de désaltérer un Pholus, ou l'épouse de Fuscus [17]; des bassins [18], des

Adde et bascaudas, et mille escaria, multum
Cælati, biberat quo callidus emptor Olynthi.

Sed quis nunc alius, qua mundi parte, quis audet
Argento præferre caput, rebusque salutem?
Non propter vitam faciunt patrimonia quidam,
Sed vitio cæci propter patrimonia vivunt.
Jactatur rerum utilium pars maxima; sed nec
Damna levant: tunc, adversis urgentibus, illuc
Recidit, ut malum ferro submitteret, ac se
Explicat angustum, discriminis ultima, quando
Præsidia afferimus, navem factura minorem.

I nunc, et ventis animam committe, dolato
Confisus ligno, digitis a morte remotus
Quatuor, aut septem, si sit latissima tæda!
Mox cum reticulis, et pane, et ventre lagenæ,
Aspice sumendas in tempestate secures.

Sed postquam jacuit planum mare, tempora postquam
Prospera vectoris, fatumque valentius Euro
Et pelago, postquam Parcæ meliora benigna
Pensa manu ducunt hilares, et staminis albi
Lanificæ, modica nec multum fortior aura
Ventus adest, inopi miserabilis arte cucurrit
Vestibus extensis, et, quod superaverat unum,
Velo prora suo. Jam deficientibus austris,
Spes vitæ cum sole redit; tum gratus Iulo,

vases sans nombre, des coupes ciselées, dans lesquelles avait bu le prince rusé qui paya la conquête d'Olynthe [19].

Quel autre dans l'univers oserait racheter sa vie aux dépens de ses richesses? La plupart des hommes n'amassent point pour vivre: aveuglés par la cupidité, ils ne vivent que pour amasser. Catulle jette presque tout à la mer. Au lieu de s'apaiser, la tempête redouble; et il est réduit, pour se tirer du péril qui le presse[20], à couper le mât de son navire. Il faut que le danger soit extrême, pour qu'on ne puisse espérer son salut qu'en mutilant son vaisseau.

Livrez-vous encore à la merci des vents sur un frêle navire: ne mettez entre la mort et vous que quatre doigts de distance, ou sept, si la planche est épaisse. Mais quand vous embarquerez vos provisions de pain et de vin, songez à la tempête, et munissez-vous de haches.

Enfin les flots courroucés s'aplanissent et promettent au pilote une course plus heureuse: le destin triomphe des Aquilons; et les Parques déridées blanchissent leurs fuseaux d'une trame favorable[21]. Un vent s'élève, presque aussi doux que l'haleine des zéphyrs. Le vaisseau délabré poursuit sa route à l'aide de quelques vêtemens étendus, et d'une seule voile qui restait à la proue. L'orage dissipé, l'espoir de la vie renaît avec les rayons du soleil. On découvre le sommet préféré par Iule à la ville de Lavinium, et qui a reçu son nom de cette laie blanche que les Troyens,

Atque novercali sedes praelata Lavino,
Conspicitur sublimis apex, cui candida nomen
Scrofa dedit, laetis Phrygibus mirabile sumen,
Et nunquam visis triginta clara mamillis.
Tandem intrat positas inclusa per aequora moles,
Tyrrhenamque Pharon, porrectaque brachia rursum,
Quae pelago occurrunt medio, longeque relinquunt
Italiam. Non sic igitur mirabere portus,
Quos natura dedit : sed trunca puppe magister
Interiora petit Baianae pervia cymbae.
Tunc, stagnante sinu, gaudent ibi vertice raso
Garrula securi narrare pericula nautae.

ITE igitur, pueri, linguis animisque faventes,
Sertaque delubris et farra imponite cultris,
Ac molles ornate focos glebamque virentem;
Jam sequar, et sacro, quod praestat, rite peracto,
Inde domum repetam, graciles ubi parva coronas
Accipiunt fragili simulacra nitentia cera.
Hic nostrum placabo Jovem, Laribusque paternis
Thura dabo, atque omnes violae jactabo colores.
Cuncta nitent : longos erexit janua ramos,
Et matutinis operitur festa lucernis.

NEC suspecta tibi sint haec, Corvine : Catullus,
Pro cujus reditu tot pono altaria, parvos

saisis de joie, trouvèrent en ce même lieu, allaitant trente marcassins[22]; prodige jusqu'alors inouï. Enfin, le vaisseau de Catulle, doublant le phare tyrrhénien, entre dans le port d'Ostie, dont les ouvrages, prolongés au delà du phare[23], enferment au loin les flots de la mer, et semblent fuir les rivages de l'Italie : les ports creusés par la nature sont moins admirables. Le pilote, avec son navire mutilé, gagne le fond de cette enceinte, où les barques même de Baïes seraient en sûreté. C'est là, qu'à l'abri du danger[24], la tête rasée[25], les matelots babillards se plaisent à raconter leurs périlleuses aventures.

Allons, esclaves, soyez attentifs, et qu'un silence religieux règne pendant le sacrifice[26] : ornez le temple de guirlandes; répandez la farine sur les couteaux sacrés, et que l'autel soit paré de gazon[27]. Je vous suis à l'instant. Dès que j'aurai rempli ce pieux devoir, selon le rit accoutumé, je reviendrai dans ma maison couronner de fleurs la cire fragile et luisante dont on forma les petits simulacres de mes pénates. Là, j'apaiserai le Jupiter qui protége mes foyers[28]; je ferai fumer l'encens en l'honneur de mes lares paternels, et je prodiguerai des violettes de toutes les nuances. Déjà ma maison resplendit de tous côtés : de longs rameaux couronnent ma porte[29], et les lampes allumées avant le point du jour[30] annoncent la fête que je prépare.

Que ces tendres témoignages, Corvinus, ne te soient point suspects. Catulle, dont je célèbre le retour par tant

Tres habet heredes. Libet exspectare, quis aegram,
Et claudentem oculos gallinam impendat amico
Tam sterili. Verum haec nimia est impensa : coturnix
Nulla unquam pro patre cadet. Sentire calorem
Si coepit locuples Gallita et Paccius orbi,
Legitime fixis vestitur tota libellis
Porticus; exsistunt, qui promittant hecatomben,
Quatenus hic non sunt nec venales elephanti,
Nec Latio, aut usquam sub nostro sidere talis
Bellua concipitur, sed furva gente petita.
Arboribus Rutulis et Turni pascitur agro
Caesaris armentum, nulli servire paratum
Privato : siquidem Tyrio parere solebant
Annibali, et nostris ducibus, regique Molosso
Horum majores, ac dorso ferre cohortes,
Partem aliquam belli, et euntem in praelia turrim.

Nulla igitur mora per Novium, mora nulla per Histrum
Pacuvium, quin illud ebur ducatur ad aras,
Et cadat ante lares Gallitae, victima sola
Tantis digna deis et captatoribus horum.
Alter enim, si concedas mactare, vovebit
De grege servorum magna et pulcherrima quaeque
Corpora; vel pueris et frontibus ancillarum
Imponet vittas; et, si qua est nubilis illi
Iphigenia domi, dabit hanc altaribus, etsi
Non speret tragicae furtiva piacula cervae.

de sacrifices, a trois héritiers. Trouve-m'en quelque autre qui, pour un ami si stérile, sacrifie seulement une poule malade [31] et presque mourante. Que dis-je, une poule ! il ne sacrifierait pas une caille pour le salut d'un père de famille. Que Paccius et Gallita, ces riches sans enfans [32], ressentent le moindre accès de fièvre, les portiques de nos temples sont aussitôt remplis de tablettes, dépositaires des vœux les plus ardens [33]. Il en est même qui vont jusqu'à promettre une hécatombe [34], faute d'éléphans : car on n'en vend point à Rome ; notre climat n'en a jamais vu naître : on les tire des contrées brûlées par le soleil, pour les nourrir aux dépens de César, dans les forêts des Rutules et dans les champs de Turnus. Nul citoyen n'a pu, jusqu'à présent, se dire le maître de ces fiers animaux, dont les ancêtres, soumis aux ordres d'Annibal, de Pyrrhus et de nos capitaines, portaient sur leur dos des cohortes entières, et des tours armées pour le combat [35].

Aussi Novius et Pacuvius, s'ils le pouvaient, ne tarderaient pas un moment à conduire un éléphant aux autels, et à faire tomber devant les lares de Gallita cette victime, seule digne de la divinité et de ses adorateurs [36]. Pacuvius, s'il était permis, dévouerait à la mort ses esclaves les plus beaux [37] ; lui-même attacherait les fatales bandelettes sur la tête des jeunes garçons et des femmes qui le servent. S'il avait une fille, il livrerait au couteau sacré cette nouvelle Iphigénie, quoiqu'il ne puisse espérer que, par un coup de théâtre, Diane vienne furtivement glisser une biche à sa place. Je l'approuve ; les mille

Laudo meum civem, nec comparo testamento
Mille rates: nam si Libitinam evaserit æger,
Delebit tabulas, inclusus carcere nassæ,
Post meritum sane mirandum, atque omnia soli
Forsan Pacuvio breviter dabit: ille superbus
Incedet, victis rivalibus. Ergo vides, quam
Grande operæ pretium faciat jugulata Mycenis.
Vivat Pacuvius, quæso, vel Nestora totum!
Possideat, quantum rapuit Nero, montibus aurum
Exæquet, nec amet quemquam, nec ametur ab ullo!

vaisseaux des Grecs ne valent pas un testament. Si Libitine[38] lâche sa proie, le riche patron, vrai poisson dans la nasse, épris d'un trait d'attachement si merveilleux, détruira peut-être le premier codicille, et d'un mot donnera tout à Pacuvius. Alors notre homme, marchant la tête haute, narguerait ses rivaux supplantés. Tu vois ce que peut rapporter une Iphigénie immolée à propos. Que Pacuvius vive; qu'il vive autant que Nestor! qu'il possède autant de richesses qu'en extorqua Néron[39]; qu'il ait des monts d'or; mais aussi qu'il n'aime personne, et que personne ne l'aime[40].

NOTES

SUR LA SATIRE XII.

1. ARGUMENT. Juvénal célèbre le retour de son ami Catulle, qui vient d'échapper sur mer aux plus grands dangers. Ce n'est point dans la vue d'un intérêt sordide qu'il a promis d'immoler des victimes; il n'obéit qu'aux sentimens de l'amitié, bien différent de ceux qui captent les successions.

Les principaux motifs de la plupart de ces dernières satires, sont, comme je l'ai déjà dit, empruntés des précédentes. Il est très-vraisemblable que Juvénal se proposait de féconder un jour les germes qu'il y avait semés; et cela, selon que l'à-propos et les conjonctures provoqueraient sa censure ou ses préceptes.

Si l'on m'objectait que j'aurais pu me dispenser de ces sortes de considérations, parce qu'en morale tout se tient; en convenant de la conséquence, je répondrais que la génération des idées, et les relations même indirectes qu'elles ont entre elles, ne sont point à dédaigner; quand il s'agit d'approfondir le caractère et de suivre la marche surtout d'un auteur ancien. Ainsi je continuerai jusqu'à la fin cette espèce de confrontation, dont me sauront gré, peut-être, les vrais amateurs de notre satirique.

On a dû remarquer plusieurs traits déjà lancés contre ceux qui, de son temps, trop fidèles imitateurs de la cupidité de leurs pères, continuaient à capter même les successions des citoyens subalternes : corbeaux avides, dit Sénèque, et qui ne voltigent qu'autour des cadavres. Cette honteuse cupidité, produite par le luxe, par l'extinction de tous les sentimens honnêtes, et qui appartient spécialement aux mœurs romaines, du moment qu'elles commencèrent à se corrompre, demandait de la part de Juvénal une attaque formelle. Mais comment s'y prendre contre un vice naturalisé, contre un vice tellement accrédité, que les empereurs eux-mêmes et les premiers de l'état, loin d'en rougir, se félicitaient des successions extorquées par la crainte ou le crédit? Pour amener son véritable sujet, Juvénal, comme dans la satire du turbot (tome I, satire 4), a recours à la fiction; c'est-à-dire que sous prétexte de célébrer le retour de son ami Catulle, il s'est ménagé l'occasion de châtier indirectement l'un des vices les plus abjects. Nous devons à cet innocent artifice, et nous y avons gagné, des sentimens sur l'amitié tendrement exprimés, la description d'une tempête merveilleusement assortie au genre satirique et d'autres détails assaisonnés de sel attique, qui prouvent que, malgré la gravité de son genre, il avait plus d'un ton, savait varier son style, enfin, qu'il aurait pu, comme un autre, sacrifier aux grâces.

2. *Ce jour m'est plus cher que celui de ma naissance*, v. 1. Horace, liv. IV, ode 11, a dit, *Sanctior dies pœne natali proprio.* J. P.

3. *J'immole*, etc., v. 3. On ne trouve, dit Nic. Heinsius (*Adversar.*, pag. 539), *cædimus agnam* que dans les manuscrits les moins anciens : les autres portent *ducimus*; et c'est le mot propre, le plus usité dans les sacrifices. D'ailleurs Juvénal parle ici de celui qu'il se propose de faire : *Animalia cespes exspectat — Par vellus dabitur,* etc. *Cædimus*, qui marque l'effusion du sang, ne saurait convenir ici.

4. *Une brebis blanche à la reine du ciel, une autre de la même couleur à la déesse qui porte dans les combats la tête de Méduse,* v. 3. Juvénal appelle simplement la première *regina*, « la reine par excellence. » Virgile la nomme *regina deum.* — *Pugnanti Gorgone maura* désigne l'une des trois Gorgones qui habitaient sur le mont Atlas en Mauritanie, et dont la guerrière Pallas portait la tête sur son égide :

> Gorgoneumque caput, turbatæ Palladis arma.
> VIRGIL.

(Au lieu de ce vers, je trouve dans l'Énéide, VIII, 435 :

> Ægidaque horrificam, turbatæ Palladis arma,
> Certatim squamis serpentum auroque polibant;
> Connexosque angues, ipsamque in pectore divæ
> Gorgona, desecto vertentem lumina collo........ J. P.)

5. *Libations*, v. 8. Les libations étaient une cérémonie qui se faisait dans les sacrifices, où le prêtre épanchait, en l'honneur de la divinité à laquelle il sacrifiait, du vin, du lait, ou quelque autre liqueur, après en avoir goûté lui-même. Mais les Grecs et les Romains employaient aussi les libations sans sacrifices dans plusieurs conjonctures très-fréquentes, comme dans les négociations, dans les traités, dans les mariages, dans les funérailles, lorsqu'ils entreprenaient un voyage, quelquefois en se couchant, en se levant, enfin très-souvent au commencement et à la fin des repas.

6. *Un taureau plus gras qu'Hispulla*, v. 11. Il n'aurait pas été digne d'un poète aussi grave que Juvénal de reprocher à cette femme son embonpoint excessif, si d'ailleurs elle n'avait pas été diffamée; mais on a vu (satire 6, vers 74) : *Hispulla tragœdo gaudet*, etc.

7. *Les riantes prairies arrosées par le Clitumne*, etc., v. 13. *Clitumnus*, maintenant *il Clitonno*, est une rivière de l'Ombrie, comme on le voit dans Properce (lib. III, eleg. 22) : *Clitumnus ab Umbro tramite*, etc. Cette rivière se jette dans une autre, appelée par les anciens *Tinia*, aujourd'hui *il Topino*, auprès de Bevagna, ville de l'Ombrie, autrefois Mevania; et celle-ci se joint au Tibre, auprès de Pérouse. Les taureaux et les génisses de cette partie de l'Ombrie, arrosée par le Clitonno, ont été célébrés par les poètes à cause de leur blancheur, qu'ils attribuaient communément à la qualité des eaux et des pâturages voisins. Properce (lib. II, eleg. 19) dit :

> Qua formosa suo Clitumnus flumina luco
> Integit, et niveos abluit unda boves.

Virgile (Georg. II, 145.) dit aussi :

> Hinc albi, Clitumne, greges, et maxima taurus
> Victima, sæpe tuo perfusi flumine sacro,
> Romanos ad templa deum duxere triumphos.

8. *Un feu subit avait embrasé les antennes*, v. 19. Ce feu ne venait pas de la foudre, puisque Juvénal a dit, *Præter fulguris ictum evasi*;

il venait de ce que nous appelons le feu Saint-Elme, que les anciens nommaient les feux ou les étoiles de Castor et Pollux. Pline (lib. II, cap. 37) dit que de son temps on ne connaissait pas encore la cause de ce météore funeste aux navigateurs : *Omnia incerta ratione, et in majestate naturæ abdita.* Mais un physicien de nos jours, l'illustre Franklin, ne permet plus de douter qu'il ne soit produit par le fluide électrique.

9. *Une tempête poétique*, etc., v. 23. Homère, dans l'Iliade et dans l'Odyssée ; Virgile, dans l'Énéide ; Lucain, dans la Pharsale ; Stace, dans la Thébaïde ; Ovide, dans ses Métamorphoses et dans ses Tristes ; enfin Valerius Flaccus, dans ses Argonautes, tous ont décrit des tempêtes.

10. *Ainsi que l'attestent les tableaux votifs suspendus dans nos temples*, v. 27. Ceux qui s'étaient sauvés du naufrage faisaient représenter leur aventure sur un tableau, qu'ils consacraient dans le temple du dieu à qui ils croyaient devoir leur salut, ou bien ils le portaient à leur cou, pour s'attirer la compassion et les secours du public. Les avocats employaient aussi ce moyen pour toucher les juges, en exposant aux yeux la misère de leurs parties et la cruauté de leurs ennemis. Enfin, ceux qui relevaient de quelque fâcheuse maladie, consacraient souvent un tableau au dieu à qui ils attribuaient leur guérison. Diagoras étant un jour dans un temple de Neptune, on lui montra plusieurs tableaux offerts par des personnes échappées du naufrage. Doutez-vous après cela, lui disait-on, de la puissance de ce dieu? — Je ne vois point ici, reprit-il, les tableaux de ceux qui ont péri malgré toutes leurs promesses.

11. *Ne sait-on pas qu'Isis nourrit nos peintres ?* v. 28. Le temple d'Isis, comme déesse de la navigation, devait être plus rempli que tout autre de ces tableaux votifs. Les Romains avaient emprunté des Égyptiens la fête du vaisseau : il y avait un jour marqué dans les fastes pour sa célébration. Ausone en parle en ces termes :

.... Adjiciam cultus, peregrinaque sacra,
Natalem Herculeum, vel ratis Isiacæ.

Le vaisseau d'Isis s'appelait *navigium Isidis* : après qu'il avait été lancé à l'eau, on revenait dans le temple d'Isis, où l'on faisait des vœux pour la prospérité de l'empereur, de l'empire et du peuple romain, ainsi que pour la conservation des navigateurs pendant le cours de l'année. Le reste du jour se passait en jeux, en processions et en réjouissances. *Voyez*, satire 6, la note sur le vers 489.

12. *Imitant le castor, qui lui-même se fait eunuque*, etc., v. 36. Nic. Heinsius nous assure (*Adversar.*, pag. 770; et dans ses notes sur Claudien, page 588) que les plus anciens manuscrits portent ici *testiculi* au lieu de *testiculorum*. Servius (lib. 1, Georg. v. 58) affirme la même chose. *Testiculorum*, qui a prévalu dans presque toutes les éditions, a été mis dans l'origine par des copistes qui ont cru que l'élision avait toujours lieu entre deux voyelles : cependant Juvénal fournit plusieurs fois l'exemple du contraire, comme dans le vers 26 de la satire 2 :

Si fur displiceat Verri, homicida Miloni.

Je n'ai pas osé, faute d'autorités, corriger dans le vers 148 de la satire précédente, *quisquam erit et magno* : quelques-uns écrivent *in magno*; il me paraît évident qu'il faut lire *quisquam erit magno*.

13. *Tant il connaît bien les propriétés de l'organe dont il se prive!* v. 36. Juvénal suit ici l'opinion de son temps; mais, du nôtre, il est prouvé que ce ne sont pas les testicules du castor qui contiennent ce qu'on appelle le *castoreum*. Ce que dit notre auteur a si peu de fondement, que les testicules de cet animal sont cachés dans les aines. *Voyez* l'Encyclopédie, article Castor.

14. *Ni sa robe de pourpre, digne de nos voluptueux Mécènes*, v. 38. Juvénal revient ici, pour la seconde fois, sur la mollesse du favori d'Auguste. Il a dit, satire 1, vers 66, en parlant d'un efféminé qui se faisait porter en litière par six esclaves :

Et multum referens de Mæcenate supino.

Mais il a célébré, dans une autre satire, sa bienfaisance et sa libéralité. Sénèque, plus rigoureux que notre satirique, a blâmé Mécène sans restriction : il lui reproche l'affectation de son langage, de sa parure, et de ce qu'il parcourait la ville en toge traînante. Il était accompagné, dit-il, de deux eunuques plus hommes que lui : *Spadones duo, magis tamen viri quam ipse.* SENEC., Epist. 114.

15. *Il sacrifiait jusqu'à ces rares tissus, colorés sur le dos des brebis par la vertu des pâturages, par la secrète influence des eaux et de l'air, dans l'heureux climat qu'arrose le Bétis,* v. 40. Le Bétis est un fleuve d'Espagne, maintenant appelé *Guadalquivir*; mot arabe, et qui signifie le grand fleuve.

Voyez la note 7e, où il s'agit du Clitumne. Sénèque, à cet égard, est entré dans un plus grand détail. « Il y a, dit-il, des fleuves qui ont des propriétés merveilleuses; les uns colorent la laine des brebis qui en boivent; leur toison, de noire qu'elle était, devient blanche en peu de temps, ou de blanche devient noire. On voit dans la Béotie, deux fleuves de cette espèce; l'un est appelé *melas*, noir, à cause de l'effet qu'il produit; et, quoique sortis du même lac, ils donnent tous les deux une teinture totalement opposée. On trouve aussi dans la Macédoine, au rapport de Théophraste, un fleuve où l'on amène les troupeaux dont on veut blanchir la toison. Après avoir bu quelque temps de cette eau, leur laine change entièrement. Si c'est d'une toison noire qu'on a besoin, on trouve encore une teinture qui ne coûte rien; il ne faut que conduire le troupeau sur le bord du Céron. D'autres auteurs parlent d'un fleuve de Galatie qui produit le même effet sur tous les quadrupèdes; d'un autre en Cappadoce, qui n'agit que sur les chevaux, dont le poil se parsème de taches blanches. » *Quæst. Natur.*, lib. III, chap. 25.

16. *Ce cratère non moins ample qu'une urne,* etc.; v. 44. Il s'agit ici d'une mesure de vin très-considérable. Le *cratère*, dit Méziriac dans son Commentaire sur la lettre de Briséis à Achille, était un grand vase dont les Grecs et les Latins ne se servaient point pour boire, mais dans lequel ils puisaient avec des coupes l'eau et le vin mêlés ensemble.

17. *Et capable de désaltérer un Pholus, ou l'épouse de Fuscus,* v. 45. Selon Stésichore et Diodore de Sicile (lib. V), le centaure

Pholus, dans le festin des centaures et des Lapithes, offrit à Hercule un grand vase rempli de vin, après l'avoir vidé lui-même. — *L'épouse de Fuscus.* Il a déjà été fait mention du mari, sat. 4, v. 112.

18. *Des bassins*, etc., v. 46. Ces cuvettes ou bassins, Juvénal les appelle *bascaudas;* ils venaient de chez les Bretons, qui prirent quelque temps après le nom d'Anglais. Martial (lib. XIV, epigr. 99) dit que les Romains faisaient tant de cas de ces cuvettes, qu'ils les imitèrent :

> Barbara de pictis veni bascauda Britannis;
> Sed me jam mavult dicere Roma suam.

Il est vraisemblable qu'on ne recherchait ces sortes de vases, que comme nous recherchons les bagatelles du Japon et de la Chine.

19. *Le prince rusé qui paya la conquête d'Olynthe*, v. 47. Cette ville de Thrace, selon Thucydide (lib. I), était située dans la péninsule de Pallène, entre les golfes de Thessalonique et de Torone. Lasthènes, corrompu par l'argent de Philippe, fils d'Amyntas, et père d'Alexandre, lui vendit Olynthe. Servius prétend que Virgile (*Æneid.*, lib. VI) avait en vue cette perfidie, lorsqu'il a dit :

> Vendidit hic auro patriam, dominumque potentem
> Imposuit, etc.

Mais d'où Philippe tirait-il de quoi corrompre les hommes et acheter des villes? Il ordonna de fouiller les mines que l'on avait ouvertes auprès du mont Pangée. Le succès répondit à son attente; et ce prince, qui auparavant ne possédait qu'une petite fiole qu'il plaçait la nuit sous son oreiller, se procura tous les ans plus de mille talens (cinq millions quatre cent mille livres). Diod. Sic., lib. XVI.

(Dusaulx avait traduit *qui marchandait Olynthe.* Philippe ne se contentait pas de marchander; il achetait et payait comptant ceux qu'il avait corrompus. C'est lui qui disait qu'une forteresse n'est pas imprenable, tant qu'un mulet chargé d'or peut y pénétrer. J. P.)

20. *Et il est réduit*, etc., v. 54. On lit dans plusieurs éditions *decidit*, afin que le vers y soit: voilà comme, en voulant corriger les auteurs, on les corrompt. *Recidit* est ici le mot propre : *Re in compositis est anceps.* Voyez Broukhusius sur Properce, page 456.

21. *Blanchissent leurs fuseaux d'une trame favorable*, v. 64. Quand un homme devait couler d'heureux jours, les Parques filaient pour lui la laine la plus blanche : l'écheveau de laine noire était, entre leurs mains, le symbole des malheurs et des disgrâces auxquels on était réservé sur la terre. On sait que la mythologie des anciens aimait à revêtir d'images sensibles les idées les plus abstraites. J. P.

22. *Allaitant trente marcassins*, etc., v. 74. Dans l'Énéide, Hélénus dit à Énée : « Quand vous verrez une laie blanche couchée, et trente marcassins autour d'elle, ce sera le terme de vos travaux et le lieu où vous bâtirez une ville. » *Voyez* volume 1, satire 6, note 42. *Clara triginta mamillis*, c'est-à-dire *porcellis* ; car Juvénal ne veut pas dire que cette laie eût trente mamelles.

23. *Dont les ouvrages, prolongés au delà du phare*, etc., v. 76. Suétone, dans la Vie de Claude (cap. XX), dit que le port d'Ostie fut entrepris et achevé sous le règne de Claude ; qu'on forma deux jetées qui s'étendirent à droite et à gauche, *circumducto dextra sinistraque brachio*; et qu'à l'entrée de ce port on établit un môle, dont on assura les fondations en y faisant couler bas un vaisseau, sur lequel on avait transporté d'Égypte à Rome un obélisque considérable. Sur les piles de ce môle, ajoute le même auteur, on construisit une tour élevée, à l'imitation du phare d'Alexandrie, et qui devait servir à diriger, pendant la nuit, la course des navigateurs.

Quelques-uns croient que *porrecta brachia rursus*, du vers 76, marque que les ouvrages du port d'Ostie avaient été augmentés par Trajan ; ils se trompent. *Rursus* signifie que ces ouvrages avaient été prolongés après coup, mais du temps de Claude, par delà la tour du phare, qui d'abord les terminait.

(Je crois que *rursum* ne signifie pas autre chose que *au delà du phare*. *Après coup*, comme Dusaulx l'a traduit, est un détail inutile à la description. Juvénal peint avec une exagération poétique les travaux immenses du port d'Ostie; c'est peu que la mer ait été renfermée entre des môles; les constructions ont encore été prolongées par delà les môles et le phare (*rursum porrecta*), loin de l'Italie et jusqu'au milieu de la mer. Je dois avertir que j'ai admis, avec Ruperti, *obcurrunt* au lieu de *currunt*; c'est une leçon autorisée par les manuscrits et qui me semble heureuse. *Obcurrunt*, dit le savant éditeur, *scilicet, quæ alto mari in cornua quasi coeunt*. J. P.)

24. *A l'abri du danger*, v. 80. La plupart des éditions présentent ainsi ce passage :

> Interiora petit Baianæ pervia cymbæ
> Tuti stagna sinus.

Je l'ai changé, avec M. Achaintre, d'après les manuscrits de Paris.   J. P.

25. *La tête rasée*, etc., v. 81. Le sacrifice des cheveux passait, chez les anciens, pour l'un des plus agréables qu'ils pussent offrir à leurs divinités. Les esclaves, prêts à être affranchis, se rasaient la tête, et en consacraient la dépouille à quelque dieu, comme un échange de la liberté qu'il leur accordait. Les matelots en faisaient autant, lorsque, échappés du naufrage, ils étaient de retour dans leur patrie : alors ils sacrifiaient à la mer, et couraient suspendre leurs vêtemens humides dans le temple de Neptune. *Voyez* ci-dessus la note 10. Il paraît encore, selon Pétrone, que les navigateurs se coupaient les cheveux pour conjurer la tempête : *Audio non licere cuiquam mortalium in nave nec ungues nec capillos deponere, nisi quum pelago ventus nascitur.*

26. *Soyez attentifs, et qu'un silence religieux règne pendant le sacrifice*, v. 83. Cette formule, *Favete linguis*, était usitée dans les sacrifices, et Sénèque (*de Vita beata*, cap. XXVI) nous apprend

ce qu'elle signifiait : *Hoc verbum non, ut plerique existimant, a favore trahitur ; sed imperatur silentium, ut rite peragi possit sacrum, nulla voce mala obstrepente.* Outre le silence, on recommandait l'attention, comme on le voit dans Ovide (*Fast.*, lib. 1) :

> Prospera lux oritur, linguisque animisque favete.

27. *Et que l'autel soit paré de gazon*, etc., v. 85. *Molles focos glebamque virentem*, ne signifie que l'autel de gazon ; c'est la figure appelée *endiadys*, figure par laquelle les poètes grecs et latins divisaient une même chose en deux parties pour l'ornement du vers ; comme dans *pateris libamus et auro*, c'est-à-dire, *pateris aureis*. Quant à *molles focos*, l'épithète *molles* se rapporte à l'encens qu'on brûlait sur l'autel, et cet encens pouvait être ainsi appelé, parce qu'il venait de l'Arabie, dont les peuples étaient fort amollis : *Molles sua thura Sabæi*, dit Virgile ; ou bien elle se rapporte au gazon nouveau dont cet autel était formé, comme dans Stace : *Sertis mollibus expleatur umbra*. Mais il paraît plus vraisemblable que Juvénal a dit *molles focos*, parce que l'autel était entouré de bandelettes :

> Affer aquam, et molli cinge hæc altaria vitta.
> Virgil., eclog. viii, v. 64.

28. *Là, j'apaiserai le Jupiter qui protége mes foyers*, etc., v. 89. Juvénal, ainsi que Properce, disent « notre », soit parce que Jupiter était regardé comme le premier dieu du Latium, soit parce que chaque Romain lui rendait un culte particulier et domestique :

> Ausa Jovi nostro latrantem opponere Anubin.
> Propert., lib. iii, eleg. ii.

29. *De longs rameaux couronnent ma porte*, etc., v. 91. Dans les fêtes solennelles, et dans les principales époques de la vie, ces rameaux étaient ordinairement de laurier : quelquefois on mettait à sa porte l'arbuste tout entier, comme on a vu satire 6, v. 79 :

> Ornentur postes et grandi janua lauro.

Et comme on peut le voir dans ces vers de Catulle :

> . . . . Namque ille tulit radicitus altas
> Fagos, ac recto proceras stipite laurus,
> Non sine nutanti platano, lentaque sorore
> Flammati Phaethontis, et aeria cyparisso.
> Hæc circum sedes late contexta locavit,
> Vestibulum ut molli velatum fronde vireret.

30. *Les lampes allumées avant le point du jour*, etc., v. 92. Juste-Lipse (*Elec.*, lib. I, cap. 3) a prouvé que ceux qui mettent *operatur* au lieu d'*operitur*, prêtent une absurdité à Juvénal. En effet, peut-on dire d'une porte que *sacris operatur?* Observez qu'il s'agit ici de *festa janua*. On voit dans Perse (sat. 5, vers 181), que les Romains mettaient des lampions sur leurs fenêtres :

> . . . . Unctaque fenestra
> Dispositæ pinguem nebulam vomuere lucernæ.

31. *Qui, pour un ami si stérile, sacrifie seulement*, etc., v. 96. Quelques-uns prennent pour une ironie l'épithète de « stérile » donnée à Catulle, qui avait trois petits héritiers : mais cette épithète signifie seulement que ceux qui captaient sa succession n'en pourraient plus rien tirer désormais. Ces sortes de gens à Rome avaient coutume de délaisser leurs plus anciens amis, lorsqu'ils se mariaient, et qu'il en résultait des enfans. Pétrone dit que les habitans de Crotone en usaient de même, et qu'un père de famille y était privé de tous les agrémens de la vie : *Omnibus prohibetur commodis; inter ignominiosos habitat.*

32. *Paccius et Gallita, ces riches sans enfans*, etc., v. 99. Tacite a parlé de Paccius Orphitus (mais il écrit Pactius), et de Gallita Cruspilina. Il dit de celle-ci : *Mox potens pecunia et orbitate; quæ bonis malisque temporibus juxta valent.* Pline le jeune observe qu'on rendait tant de soins à ceux qui n'avaient point d'enfans, qu'on avait trouvé le secret de dégoûter même d'un fils unique : *Plerisque etiam singulos filios orbitatis præmia graves faciunt.* Lib. IV, epist. 15.

33. *Sont aussitôt remplis de tablettes, dépositaires des vœux les plus ardens*, v. 100.) J'ai rétabli la leçon de tous les manuscrits, *libellis*, au lieu de *tabellis*. Les vœux des cliens étaient tracés sur des tablettes, que l'on suspendait aux murs des temples et aux statues des dieux. J. P.

34. *Hécatombe*, etc., v. 101. C'était un sacrifice de cent bœufs, selon la signification propre du mot : mais la dépense de ce sacrifice ayant paru trop forte, on se contenta bientôt d'immoler des animaux de moindre prix; et il paraît, par plusieurs passages des anciens auteurs, qu'on appela toujours hécatombe un sacrifice de cent bêtes de même espèce, comme cent chèvres, cent moutons, cent agneaux, cent truies; et si c'était un sacrifice impérial, dit Capitolin, on immolait cent lions, cent aigles. *Et cœtera hujusmodi animalia centena feriebantur.* Ce sacrifice de cent bêtes se faisait en même temps sur cent autels de gazon, et par cent sacrificateurs : cependant on n'offrait de tels sacrifices que dans des cas extraordinaires, quand quelque grand événement causait une joie publique ou une calamité générale.

« Théodoret, dit M. Larcher, reprochait aux Grecs leurs hécatombes et leurs chiliombes, c'est-à-dire leurs sacrifices de cent bœufs et de mille bœufs. Il ne se rappelait pas sans doute, qu'à la fête de la dédicace du temple de Jérusalem, Salomon immola vingt mille bœufs et cent vingt mille brebis; nombre qui paraîtrait incroyable, ajoute M. Larcher, s'il n'était pas consigné dans un livre que nous devons respecter. »

35. *Des cohortes entières, et des tours armées pour le combat*, v. 109. Les éléphans employés dans les combats, d'abord par les Orientaux et par les Africains, le furent ensuite au même usage par les Romains. Ceux-ci les connurent l'an de Rome 472, lorsque Pyrrhus porta la guerre en Italie. Ils s'en servirent pour la première fois, dit Tite-Live, l'an 553, dans la guerre qu'ils firent contre Philippe, et après en avoir pris quelques-uns aux Carthaginois, pendant la guerre punique. Pline rapporte que l'on vit paraître, l'an 502, cent quarante-deux éléphans dans le cirque : *Pugnarent centum quadraginta duo;* et qu'ensuite on leur ap-

prit à marcher sur la corde tendue. Pompée en orna son triomphe, et César s'en servit après la conquête de l'Égypte.

(Pacuvius et Novius immoleraient un éléphant en l'honneur de Gallita, dit Juvénal, si jamais particulier avait pu disposer d'un éléphant. Que le poète lance ce trait satirique contre la bassesse des flatteurs, rien de mieux; mais ne prolonge-t-il pas beaucoup trop ce détail, en parlant de la contrée qu'habitent les éléphans, et des services qu'ils ont rendus à d'anciens généraux? J. P.)

36. *Seule digne de la divinité et de ses adorateurs*, v. 113. Je trouve plus de sens à cette leçon,

Et cadat ante lares Gaïlitæ, victima sola
Tantis digna deis,

qu'à celle qui a été adoptée par la plupart des éditeurs,

Et cadat ante lares Gallitæ victima sacra,
Tantis digna deis.

L'une et l'autre sont autorisées par les manuscrits.   J. P.

37. *Dévouerait à la mort ses esclaves les plus beaux*, v. 116. Les anciens croyaient que l'on pouvait transiger avec la mort, et racheter la vie de quelqu'un par le trépas d'un autre. Lorsque Caligula, dit Suétone dans la vie de ce prince (cap. XIV), tomba malade, on vit des citoyens s'offrir de combattre sur l'arène pour lui sauver la vie; on en vit même qui promirent de se dévouer: *Quique capita sua titulo proposito voverent.*

38. *Libitine*, etc., v. 122. Déesse qui présidait aux funérailles. Elle fut ainsi nommée, non parce qu'elle ne plaît à personne, *quia nemini libet*, comme le disent les partisans de l'antiphrase; mais parce qu'elle nous enlève quand il lui plaît, *pro libitu*. Cette déesse était la même que la *Venus infera* ou l'*Epithymbia* des Grecs, dont il est fait mention parmi les dieux infernaux dans quelques anciennes épitaphes.

39. *Autant de richesses qu'en extorqua Néron*, v. 129. Suétone (*Vita Ner.*, cap. XXXII) nous a laissé une liste très-circonstanciée

des rapines de ce furieux, qui n'épargnait pas même les temples. Quand il confiait un emploi à quelque citoyen : « Tu sais ce qu'il me faut, disait-il ; faisons en sorte qu'il ne reste rien à personne » : *Scis quid mihi opus sit ; et hoc agamus, ne quis quidquam habeat.*

40. *Qu'il n'aime personne, et que personne ne l'aime*, v. 130. Cette imprécation paraît imitée d'Ovide :

Sisque miser semper, nec sis miserabilis ulli.

SATIRA XIII.

Depositum.

Exemplo quodcunque malo committitur, ipsi
Displicet auctori. Prima est hæc ultio, quod se
Judice nemo nocens absolvitur, improba quamvis
Gratia fallaci prætoris vicerit urna.
Quid sentire putas omnes, Calvine, recenti
De scelere et fidei violatæ crimine? Sed nec
Tam tenuis census tibi contigit, ut mediocris
Jacturæ te mergat onus; nec rara videmus,
Quæ pateris: casus multis hic cognitus, ac jam
Tritus, et e medio Fortunæ ductus acervo.
Ponamus nimios gemitus: flagrantior æquo
Non debet dolor esse viri, nec vulnere major.
Tu, quamvis levium, minimam exiguamque malorum
Particulam vix ferre potes, spumantibus ardens
Visceribus, sacrum tibi quod non reddat amicus
Depositum! Stupet hæc, qui jam post terga reliquit
Sexaginta annos, Fonteio consule natus!
An nihil in melius tot rerum proficis usu?
Magna quidem, sacris quæ dat præcepta libellis,
Victrix Fortunæ sapientia. Ducimus autem
Hos quoque felices, qui ferre incommoda vitæ,
Nec jactare jugum vita didicere magistra.

SATIRE XIII.

Le Dépôt[1].

Le crime est un fardeau pour celui même qui le commet. Le premier châtiment d'un coupable, c'est qu'il ne saurait s'absoudre à son propre tribunal, eût-il été soustrait à la rigueur des lois par l'infidélité d'un préteur corrompu[2]. De quel œil, Calvinus[3], penses-tu que tes concitoyens voient le crime et la perfidie dont tu viens d'être la victime? Ton revenu, cependant, n'est point assez borné pour qu'une perte légère te plonge dans la douleur. L'accident qui t'afflige, d'autres l'ont éprouvé; ce n'est qu'un de ces revers communs, pris au tas des malheurs que verse la fortune. Bannis donc les regrets trop amers : le chagrin d'un homme ne doit pas être excessif, et plus profond que sa blessure. Et toi, tu ne saurais endurer le moindre des maux! ton sang bouillonne, ta bouche écume, parce qu'un faux ami viole le dépôt sacré que tu mis entre ses mains! Ce trait surprend un homme né sous le consulat de Fonteius[4], et qui déjà laisse en arrière soixante ans écoulés! Où donc est le fruit de ton expérience? S'il est vrai que les divins préceptes de la philosophie nous apprennent à triompher des coups du sort, il ne l'est pas moins que l'école du monde doit enfin nous instruire à supporter patiemment les traverses de la vie.

Quæ tam festa dies, ut cesset prodere furem,
Perfidiam, fraudes, atque omni ex crimine lucrum
Quæsitum, et partos gladio vel pyxide nummos?
Rari quippe boni : numerus vix est totidem, quot
Thebarum portæ, vel divitis ostia Nili.
Nona ætas agitur, pejoraque sæcula ferri
Temporibus; quorum sceleri non invenit ipsa
Nomen, et a nullo posuit natura metallo.
Nos hominum divumque fidem clamore ciemus,
Quanto Fæsidium laudat vocalis agentem
Sportula. Dic senior, bulla dignissime; nescis,
Quas habeat veneres aliena pecunia? nescis,
Quem tua simplicitas risum vulgo moveat, quum
Exigis a quoquam, ne pejeret, et putet ullis
Esse aliquod numen templis aræque rubenti?
Quondam hoc indigenæ vivebant more, prius quam
Sumeret agrestem, posito diademate, falcem
Saturnus fugiens; tunc, quum virguncula Juno,
Et privatus adhuc Idæis Jupiter antris.
Nulla super nubes convivia cœlicolarum,
Nec puer Iliacus, formosa nec Herculis uxor
Ad cyathos, et jam siccato nectare tergens
Brachia Vulcanus Liparæa nigra taberna.
Prandebat sibi quisque deus, nec turba deorum
Talis, ut est hodie, contentaque sidera paucis
Numinibus miserum urgebant Atlanta minori

SATIRE XIII.

QUELLE fête assez solennelle pour arrêter la fraude, la perfidie, le brigandage, et la cupidité qui ose tous les crimes pour avoir de l'or, et qui s'enrichit par le fer ou le poison [5]? Que les gens de bien sont rares! leur nombre égale à peine celui des portes de Thèbes, ou des embouchures du fleuve qui féconde l'Égypte [6]. Nous vivons dans le neuvième âge [7], dans un siècle pire que le siècle de fer : les noms manquent aux crimes [8], et la nature n'a plus de métaux pour les désigner. Cependant nous attestons à grands cris les hommes et les dieux, aussi violens dans nos clameurs que les cliens affamés de Fésidius, quand ils l'applaudissent au barreau. Réponds, vieillard digne de porter la bulle [9], ignores-tu quel attrait a pour nous le bien d'autrui? ignores-tu que la multitude rit de ta simplicité, quand tu prétends interdire le parjure, et nous persuader qu'un dieu vengeur réside dans nos temples et sur les autels teints du sang des victimes [10]? Cette vieille probité fut en honneur chez les premiers habitans du Latium, avant que Saturne, déposant son diadème, prît, en fuyant, la faux des moissonneurs. Alors Junon n'était qu'une petite fille, et Jupiter un simple particulier dans les antres du mont Ida. Alors les dieux n'avaient point encore de banquet au dessus des nuages : leurs coupes n'étaient remplies ni par le jeune enfant d'Ilion, ni par la belle épouse d'Hercule, ni par le noir Vulcain, essuyant ses bras enfumés, après avoir bu le nectar [11]. Alors chacun des dieux dînait seul : la foule en était bien moindre qu'elle ne l'est aujourd'hui, et le ciel, content de quelques divinités, pesait moins sur les épaules du malheureux Atlas. Le sort n'avait point encore décidé

Pondere. Nondum aliquis sortitus triste profundi
Imperium, aut Sicula torvus cum conjuge Pluton;
Nec rota, nec furiæ, nec saxum, aut vulturis atri
Pœna; sed infernis hilares sine regibus umbræ.

IMPROBITAS illo fuit admirabilis ævo.
Credebant hoc grande nefas et morte piandum,
Si juvenis vetulo non assurrexerat, et si
Barbato cuicunque puer, licet ipse videret
Plura domi fraga et majores glandis acervos.
Tam venerabile erat præcedere quatuor annis,
Primaque par adeo sacræ lanugo senectæ!
Nunc, si depositum non inficietur amicus,
Si reddat veterem cum tota ærugine follem,
Prodigiosa fides, et Tuscis digna libellis,
Quæque coronata lustrari debeat agna.
Egregium sanctumque virum si cerno, bimembri
Hoc monstrum puero, vel miranti sub aratro
Piscibus inventis, et fetæ comparo mulæ,
Sollicitus, tanquam lapides effuderit imber,
Examenque apium longa consederit uva
Culmine delubri, tanquam in mare fluxerit amnis
Gurgitibus miris, et lactis vortice torrens.

INTERCEPTA decem quereris sestertia fraude
Sacrilega. Quid, si bis centum perdidit alter
Hoc arcana modo? majorem tertius ille

qui d'entre eux gouvernerait le triste empire des gouffres de la mer, et le farouche Pluton ne partageait pas encore le trône avec sa Sicilienne. On ne connaissait ni roue, ni furies, ni rocher, ni vautour cruel, et les enfers, sans tyrans, ne contenaient que des ombres heureuses.

ALORS l'improbité frappait d'étonnement[12]; c'était un crime inouï et digne de mort qu'un jeune homme ne se levât pas à l'aspect d'un vieillard[13], ou l'enfant à l'aspect d'un jeune homme, quoique cet enfant vît dans la maison paternelle plus de fruits et de plus grands monceaux de glands : tant quatre années de plus donnaient droit au respect, tant une barbe naissante paraissait vénérable et digne des priviléges de l'auguste vieillesse! Maintenant, que ton ami ne nie point un dépôt, qu'il te rende ton vieux sac et tes écus rouillés, sa probité tient du prodige; il faut consulter les livres toscans[14], offrir aux dieux en expiation une brebis couronnée. Pour moi, rencontré-je un homme intègre et vertueux, je ne suis pas moins surpris que si je voyais la tête d'un quadrupède sur le corps d'un enfant[15], des poissons déterrés par le soc de la charrue[16], ou une mule féconde : je suis aussi troublé que si tout à coup une grêle de pierres fondait du haut des cieux, et qu'un essaim d'abeilles pendît en longue grappe aux voûtes d'un temple, ou qu'un fleuve de lait précipitât au sein de l'Océan ses flots miraculeux.

Tu te plains qu'une fraude sacrilége te ravisse dix mille sesterces. Que diras-tu, si un autre vient d'en perdre deux cent mille, qu'il avait, ainsi que toi, déposés

Summam, quam patulæ vix ceperat angulus arcæ?
Tam facile et pronum est superos contemnere testes,
Si mortalis idem nemo sciat! Aspice, quanta
Voce neget, quæ sit ficti constantia vultus.
Per solis radios Tarpeiaque fulmina jurat,
Et Martis frameam, et Cirrhæi spicula vatis,
Per calamos venatricis pharetramque puellæ,
Perque tuum, pater Ægæi Neptune, tridentem:
Addit et Herculeos arcus, hastamque Minervæ,
Quidquid habent telorum armamentaria cœli.
Si vero et pater est : Comedam, inquit, flebile nati
Sinciput elixi, Pharioque madentis aceto.

Sunt, in Fortunæ qui casibus omnia ponant,
Et nullo credant mundum rectore moveri,
Natura volvente vices et lucis et anni;
Atque ideo intrepidi quæcunque altaria tangunt.
Est alius, metuens ne crimen pœna sequatur:
Hic putat esse deos, et pejerat, atque ita secum:
Decernat, quodcunque volet, de corpore nostro
Isis, et irato feriat mea lumina sistro,
Dummodo vel cæcus teneam, quos abnego, nummos:
Et phthisis, et vomicæ putres, et dimidium crus
Sunt tanti? Pauper locupletem optare podagram
Nec dubitet Ladas, si non eget Anticyra, nec
Archigene. Quid enim velocis gloria plantæ

sans témoin, si un troisième regrette une somme plus considérable encore, que contenait à peine un large coffre-fort ? Il paraît si simple et si naturel de braver l'œil des dieux, pourvu que les hommes ne sachent rien ! Regarde ce dépositaire infidèle : sa voix est ferme, son front inaltérable ; il jure par les rayons du soleil, par la foudre de Jupiter, par la pique de Mars, par les flèches du dieu qu'on adore à Cirrha [17] ; il jure encore par le carquois de Diane, par le trident de Neptune [18], sans oublier l'arc d'Hercule, la lance de Minerve, et tous les traits du céleste arsenal. Est-il père, « Si j'en impose, s'écrie-t-il, « que je sois réduit à manger la tête de mon propre fils, « assaisonnée de vinaigre [19]. »

Il en est qui, refusant à l'univers un ordonnateur suprême, attribuent tout aux caprices de la fortune, persuadés que la nature seule dispense les jours et les saisons. Aussi approchent-ils des autels avec intrépidité [20]. Un autre craint que le châtiment ne suive le crime : il croit, celui-là, qu'il est des dieux ; néanmoins il se parjure, et se dit en secret : « Qu'Isis, dans sa colère, afflige mon corps, le tourmente à son gré ; qu'elle frappe mes yeux de son sistre [21], pourvu que, privé de la lumière, je retienne ces écus dont je nie le dépôt. La phthisie, des poumons ulcérés, une jambe mutilée, qu'importe ? Le pauvre Ladas [22], pour peu qu'il n'ait besoin ni d'ellébore ni d'Archigènes [23], n'hésitera pas à souhaiter la goutte, si les richesses viennent avec elle [24] ; que lui sert, en effet, d'avoir précédé ses rivaux dans la carrière, et d'avoir,

Præstat, et esuriens Pisææ ramus olivæ?
Ut sit magna, tamen certe lenta ira deorum est.
Si curant igitur cunctos punire nocentes,
Quando ad me venient? Sed et exorabile numen
Fortasse experiar : solet his ignoscere. Multi
Committunt eadem diverso crimina fato :
Ille crucem sceleris pretium tulit, hic diadema.
Sic animum diræ trepidum formidine culpæ
Confirmant. Tunc te sacra ad delubra vocantem
Præcedit, trahere immo ultro ac vexare paratus.
Nam, quum magna malæ superest audacia caussæ,
Creditur a multis fiducia. Mimum agit ille,
Urbani qualem fugitivus scurra Catulli.
Tu miser exclamas, ut Stentora vincere possis,
Vel potius, quantum Gradivus Homericus : Audis,
Jupiter, hæc, nec labra moves, quum mittere vocem
Debueras, vel marmoreus, vel aheneus? aut cur
In carbone tuo charta pia thura soluta
Ponimus, et sectum vituli jecur, albaque porci
Omenta? Ut video, nullum discrimen habendum est
Effigies inter vestras, statuamque Bathylli.

Accipe, quæ contra valeat solatia ferre,
Et qui nec cynicos, nec stoica dogmata legit
A cynicis tunica distantia, non Epicurum
Suspicit exigui lætum plantaribus horti.

mourant de faim, reçu dans Pise le rameau d'olivier[25]? Quelque terrible que soit le courroux des dieux, ils sont lents à punir. S'ils s'appliquent à châtier tous les coupables, quand viendra mon tour? D'ailleurs je ne les trouverai peut-être pas inexorables : le même sort n'est pas réservé à tous les crimes : ce qui vaut à l'un le supplice de la croix, donne à l'autre le diadème[26]. » C'est ainsi qu'à l'approche du forfait, il rassure son âme épouvantée. Alors il te précède aux autels où tu l'appelles, prêt à t'y traîner toi-même avec violence. L'audace du crime passe souvent aux yeux du vulgaire pour la noble confiance de la vertu. Le perfide joue son rôle avec autant d'adresse que l'esclave fugitif de la farce de Catulle[27]. Et toi, malheureux, tu t'écrieras d'une voix à couvrir celle de Stentor, ou plutôt celle du Mars d'Homère : « Jupiter, tu l'entends, et tu restes muet, lorsque ta bouche, malgré le marbre ou l'airain qui te couvre, aurait déjà dû tonner contre l'impie! Pourquoi brûler l'encens sur tes autels[28]? Pourquoi t'offrir et le foie et les entrailles des victimes? Je le vois, il n'y a aucune différence entre ta statue et celle de Bathylle[29]. »

Écoute les consolations d'un homme qui n'étudia jamais les dogmes des cyniques, ni ceux des stoïciens, que la robe seule distingue des premiers[30], et qui ne s'en laisse point imposer par Épicure, si content des légumes de son petit jardin[31]. Qu'un malade en danger appelle

Curentur dubii medicis majoribus ægri :
Tu venam vel discipulo committe Philippi.
Si nullum in terris tam detestabile factum
Ostendis, taceo, nec pugnis cædere pectus
Te veto, nec plana faciem contundere palma;
Quandoquidem accepto claudenda est janua damno,
Et majore domus gemitu, majore tumultu
Planguntur nummi, quam funera. Nemo dolorem
Fingit in hoc casu, vestem diducere summam
Contentus, vexare oculos humore coacto.
Ploratur lacrimis amissa pecunia veris.
Sed si cuncta vides simili fora plena querela,
Si, decies lectis diversa parte tabellis,
Vana supervacui dicunt chirographa ligni,
Arguit ipsorum quos littera gemmaque princeps
Sardonychum, loculis quæ custoditur eburnis :
Te nunc, delicias! extra communia censes
Ponendum? quia tu gallinæ filius albæ,
Nos viles pulli nati infelicibus ovis?

Rem pateris modicam, et mediocri bile ferendam,
Si flectas oculos majora ad crimina. Confer
Conductum latronem, incendia sulfure cœpta
Atque dolo, primos quum janua colligit ignes.
Confer et hos, veteris qui tollunt grandia templi
Pocula adorandæ rubiginis, et populorum

les médecins les plus habiles; pour toi, livre ta veine à l'élève même de Philippe. Si tu me montres qu'il n'est point sur la terre d'action plus détestable, je me tais, et ne te défends plus de te frapper la poitrine et de te meurtrir le visage. Aussi bien, on sait qu'après une pareille perte, il est d'usage de fermer sa maison, et de donner à ses écus plus de larmes et de marques de douleur qu'à la mort de ses parens. Personne, en pareil cas, n'a besoin de jouer le désespoir, d'arracher les bords de sa robe, de tourmenter ses yeux pour en exprimer quelques larmes contraintes : celles que l'or fait couler sont des larmes sincères. Mais si le barreau ne retentit que de plaintes semblables aux tiennes, si des fripons renient un billet lu dix fois devant témoins, lorsque leur écriture et l'empreinte du cachet précieux, qu'ils conservent dans un étui d'ivoire, déposent contre leur perfidie, penses-tu, homme simple [32], qu'on doive t'excepter de la loi commune? Es-tu donc le fils de la poule blanche, nous autres de vils poussins sortis d'œufs malheureux [33]?

JETTE les yeux sur de plus grands revers, tu verras que ton malheur est léger, et qu'il faut modérer ton indignation. Compare à ton dépositaire infidèle le brigand salarié, l'incendiaire allumant le soufre et embrasant les portes des maisons, le sacrilége enlevant de nos temples et ces coupes immenses, couvertes d'une rouille vénérable, et les dons offerts par les peuples, et les cou-

Dona, vel antiquo positas a rege coronas.
Hæc ibi si non sunt, minor exstat sacrilegus, qui
Radat inaurati femur Herculis, et faciem ipsam
Neptuni, qui bracteolam de Castore ducat.
An dubitet, solitus totum conflare Tonantem?
Confer et artifices mercatoremque veneni,
Et deducendum corio bovis in mare, cum quo
Clauditur adversis innoxia simia fatis.
Hæc quota pars scelerum, quæ custos Gallicus urbis
Usque a lucifero, donec lux occidat, audit?
Humani generis mores tibi nosse volenti
Sufficit una domus. Paucos consume dies, et
Dicere te miserum, postquam illinc veneris, aude.

Quis tumidum guttur miratur in Alpibus? aut quis
In Meroe crasso majorem infante mamillam?
Cærula quis stupuit Germani lumina, flavam
Cæsariem, et madido torquentem cornua cirro?
Nempe quod hæc illis natura est omnibus una.
Ad subitas Thracum volucres nubemque sonoram
Pygmæus parvis currit bellator in armis;
Mox impar hosti, raptusque per aera curvis
Unguibus a sæva fertur grue. Si videas hoc
Gentibus in nostris, risu quatiere; sed illic,
Quanquam eadem assidue spectentur prœlia, ridet
Nemo, ubi tota cohors pede non est altior uno.

ronnes consacrées aux dieux par les antiques rois alliés de Rome[34]. Faute d'un tel butin, un voleur subalterne raclera furtivement la cuisse d'un Hercule doré, la face même de Neptune, ou détachera quelques lames de la statue de Castor. Comment hésiterait-il celui qui, plus d'une fois, jeta dans le creuset Jupiter tonnant? Compare à ton perfide ces fabricateurs de poisons et ceux qui les achètent, ces parricides précipités à la mer, dans un sac de cuir, avec l'innocent animal qui périt comme eux. Encore n'est-ce que la moindre partie des crimes dont le préfet Gallicus entend le récit, depuis le lever du soleil jusqu'à son coucher. Veux-tu connaître le genre humain? la seule maison de Gallicus te suffit. Passes-y quelques jours, et, si tu l'oses, dis, à ton retour, que tu es malheureux.

Est-on surpris de voir des goîtres sur les Alpes[35]? dans l'île de Méroé, des mamelles plus grosses que l'enfant qui les presse? chez les Germains, des yeux bleus, des cheveux blonds, à boucles flottantes et parfumées? Non, parce que ces dehors sont communs à tout un peuple[36]. Quand la nuée bruyante des oiseaux de Thrace apparaît subitement, le pygmée[37], couvert de ses petites armes, court au combat; mais, trop faible pour résister, il est bientôt enlevé dans les airs, entre les ongles recourbés de l'impitoyable grue. Un tel spectacle nous ferait rire : dans ce pays où les guerriers n'ont pas plus d'un pied de hauteur, personne n'en rit, quoique pareil combat s'y renouvelle souvent.

Nullane perjuri capitis fraudisque nefandæ
Pœna erit? Abreptum crede hunc graviore catena
Protinus, et nostro (quid plus velit ira?) necari
Arbitrio. Manet illa tamen jactura, nec unquam
Depositum tibi sospes erit; sed corpore trunco
Invidiosa dabit minimus solatia sanguis.
At vindicta bonum est vita jucundius ipsa.
Nempe hoc indocti, quorum præcordia nullis
Interdum, aut levibus videas flagrantia caussis;
Quantulacumque adeo est occasio, sufficit iræ.
Chrysippus non dicit idem, nec mite Thaletis
Ingenium, dulcique senex vicinus Hymetto,
Qui partem acceptæ sæva inter vincla cicutæ
Accusatori nollet dare. Plurima felix
Paulatim vitia, atque errores exuit omnes
Prima docens rectum sapientia: quippe minuti
Semper et infirmi est animi exiguique voluptas
Ultio. Continuo sic collige, quod vindicta
Nemo magis gaudet, quam femina. Cur tamen hos tu
Evasisse putes, quos diri conscia facti
Mens habet attonitos, et surdo verbere cædit,
Occultum quatiente animo tortore flagellum?
Pœna autem vehemens, ac multo sævior illis,
Quas et Cæditius gravis invenit, et Rhadamanthus,
Nocte dieque suum gestare in pectore testem.

Quoi! l'auteur d'un parjure exécrable ne sera point puni? — Suppose que le criminel, accablé sous le poids des chaînes, va périr au gré de ta colère; que peut-elle vouloir de plus? Cependant le tort dont tu gémis n'en subsistera pas moins, et c'en est fait de ton dépôt; il te reste donc l'affreux plaisir de voir couler de son corps mutilé quelques gouttes de sang. — Mais la vengeance est pour moi préférable à la vie. — Que tu peins bien l'âme grossière d'un brutal, que la colère enflamme sans sujet ou pour le moindre sujet, et dont la rage n'a besoin que de prétextes! Ce n'est pas ainsi que parlaient Chrysippe, ni l'indulgent Thalès, ni le vieillard voisin du doux Hymette [38] : il n'aurait pas voulu, celui-ci, chargé d'injustes fers, partager la ciguë avec son accusateur. La bienfaisante philosophie, à laquelle nous devons les premières leçons de vertu, sait peu à peu nous délivrer de nos vices et nous affranchir de toutes nos erreurs. La vengeance est toujours le plaisir d'une âme étroite et faible; c'est en effet pour la femme qu'elle a le plus d'attrait. Pourquoi t'imaginer que les grands criminels le soient impunément? le cri d'une conscience alarmée ne les poursuit-il pas sans relâche? le remords, qui les frappe sourdement de son fouet vengeur, n'est-il pas leur premier bourreau [39]? Va, c'est un cruel supplice, plus terrible mille fois que tous les tourmens inventés par Céditius ou Rhadamanthe, que de porter nuit et jour dans son âme le témoin de ses forfaits.

Spartano cuidam respondit pythia vates,
Haud impunitum quondam fore, quod dubitaret
Depositum retinere, et fraudem jure tueri
Jurando. Quaerebat enim, quae numinis esset
Mens, et an hoc illi facinus suaderet Apollo.
Reddidit ergo metu, non moribus; et tamen omnem
Vocem adyti dignam templo veramque probavit
Exstinctus tota pariter cum prole domoque,
Et, quamvis longa deductis gente, propinquis.

Has patitur poenas peccandi sola voluntas.
Nam scelus intra se tacitum qui cogitat ullum,
Fati crimen habet. Cedo, si conata peregit?
Perpetua anxietas nec mensae tempore cessat,
Faucibus ut morbo siccis, interque molares
Difficili crescente cibo: sed vina misellus
Exspuit; Albani veteris pretiosa senectus
Displicet. Ostendas melius, densissima ruga
Cogitur in frontem, velut acri ducta Falerno.
Nocte brevem si forte indulsit cura soporem,
Et toto versata toro jam membra quiescunt,
Continuo templum, et violati numinis aras,
Et, quod praecipuis mentem sudoribus urget,
Te videt in somnis: tua sacra et major imago
Humana turbat pavidum, cogitque fateri.
Hi sunt, qui trepidant, et ad omnia fulgura pallent,
Quum tonat, exanimes primo quoque murmure coeli;

Un Spartiate hésitait s'il devait rendre un dépôt, ou se l'approprier par un parjure : il consulte la pythie, pour connaître le sentiment d'Apollon, et savoir s'il obtiendra son aveu. « Ce doute injurieux, répond-elle, ne restera point impuni. » La crainte l'emporta sur le penchant; il rendit le dépôt. Mais l'événement n'en vérifia pas moins l'oracle, et prouva qu'il était digne du sanctuaire[40] : le malheureux périt avec ses enfans, sa famille, et ses parens même les plus éloignés.

C'est ainsi que les dieux punissent la seule intention du crime. Quiconque médite un forfait, en est déjà coupable. Que sera-ce s'il le consomme[41] ? Plus de relâche, pas même à table. La crainte[42], telle qu'une fièvre ardente, dessèche son gosier, et les alimens arrêtés au passage s'entassent sous ses dents. Le malheureux rejette les vins les plus exquis; le vin d'Albe, malgré sa vieillesse, ne saurait lui plaire. Offrez-lui du nectar, son front se ridera, comme s'il buvait un Falerne âcre et repoussant[43]. La nuit, si ses remords lui laissent un moment de sommeil, si, après s'être long-temps agité sur son lit, il s'endort enfin, soudain il voit en songe le temple et l'autel du dieu qu'il outragea : et ce qui le glace encore plus, il te voit toi-même; ton spectre gigantesque vient porter dans son âme une religieuse épouvante[44], et lui arrache, par la terreur, un pénible aveu. Voilà ceux qui tremblent dès qu'il tonne, qui pâlissent à chaque éclair, immobiles de frayeur dès qu'ils entendent le moindre murmure dans les airs[45]. La foudre n'est pas pour eux le résultat for-

Non quasi fortuitus, nec ventorum rabie, sed
Iratus cadat in terras, et vindicet ignis.
Illa nihil nocuit? cura graviore timetur
Proxima tempestas, velut hoc dilata sereno.
Præterea, lateris vigili cum febre dolorem
Si cœpere pati, missum ad sua corpora morbum
Infesto credunt a numine; saxa deorum
Hæc et tela putant. Pecudem spondere sacello
Balantem, et laribus cristam promittere galli
Non audent. Quid enim sperare nocentibus ægris
Concessum? vel quæ non dignior hostia vita?

Mobilis et varia est ferme natura malorum.
Quum scelus admittunt, superest constantia : quid fas
Atque nefas, tandem incipiunt sentire, peractis
Criminibus. Tamen ad mores natura recurrit
Damnatos, fixa et mutari nescia. Nam quis
Peccandi finem posuit sibi? quando recepit
Ejectum semel attrita de fronte ruborem?
Quisnam hominum est, quem tu contentum videris uno
Flagitio? Dabit in laqueum vestigia noster
Perfidus, et nigri patietur carceris uncum,
Aut maris Ægæi rupem, scopulosque frequentes
Exsulibus magnis. Pœna gaudebis amara
Nominis invisi, tandemque fatebere lætus,
Nec surdum, nec Tiresiam quemquam esse deorum.

tuit du choc des élémens; c'est un feu vengeur[46], envoyé par le courroux céleste. La tempête n'a point frappé leur tête ? ils n'en craignent que plus la tempête prochaine : la sérénité du ciel ne leur semble qu'un affreux délai. Aux premiers accès de fièvre, aux premières douleurs qu'ils ressentent, ils ne doutent point que ces maux ne leur soient envoyés par un génie implacable : ils les regardent comme les traits lancés par la colère des dieux. Ne crois pas qu'ils osent promettre aux immortels le sacrifice d'un agneau, ou la crête d'un coq à leurs dieux lares. Un scélérat, sur son lit de mort, a-t-il le droit d'espérer ? la moindre victime ne mérite-t-elle pas plus que lui de jouir de la vie ?

La mobilité et l'incertitude furent toujours le caractère des méchans; ils n'ont de fermeté qu'au moment du crime : est-il consommé, la conscience reprend ses droits. Mais bientôt l'inflexible habitude les ramène à leurs coupables penchants. Qui sut jamais s'arrêter dans la carrière du vice ? Quand vit-on renaître la pudeur sur un front endurci ? Quel homme verras-tu s'en tenir à son premier forfait ? Rassure-toi : notre parjure tombera dans le filet : il périra dans les fers d'un cachot, ou sur quelque rocher de la mer Égée, séjour des grands criminels : tu jouiras de ses peines amères, et, dans la joie de ton âme implacable, tu conviendras enfin que les dieux ne sont ni sourds ni aveugles[47].

NOTES

SUR LA SATIRE XIII.

1. Argument. Juvénal essaie de calmer un certain Calvinus, furieux de ce qu'on lui retient un dépôt : il lui représente qu'à soixante ans on doit connaître les hommes, et savoir supporter leurs injustices; que celle dont il gémit n'est rien en comparaison des crimes et des sacriléges dont les tribunaux retentissent tous les jours; que les regrets sont inutiles, la vengeance odieuse; et qu'il doit seulement laisser agir, contre celui qui l'a trompé, le remords et les dieux, qui permettent rarement que le crime reste impuni.

Cette satire et les deux suivantes auraient, à mon gré, suffi pour consacrer la mémoire de Juvénal, et la rendre chère à la postérité; mais il ne s'agit ici que de la satire du Dépôt. Observons d'abord qu'on en retrouve implicitement le motif et l'intention, satire 6, vers 17, lorsque Juvénal regrette ces temps antérieurs au règne de la cupidité, ces temps heureux, « où personne ne craignait le voleur pour ses légumes ou pour ses fruits, où il était inutile d'enclore son jardin » :

. . . . . Quum furem nemo timeret
Caulibus et pomis, et aperto viveret horto.

Il y a loin sans doute de cette innocence originelle à l'improbité de ceux que Juvénal va combattre :

Improbitas illo fuit admirabilis ævo.
(Vers. 53.)

Mais dans ces sortes de contrastes, si fréquens chez notre auteur, l'intervalle disparaît, et les rapprochemens inattendus n'en produisent que plus d'effet. Ce fut là, de tout temps, le secret des grands maîtres.

Je n'insisterai point sur l'importance de cette satire, dont les beautés homériques, telles que la peinture du remords (v. 192 et suiv.), sont plutôt faites pour être senties que discutées. Craignons de gâter le sublime en voulant trop l'analyser.

Je ne puis cependant terminer cet article sans faire une remarque, qui, peut-être, ne paraîtra pas superflue. Il ne s'agit dans cette satire que d'un délit très-simple et trop commun, de la violation d'un dépôt. Que fait Juvénal? d'où tire-t-il de quoi enrichir son sujet sans l'interrompre ni le compliquer? Il me semble que c'est beaucoup moins de l'art que de l'instinct moral, que je regarde, moi, comme son véritable Apollon. En effet, on verra que le fort de son discours ne porte pas tant sur le crime anti-social du faussaire impudent qu'il attaque, que sur le caractère de celui qui gémit d'en avoir été la victime; de sorte que, si d'un côté il déploie le fouet du remords pour châtier un coupable, de l'autre il cherche à consoler et son ami plus faible que malheureux, et quiconque se laisse abattre par les revers inopinés. C'est alors que, faisant luire à ses yeux le flambeau de la sagesse, il lui enseigne, à la manière de Socrate, à profiter de l'expérience trop souvent infructueuse, et qui semble être quelquefois plutôt le châtiment des passions, qu'elle n'en est le remède; enfin, à renoncer à la vengeance, à ne plus s'indigner gratuitement des travers et des vices attachés à l'humaine condition. Cet artifice oratoire, si c'en est un, vaut bien, j'ose le dire, l'urbanité de certains poètes dont le but n'est que de plaire.

Et c'est le terrible Juvénal, cet impérieux Chrémès, c'est lui qui, renonçant à ses premiers ressentimens, devient l'apôtre de la patience, de la douceur et de la résignation! Où donc est cette ardente colère dont il se félicitait, qu'il invoquait dans son désespoir et professait avec transport?

Quid referam quanta siccum jecur ardeat ira?
Sat. 1, vers. 45.

A-t-il changé de caractère? Non, il l'a seulement perfectionné. Disciple de sa propre raison, il s'est tempéré au point de reconnaître enfin, sans néanmoins capituler avec le vice, que la sottise et la perversité humaine ne méritent guère que du sang-froid et du mépris. C'est du moins le sens de ces deux vers, où, relativement à la censure des mœurs, il préfère le rôle de Démocrite à celui d'Héraclite :

> Sed facilis cuivis rigidi censura cachinni :
> Mirandum est, unde ille oculis suffecerit humor.
>
> Sat. 10, vers. 31.

2. *Eût-il été soustrait à la rigueur des lois par l'infidélité d'un préteur corrompu*, v. 3. Il y avait à Rome, du temps de Juvénal, cinq décuries de juges, qui jugeaient alternativement. Lorsqu'il survenait une affaire publique, le préteur faisait citer la décurie qui devait juger; alors on jetait dans une urne des tablettes ou bulletins, dont chacun portait le nom des juges, et l'on en tirait au sort le nombre requis, lequel était ordinairement de soixante-quinze : cela s'appelait *sortitio judicum*. L'accusateur et l'accusé pouvaient récuser leurs juges; dans ce cas on recommençait, et cela s'appelait *subsortitio*. Quand le préteur voulait favoriser quelqu'un, c'est-à-dire, lui procurer les juges qu'il désirait, il lui faisait gagner sa cause, soit en substituant d'autres bulletins, soit en les lisant autrement qu'ils n'avaient été écrits; et c'est ainsi, comme dit Juvénal, que le crédit de ce magistrat infidèle triomphait par l'urne même.

3. *Calvinus*, etc., v. 5. Martial (lib. VII, épigr. 89) parle d'un poète nommé Calvinus; ce pourrait bien être le même que celui de Juvénal.

4. *Né sous le consulat de Fonteius*, etc., v. 17. Lucius Fonteius Capito, consul sous Néron, l'an de Rome 812, eut pour collègue Caius Vipsanius; d'où il suit que cette satire a été composée l'an 872; c'est-à-dire, la deuxième année du règne d'Adrien. Juvénal était fort vieux alors, et touchait à la fin de sa carrière. *Voyez* JUSTE-LIPSE, *Epist. Quæst.*, lib. IV, epist. 20.

5. *Par le fer ou le poison*, etc., v. 25. Par *pyxide*, j'entends, avec la plupart des interprètes, le poison désigné par la boîte qui le contenait : cependant Cujas et Godefroy (lib. *de Aleatori-*

bus, D.) l'entendent de ce que les joueurs de dés appellent maintenant un cornet, lequel était communément nommé par les Latins *pyrgum aleatorium*, *fritillum*, *phimum*. Quoi qu'il en soit, il est certain que nul poison n'a produit plus de maux sur la terre que la fureur des jeux de hasard.

6. *Des portes de Thèbes, ou des embouchures du fleuve qui féconde l'Égypte*, v. 27. Plusieurs villes ont porté le nom de Thèbes : il ne s'agit pas ici de la Thèbes égyptienne aux cent portes, mais de la béotienne qui n'en avait que sept, et dont Ovide a dit :

> Cur tacui Thebas, et mutua vulnera fratrum,
> Et septem portas sub duce quamque suo ?

Selon Pomponius, Strabon, Diodore et Hérodote, le Nil se jetait dans la mer par sept embouchures; mais Ptolémée en compte neuf, et Pline onze. Il est vrai que celui-ci reconnaît qu'il n'en faut compter que sept; c'est pourquoi Virgile et Catulle appellent ce fleuve *septemgeminus*, et Properce *septemfluus*.

7. *Nous vivons dans le neuvième âge*, etc., v. 28. Il n'est pas facile de deviner ce que Juvénal a voulu dire par *nona œtas agitur*. Quelques-uns croient que les Grecs divisaient la durée du monde en huit âges, et que chaque époque était caractérisée par le nom d'un métal particulier : mais il paraît que ce n'est qu'une supposition faite d'après les quatre âges que les Latins désignaient par l'or, l'argent, l'airain et le fer. Grangæus, dont je préfère l'interprétation, prétend que notre auteur a considéré la durée du monde, et l'a divisée comme les anciens considéraient et divisaient la vie humaine, dont ils marquaient les progrès de sept ans en sept ans, et qu'il a imité ce distique de Solon, ainsi traduit par Henri Etienne :

> At minus in nona mens illi linguaque pollet,
> Quam præstare aliquod forte queant ut opus.

(Peut-être n'y a-t-il dans l'expression de Juvénal qu'une de ces hyperboles qui lui sont si familières. Le siècle où nous vivons, dit-il, est tellement corrompu, que, si l'âge de fer est au quatrième rang (*œtas aurea*, *argentea*, *œrea*, *ferrea*), il faut descendre au moins jusqu'au neuvième, pour trouver la mesure de notre perversité. J. P.)

8. *Les noms manquent aux crimes*, etc., v. 29. La plupart des langues n'ont que très-peu de mots pour désigner chaque vertu, tandis qu'elles en sont abondamment pourvues pour désigner les vices. Aussi les pythagoriciens disaient-ils que le mal participe de la nature de l'infini, et le bien du fini. (ARISTOT. *de Morib.*, lib. II, cap. 5.)

9. *Vieillard digne de porter la bulle*, etc., v. 33. La bulle était une petite boule creuse, d'or, d'argent ou d'autres métaux, que les enfans des Romains portaient au cou. On la donnait aux enfans des patriciens en même temps que la robe prétexte ou bordée de pourpre, et ils ne la quittaient qu'en quittant cette robe, c'est-à-dire, à l'âge de dix-sept ans. Quoiqu'il paraisse constant, par le témoignage de presque tous les auteurs, qu'il n'y avait que les enfans des magistrats curules qui eussent le droit de porter la bulle d'or, il n'est pas moins certain qu'ils n'étaient pas les seuls qui la portassent. Ceux à qui les honneurs du triomphe étaient décernés, prenaient aussi cet ornement. *Bulla*, dit Macrobe, *gestamen erat triumphantium, quam in triumpho præ se gerebant;* mais cette bulle était d'un plus grand volume que celle des enfans. La grande vestale et les dames romaines en portaient aussi, la première par distinction, les autres comme une parure. On regardait encore ces bulles comme de puissans préservatifs contre l'envie et contre les génies malfaisans.

10. *Ignores-tu que la multitude rit de ta simplicité, quand tu prétends interdire le parjure, et nous persuader qu'un dieu vengeur réside dans nos temples et sur les autels teints du sang des victimes?* v. 34. Il est évident que Juvénal croyait qu'il existe un dieu rémunérateur et vengeur, et que par conséquent nous ne mourons pas tout entiers. Que l'on se rappelle seulement ce passage de la satire 2, vers 149: « Qu'il y ait des mânes, un royaume souterrain......, c'est ce que ne croient plus même les enfans..... Pour nous, gardons-nous bien de cette incrédulité coupable. » Rien de plus positif que *sed tu vera puta.*

Juvénal n'a fait que suivre la croyance des philosophes les plus illustres, de Socrate, de Platon, et même de Cicéron, quoique ce dernier ait paru douter de l'immortalité de l'âme; car il a dit quelque part à cet égard : « C'est le rêve d'un homme qui souhaite, plutôt que le précepte d'un homme qui enseigne : » *somnia sunt optantis, non docentis*. Mais Cicéron partout ailleurs a professé une doctrine irréprochable, et n'a point insisté sur ce doute passager : l'amour de la gloire, indépendamment de tant d'autres motifs, s'y serait opposé. Voltaire me disait : « Que l'on m'ôte les idées fécondes d'un premier moteur et d'une âme immortelle, je brise ma plume. » Mais écoutons Socrate : « Quand même, disait-il, le dogme de l'immortalité ne serait pas fondé, les sacrifices qu'il exige ne m'ont pas empêché d'être le plus heureux des mortels. Ce dogme consolateur écarte loin de moi les amertumes de la mort; il répand sur mes derniers momens une joie pure et délicieuse. » (Plat. *in Phædon*.)

11. *Essuyant ses bras enfumés, après avoir bu le nectar*, v. 44. *Brachia tergens*, a fort embarrassé les commentateurs : quelques-uns ont cru que c'était un changement de cas, et qu'il fallait traduire « essuyant avec ses bras ses lèvres arrosées de nectar »; mais il n'est point question de lèvres dans le texte. Il paraît que Juvénal n'a voulu rien dire autre chose, sinon que Vulcain, après avoir bu le nectar, en versait sur ses bras et les essuyait ensuite. Au reste, je ne sache pas que personne ait encore aperçu l'allusion satirique de ces vers à l'endroit du premier livre de l'Iliade, où Vulcain, après avoir réconcilié Junon avec Jupiter, verse dans l'Olympe le nectar à la ronde, et fait éclater de rire tous les dieux.

(Je propose un nouveau sens fondé sur l'allusion aperçue par Dusaulx. *Ad cyathos* peut se dire de Vulcain, aussi bien que de Ganymède ou d'Hébé, et je crois que Juvénal veut, comme Homère, le représenter versant aux immortels le nectar, dont il vient de s'abreuver à leur table. (*Voyez* Homère, *Iliade* I, 597). J'explique ce passage, comme s'il y avait : *Nec puer Iliacus, nec formosa uxor Herculis, nec Vulcanus, tergens nigra brachia, siccato jam nectare, erant ad cyathos*. Il n'y a rien dans le tour du latin qui soit contraire à cette interprétation. *Esse ad cyathos* signifiait chez les Romains remplir l'office d'échanson. HORAT. I, od. 24 : *Puer quis ex aula capillis Ad cyathum statuetur unctis.* J. P.)

12. *Alors l'improbité frappait d'étonnement*, v. 53. Le mot *improbité* n'a pas encore passé dans notre langue : aujourd'hui que tout passe, je le risque et le propose; car j'aime mieux une faute qu'une platitude. En effet, pour rendre *improbitas*, j'avais écrit dans les précédentes éditions « le manque de probité »; ce qui est insoutenable, en prose comme en vers.

13. *Qu'un jeune homme ne se levât pas à l'aspect d'un vieillard*, etc., v. 55. Juvénal fait allusion ici à l'honneur que les ambassadeurs de Lacédémone rendirent sur le théâtre d'Athènes à un vieillard, qui ne pouvait pas trouver de place parmi ses concitoyens. Ils se levèrent, dit Valère Maxime (lib. IV, cap. 5) : *Et sedem ei inter ipsos honestissimo loco dederunt; quod ubi fieri populus aspexit, maximo plausu alienæ urbis verecundiam comprobavit.* On retrouve encore chez les Romains, même après l'extinction de la république, des traces de cet ancien respect pour la vieillesse. Sous Tibère, le jeune Sylla, fier de sa naissance, et assistant à un combat de gladiateurs, ne voulut pas, dit Tacite (*Ann.*, lib. III, cap. 31), quitter sa place pour Domitius Corbulon, ancien préteur. Corbulon porta sa plainte au sénat : l'affaire fut discutée. Les parens du jeune homme firent des excuses au magistrat, dont les amis réclamaient : *Exemplo majorum, qui juventutis irreverentiam gravibus decretis notavissent.*

14. *Il faut consulter les livres toscans*, etc., v. 62. Les Toscans ou Étrusques qui avaient instruit les premiers Romains, étaient en possession de consacrer chez leurs voisins, et même dans les contrées lointaines, les temples et l'enceinte des villes, d'interpréter les prodiges, d'en faire l'expiation : enfin, ils étaient chargés de presque toutes les cérémonies de ce genre.

15. *Je ne suis pas moins surpris que si je voyais la tête d'un quadrupède sur le corps d'un enfant*, v. 64. Les Latins appelaient *bimembre* un animal composé de membres d'animaux de diverses espèces, comme étaient les deux agneaux dont parle Julius Obsequens, dans son

livre sur les Prodiges, page 124 : « L'un, dit-il, avait des pieds de
cheval, et l'autre une tête de singe. » C'est à cause de cet alliage
monstrueux, que les Centaures étaient appelés *bimembres*. On
trouve dans les anciens auteurs tous les prodiges mentionnés ici
par Juvénal. Tite-Live (lib. XXVII, cap. 2) dit, après une longue
énumération, qu'il avait plu du lait, et qu'un enfant était né avec
une tête d'éléphant. Cet enfant, ce *bimembris*, pourrait bien être
celui dont il s'agit.

(Tite-Live, lib. XXVII, cap. 4 et non cap. 2, parle de plusieurs
prodiges, mais non pas de ceux que rapporte Dusaulx. J. P.)

16. *Des poissons déterrés par le soc de la charrue*, v. 65. Dusaulx
avait admis dans le texte une leçon purement conjecturale, *vel
liranti sub aratro*. J'ai rétabli d'après les manuscrits et d'après l'édition de Ruperti *miranti sub aratro*, expression poétique, qu'on
explique sans difficulté. Ruperti a lu *aut miranti* : l'hiatus, si fa-
milier à Juvénal, ne m'effraierait pas dans ce vers ; mais la plupart des manuscrits et des anciennes éditions ayant *vel miranti*, je
ne changerai pas cette leçon. Voici la note de Dusaulx sur *liranti
sub aratro*.   J. P.

Les anciennes éditions, et particulièrement celle de Junte, ont
vel miranti sub aratro piscibus inventis. Les éditions modernes ont
mirandis ; mais Gataker, dans ses notes sur Marc-Antonin, p. 243,
a découvert et prouvé qu'il fallait *liranti sub aratro*. On lit en effet
dans Varron (*de Re rustic.*, lib. I, cap. 29) : *Tertio quum arant jacto
semine, boves lirare dicuntur; id est, cum tabellis additis ad vome-
rem, simul et satum frumentum operiunt in porcis, et sulcant fossas,
quo pluvia aqua delabatur*. On trouve dans Pline un autre passage
conforme à celui de Varron. *Voyez* l'édition in-4° du P. Hardouin, tome III, page 405. Il paraît que les copistes ont d'abord
écrit *miranti*, parce qu'ils avaient l'esprit frappé des prodiges dont
il s'agit ici : ensuite les éditeurs ont cru former un plus beau sens
en mettant *mirandis*, qu'ils rapportaient à *piscibus*. Mais qu'importe, relativement au merveilleux, que l'on trouve, en labourant
la terre, des poissons d'une espèce plus ou moins rare ? Il suffit
d'en trouver ; le fait seul, sans épithète, est assez prodigieux.

17. *Le dieu qu'on adore à Cirrha*, etc., v. 79. *Voyez* sat. 7, note 20, tome II, page 28.

18. *Le trident de Neptune*, etc., v. 81. Il y a dans le texte, « de Neptune, père d'Égée, etc. » Cet Égée n'a pas été un personnage fort illustre : sans son fils Thésée, on le connaîtrait à peine. D'ailleurs, qu'il ait été fils de Neptune, c'est une chose sur laquelle les anciens ne sont pas d'accord. Je suis donc surpris qu'un poète savant et judicieux, faisant une apostrophe à Neptune, l'appelle *pater Ægei*. Peut-être que Juvénal avait écrit *pater Ægœu Neptune*, etc. Ægaé était une ville d'Achaïe où Neptune était singulièrement honoré, et où il avait un temple fameux, comme on le voit dans Homère, *Iliade*, lib. XIII, v. 21.

(Il faut écrire *Ægœi*; car il s'agit ici, non pas du père de Thésée (Αἰγεὺς), mais de la mer Ægée (Αἰγαῖον), où les Grecs croyaient que Neptune faisait son principal séjour. De là, dans les poètes, *Ægœus Nereus* (STACE, *Theb.*, V, 49), *Neptunus Ægœus* (VIRGILE, *Æn.* III, 74). On trouve aussi *Ægœon* pour un dieu même de la mer : OVID., *Metam.* II, 9: *Proteaque ambiguum, balœnarumque prementem Ægœona suis immania terga lacertis*. J. P.)

19. *Assaisonnée de vinaigre d'Égypte*, v. 85. Le vinaigre d'Égypte était renommé. *Voyez* MARTIAL, XIII, 122.   J. P.

20. *Aussi approchent-ils des autels avec intrépidité*, v. 89. Afin d'inspirer plus de respect pour les sermens, les anciens eurent recours à certaines cérémonies extérieures. L'usage le plus ancien et le plus naturel était de lever la main en jurant, comme on l'observe encore aujourd'hui : mais les personnes constituées en dignité voulurent se distinguer jusque dans cet acte religieux; les rois levèrent leur sceptre, les généraux d'armées leurs épées, les soldats leurs lances, dont quelquefois ils s'appliquaient la pointe sur la gorge, selon le témoignage de Marcellin. Dans la suite on établit qu'on jurerait dans les temples, et qu'on obligerait ceux qui jureraient à toucher les autels. Souvent, en prononçant le serment, on immolait des victimes, on faisait des libations, et l'on joignait à cela des formules convenables à la cérémonie. Quelquefois, pour rendre l'appareil du serment plus terrible, ceux qui

le faisaient trempaient leurs mains dans le sang et dans les entrailles des victimes immolées. La plupart de ces cérémonies étaient communes aux Grecs et aux Romains.

21. *Qu'Isis, dans sa colère, ... frappe mes yeux de son sistre*, etc., v. 93. On représentait Isis tenant un vase d'une main et le sistre de l'autre. Le sistre était un instrument de métal à jour, et dont on peut voir la figure copiée, d'après un antique, dans un livre intitulé *Laur. Pignorii Mensa Isiaca* (Amst. 1669, in-4°, page 67.) On invoquait particulièrement Isis pour le mal des yeux. Les anciens croyaient qu'elle privait de la vue ceux qui se servaient de son nom pour appuyer de faux sermens. *Te omnipotens et omniparens dea Syria cæcum reddat.* Apul. Miles. VIII.

22. *Le pauvre Ladas*, v. 96. On trouve deux athlètes de ce nom, qui tous deux ont été couronnés aux jeux olympiques. Ladas d'Ægium, ville d'Achaïe, fut vainqueur à la course du stade, la cent vingt-cinquième olympiade, laquelle se rapporte à l'an de Rome 474. Avant cet athlète, un autre Ladas, Lacédémonien, avait remporté à Olympie le prix de la longue course. Les auteurs qui en parlent ne disent pas dans quel temps il a vécu : il était certainement fort antérieur au premier, puisque le fameux statuaire Myron avait fait sa statue : or, celui-ci fleurissait vers la quatre-vingt-dixième olympiade. Il y a une épigramme dans l'Anthologie sur cette statue de Ladas faite par Myron.

23. *Pour peu qu'il n'ait besoin ni d'ellébore, ni d'Archigène*, etc., v. 97. On disait proverbialement d'un homme qu'il avait besoin d'Archigène, *Archigenis indiget*, lorsqu'il était privé de la raison. *Voyez* sur ce fameux médecin, sat. 6, note sur le v. 235.

24. *N'hésitera point à souhaiter la goutte, si les richesses viennent avec elle*, v. 96. *Locupletem podagram*, une *goutte opulente*, expression qui ne peut se tolérer en français. Dusaulx l'a hasardée, et la note où il l'expliquait nous a paru prouver qu'il n'en avait pas bien saisi le sens. Il ne s'agit pas de la goutte, compagne ordinaire de la richesse. Juvénal veut peindre l'avarice qui souhaite la richesse au prix des maux les plus cruels. J. P.

25. *Reçu dans Pise le rameau d'olivier*, v. 99. Les jeux olympiques se célébraient de quatre en quatre ans sur les bords du fleuve Alphée, près de la ville de Pise, dans l'Élide, province du Péloponnèse.

26. *Ce qui vaut à l'un le supplice de la croix, donne à l'autre le diadème*, v. 105. Constantin, après avoir été converti au christianisme, abolit, selon Sozomène, le supplice de la croix, qui, jusque là avait toujours été en usage chez les Romains. On en trouve cependant plusieurs exemples sous cet empereur même et sous ses successeurs, quoique les jurisconsultes qui ont compilé les livres de droit, par l'ordre de Justinien, aient affecté presque partout de détruire les vestiges de ce supplice. *Voyez* J. F. Ramos (*Errores Triboniani de pœna parricidii*, page 141).

(Le supplice de la croix était le dernier supplice, le supplice des esclaves. Ainsi Juvénal, en opposant la croix au diadème, a marqué les deux points extrêmes de la bonne et de la mauvaise fortune. J. P.)

27. *L'esclave fugitif de la farce de Catulle*, etc., v. 111. Je crois que le mime de Catulle, dont il est parlé ici, est le Laureolus de la satire 8. *Voyez* la note sur le v. 186 de la même satire.

28. *Pourquoi brûler l'encens sur tes autels ?* v. 116. Par *charta soluta*, il faut entendre le papier qui servait d'enveloppe à l'encens, et non, comme le prétend Rugersius (*Var. Lect.*, lib. V, cap. 5), le papier sur lequel on avait écrit son vœu.

29. *Il n'y a aucune différence entre ta statue et celle de Bathylle*, v. 119. La plupart des interprètes croient qu'il s'agit ici du Bathylle de Samos, chanté par Anacréon, et auquel Apulée dit que Polycrate fit élever une statue en face de l'autel de Junon; mais il est plus vraisemblable que Juvénal a voulu parler du fameux Bathylle d'Alexandrie, dont il a déjà fait mention. *Voyez* sat. 6, note sur le v. 63.

(D'après quelques manuscrits, Ruperti a substitué *Vagelli* à *Bathylli*. Il croit que Juvénal a voulu parler de ce Vagellius, dont il est question dans la sat. 16, v. 23. Je ne vois aucun motif plausible de changer la leçon de la plupart des textes. La comparaison avec Bathylle n'est-elle donc pas assez offensante pour les dieux? J. P.)

30. *Qui n'étudia jamais les dogmes des cyniques, ni ceux des stoïciens que la robe seule distingue des premiers*, v. 121. Les cyniques ne portaient qu'un manteau, au lieu que les stoïciens portaient encore une tunique ; c'est pourquoi Horace, parlant de ces derniers, dit : *Quem duplici panno patientia velat, Mirabor*, etc. *Voy.* Saumaise sur Tertullien (*de Pallio*, page 411); Gataker sur Marc-Antonin, page 155, édit. de Cambridge, in 4°; enfin, Ferrarius (*de Re vestiaria*, part. II, page 194). La secte cynique eut pour fondateur Antisthène, Athénien, et disciple de Socrate. L'école d'Antisthène fut ensuite tenue par Diogène, à qui Cratès le Thébain succéda. Zénon de Citium, ville de Chypre, disciple du précédent, fonda la secte stoïque. Au reste, les cyniques pensaient comme les stoïciens sur le point capital, qui était l'amour de la seule vertu. Ils méprisaient comme eux les grandeurs, les richesses, les arts et les sciences, et n'étaient divisés que sur l'indifférence que l'estime de la vertu doit inspirer pour tout ce qui lui est étranger.

31. *Qui ne s'en laisse point imposer par Épicure, si content des légumes de son petit jardin*, v. 122. Épicure, recommandable à tant d'égards, s'est fait beaucoup d'ennemis en niant la Providence, et en reléguant les dieux dans les entre-mondes. — « Il est surprenant, dit M. de Paw, qu'il ne se soit pas aperçu que la partie morale de son système pouvait subsister sans la partie physique qui en faisait la faiblesse, etc. Toutes les contestations qui s'élevèrent, ajoute-t-il, n'auraient jamais eu lieu, s'il eût déclaré que son grand but était de retirer les hommes de la superstition, et d'établir parmi eux la paix et la concorde. » (*Recherches philosophiques sur les Grecs*, tome II, page 152.)

32. *Homme simple*, etc., v. 140. Dusaulx avait traduit *mortel trop délicat*. J'ai mieux aimé adopter le sens de plusieurs commentateurs, qui s'accorde plus facilement avec l'ensemble des idées. On peut confirmer ce sens par des exemples. *Delicias facere*, dit Forcellini, *interdum est irridere, ludere*. PLAUTE, *Pœn.*, acte I, scène 2, v. 83 : *Enimvero, here, meo me lacessis ludo, et delicias facis*. Ruperti a lu, d'après quelques-uns de ses manuscrits, *Ten, ô delicias!* ce qui offre le même sens. Tous les ma-

nuscrits de Paris ont *tu nunc delicias* : j'ai conservé cette leçon, en changeant seulement, avec M. Achaintre, la ponctuation adoptée jusqu'ici. J. P.

33. *Es-tu donc le fils de la poule blanche, nous autres de vils poussins sortis d'œufs malheureux?* v. 141. On voit bien que cette manière de parler est proverbiale ; mais il est difficile de l'expliquer. Érasme croit que Juvénal fait allusion à la poule blanche qu'un aigle, selon Suétone (*Vie de Galba*), laissa tomber dans le sein de Livie, laquelle poule fut d'une fécondité merveilleuse, etc. Quant aux œufs, quelques interprètes y voient, je ne sais pourquoi, une allusion aux deux œufs de Léda; et les autres, à certains oiseaux de mauvais augure, qui, selon les préjugés du temps, rendaient leurs œufs par le bec. Je fais grâce de plusieurs autres conjectures.

(Le traducteur avait remplacé l'expression proverbiale du texte par cette phrase sans couleur, *comme un être distingué du reste des humains*. C'est ôter à Juvénal son caractère distinctif que de substituer des généralités vagues à ces particularités énergiques et à ces traits prononcés dont il aime à se servir. J'ai emprunté, pour ces deux vers, la traduction de M. B***. J. P.)

34. *Les dons offerts par les peuples et les couronnes consacrées aux dieux par les antiques rois alliés de Rome*, v. 148. J'ai ajouté *alliés*, pour faire sentir qu'il ne s'agit pas ici des rois de Rome, dont il n'est pas vraisemblable que les Romains, après les avoir chassés, aient conservé les couronnes, en supposant qu'ils en portassent. On trouve dans Tite-Live une foule d'exemples de ces sortes d'offrandes. Attalus fit déposer au Capitole, par ses ambassadeurs, une couronne d'or du poids de 246 livres. Longtemps avant Attalus, les Latins, les Herniques, les Carthaginois, etc., en avaient envoyé de proportionnées à leurs moyens; car la religion, dans les premiers temps, *colebatur pie magis quam magnifice*. Au reste, Juvénal en veut ici à Néron, comme on le voit dans Suétone (cap. 32) : *Ultimo, templis compluribus dona detraxit, simulacraque ex auro vel argento fabricata conflavit*.

« Toutes les richesses, dit M. de Paw, que l'on entasse au fond des temples, dans l'espérance de corrompre la divinité, sont tôt ou tard pillées par des princes qui en ont envie, ou par des voleurs qui en ont besoin. » *Recherches philosophiques sur les Grecs*, tome II, page 385.

Plutarque appelle Thémistocle « le grand préviseur des choses futures. » Dans les conjonctures actuelles, n'en pourrait-on pas dire autant de M. de Paw?

35. *Est-on surpris de voir des goîtres dans les Alpes?* etc., v. 162. Les habitans des Alpes et des Pyrénées sont sujets à des tumeurs molles et pendantes jusque sur la poitrine, que l'on appelle goîtres. Il y a, dit-on, des villages entiers où personne n'en est exempt, et où les hommes et les femmes disputent entre eux de beauté, suivant la disposition plus ou moins régulière du goître qu'ils portent au cou.

36. *Est-on surpris de voir...... chez les Germains, des yeux bleus, des cheveux blonds, à boucles flottantes et parfumées? Non, parce que ces dehors sont communs à tout un peuple*, v. 164. Sénèque appuie du même exemple le raisonnement que fait ici Juvénal. « Un teint noir, dit-il, n'est pas remarqué chez les Éthiopiens, ni les cheveux blonds chez les Germains : une chevelure tressée n'est pas indécente à un homme chez ce dernier peuple. Ne faites donc pas un crime à un particulier de ce qui lui est commun avec toute sa nation. » (*De Ira*, lib. III, cap. 26.)

Observez que Sénèque et Juvénal, parlant des cheveux frisés et tressés, attribuent ici aux Germains en général, ce que Tacite n'a dit que des Suèves. (*De Morib. German.*, cap. 38.)

37. *Le Pygmée*, etc., v. 168. Les Pygmées, selon la tradition fabuleuse, étaient des hommes qui n'avaient au plus qu'une coudée de haut. Leurs femmes accouchaient à trois ans, et étaient vieilles à huit. Leurs villes, leurs maisons n'étaient bâties que de coquilles d'œufs. A la campagne, ils se retiraient dans des trous qu'ils faisaient sous terre, et coupaient leurs blés avec des cognées, comme s'il se fût agi d'abattre des forêts. On raconte qu'une de leurs armées ayant attaqué Hercule endormi, et l'assiégeant de toutes parts avec beaucoup d'ordre et de méthode, ce héros enveloppa tous les combattans dans sa peau de lion, et les porta à Euristhée. Les modernes ont rappelé cette fable par celle des habitans de Lilliput; mais ils y ont mis beaucoup plus de morale que les anciens.

38. *Ni le vieillard voisin du doux Hymette*, etc., v. 185. Il s'agit de Socrate, dont le caractère est désigné par l'épithète donnée au mont Hymette, sur lequel on recueillait d'excellent miel.

M. Larcher remarque, dans sa note 184 sur le premier livre d'Hérodote, que la figue est le seul fruit auquel Homère accorde de la douceur. Il donne au miel l'épithète de vert, de crainte d'appeler doux, par imprudence, ce qui est souvent amer; mais il n'accorde cette épithète qu'à la figue, de même qu'au nectar, parce que c'est la seule chose douce qu'il y ait dans la nature. (*Juliani imperat. epist.* XXIV.)

Quant à Socrate et à ses disciples, ils se sont moins occupés de la nature en général, que de l'homme en particulier. Ce philosophe n'a écrit qu'une hymne en l'honneur d'Apollon : dans sa prison, il mit en vers quelques fables d'Ésope.

39. *Le remords, qui les frappe sourdement de son fouet vengeur, n'est-il pas leur premier bourreau?* v. 195. Dans ce vers et les trois précédens, Juvénal s'est surpassé lui-même, quoiqu'il ait déjà dit, satire 1., v. 166, en parlant du remords :

. . . . Rubet auditor cui frigida mens est
Criminibus; tacita sudant præcordia culpa.

40. *N'en vérifia pas moins l'oracle et prouva qu'il était digne du sanctuaire*, v. 206. Ce trait d'histoire est emprunté d'Hérodote, lib. VI, §. 86. Glaucus, fils d'Épicyde, dit cet auteur, consulta l'oracle de Delphes pour savoir s'il pouvait retenir, par un faux serment, le dépôt qui lui avait été confié : « Fils d'Épicyde, lui « répondit la pythie, tu trouveras d'abord quelque avantage à te « parjurer : jure donc, puisque la mort n'épargne pas même ce-« lui qui garde sa foi; mais je t'avertis que le serment a un fils « anonyme qui n'a ni mains ni pieds, et qui, d'un vol rapide, « fond sur le parjure, le poursuit jusqu'à ce qu'il l'ait enseveli, « lui et tous les siens, sous une ruine commune. » (*Traduction de M. Larcher.*)

41. *Que sera-ce s'il le consomme?* v. 210. On lit dans toutes les éditions, *cedo, si conata peregit?* Markland, au lieu de *cedo*, écrit *quod si*, ce qui vaut beaucoup mieux.

(En sorte que, sur la foi de Markland, Dusaulx remplaçait, par une conjecture inutile, la leçon de toutes les éditions, et il aurait pu ajouter, de tous les manuscrits, s'il les eût consultés. J'ai rétabli *cedo*, qui s'explique très-facilement et qu'on trouve très-souvent employé de cette manière dans les auteurs latins. TÉRENCE, *Andr.*, acte II, scène 4, vers 9 : *Cedo, igitur, quid faciam, Dave?* etc. J. P.)

42. *La crainte*, v. 211. Le mot *anxiété*, originairement emprunté du latin, a vieilli, quoiqu'il soit nécessaire pour exprimer les effets du remords, c'est-à-dire, le comble de l'incertitude, le doute mêlé de crainte et de douleur. Cicéron ne confond pas l'anxiété avec l'angoisse et la détresse : *Estque aliud iracundum esse, aliud iratum, ut differt anxietas ab angore.*

43. *Comme s'il buvait un Falerne âcre et repoussant*, v. 216. Quelques interprètes croient, d'après l'ancien scoliaste, qu'il s'agit ici d'un vin de Falerne aigri, *aceto Falerno;* mais ils se trompent : on voit dans Athénée qu'il y avait deux sortes de Falerne, l'un que l'on appelait *austerum*, et l'autre *dulce* : ils corrigeaient l'âcreté du premier avec du miel, et ils en faisaient un vin nommé *mulsum*.

44. *Ton spectre gigantesque vient porter dans son âme une religieuse épouvante*, v. 221. On trouve, même dans l'histoire, beaucoup d'exemples de ces erreurs de l'imagination, qui grossit les fantômes qu'elle seule a produits. Dans Tacite (*Hist.*, lib. I) : *Erupisse cella Junonis majorem humana speciem.* Le même auteur (*Ann.*, lib. XII) : *Oblata ei species muliebris ultra modum humanum.* Pline : *Muliebris figura, humana grandior pulchriorque,* etc.

45. *Voilà ceux qui tremblent dès qu'il tonne, qui pâlissent à chaque éclair*, etc., v. 223. Caligula, qui méprisait les dieux, dit Suétone (cap. 51), avait coutume, lorsqu'il éclairait, de se voiler la tête et de se cacher sous son lit : *Ad minima tonitrua et fulgura connivere, caput obvolvere, ad majora vero proripere se e strato, sub lectumque condere solebat.*

46. *C'est un feu vengeur*, v. 226. Ruperti et M. Achaintre ont voulu lire, *judicet ignis*, au lieu de *vindicet ignis* : ils s'appuient sur

plusieurs manuscrits. Je conviens qu'on peut donner un sens à *judicet ignis* : mais l'ancienne leçon me paraît plus naturelle et plus probable. J. P.

47. *Tu jouiras de ses peines amères, et, dans la joie de ton âme implacable, tu conviendras enfin que les dieux ne sont ni sourds ni aveugles*, v. 249. Le texte porte, « Tu conviendras enfin que les dieux ne sont point des Tirésias, » parce que ce Thébain, comme on peut le voir dans Ovide, fut privé de la vue par Junon. On lit dans Callimaque et dans Properce, que ce fut par Pallas.

J. J. Rousseau, à qui j'avais présenté un exemplaire de cette Traduction, me dit, après l'avoir lue précipitamment : — Je suis fâché que notre Juvénal, car c'est aussi le mien, puisque je lui dois l'épigraphe de mes ouvrages (son *Vitam impendere vero*), je suis fâché, vous dis-je, qu'il ait fini par promettre à Calvinus le plaisir odieux de la vengeance, surtout après lui avoir si philosophiquement déclaré qu'elle n'est en effet que le partage des âmes étroites et malsaines, *minuti et infirmi animi*. C'en est assez à cet égard, ajouta-t-il : puisque cette satire est un chef-d'œuvre de sentiment, de poésie et de morale, mettons cette légère inconséquence, la seule qu'on puisse lui reprocher, au rang de ces méprises,

. . . . Quas aut incuria fudit,
Aut humana parum cavit natura.
HORAT., *de Arte poet.*, v. 352.

Frappé de cette objection, et plus encore de l'autorité d'un si grand personnage, j'allais m'y rendre, et passer condamnation : mais, retenu par le respect et la prudence, je relis la satire entière, et j'y trouve ma réponse. — Philosophe, lui dis-je, observez que Juvénal ayant fait dire plus haut à Calvinus, « Je tiens moins à la vie qu'à la vengeance »,

At vindicta bonum vita jucundius ipsa,

il pourrait bien se faire que votre critique portât à faux. Vous l'avouerai-je ? je suis tenté de le croire, et je vous en fais juge. A quoi se réduit le raisonnement de notre auteur ? si je ne me trompe, c'est à ceci : — Je ne t'ai donc pas persuadé, Calvinus, et tu as encore soif de la vengeance? Eh bien, cruel, tu seras vengé.

Rousseau m'embrasse. Nul doute, s'écria-t-il ; vous venez de me révéler le génie et la marche d'un véritable satirique ; et ce trait est d'autant plus estimable, qu'il est dirigé contre un vice dont l'orgueil s'honore trop souvent.

Pour éviter désormais toute méprise à l'occasion de ce passage, j'ai restitué dans le vers suivant un mot que je n'avais point traduit, parce qu'il me répugnait, faute d'une entière intelligence; j'y ai ajouté une épithète puisée dans l'auteur même :

Tandemque fatebere lætus,

et j'ai traduit *lætus*, par « dans la joie de ton âme implacable, etc. » ce qui ne saurait manquer de rappeler l'intention de Juvénal, si bien consignée dans cette apostrophe : « Que tu peins bien l'âme grossière d'un brutal, que la colère enflamme sans sujet ou pour le moindre sujet, et dont la rage n'a besoin que de prétextes ! »

Nempe hoc indocti, quorum præcordia nullis
Interdum, aut levibus videas flagrantia caussis:
Quantulacumque adeo est occasio, sufficit iræ.
Vers. 181.

J'avertis, et je crois l'avoir déjà fait sentir, que le texte même de Juvénal est son plus riche commentaire ; qu'avec de la patience on y trouve presque toujours la solution des plus grandes difficultés. Ajoutez qu'en l'étudiant il faut encore avoir égard aux tours et aux expressions satiriques, qui, dans ce genre d'écrire, présentent souvent des contre-vérités, et cachent le blâme sous de feintes approbations.

SATIRA XIV.

Exemplum.

Plurima sunt, Fuscine, et fama digna sinistra,
Et nitidis maculam haesuram figentia rebus,
Quae monstrant ipsi pueris traduntque parentes.
Si damnosa senem juvat alea, ludit et heres
Bullatus, parvoque eadem movet arma fritillo.
Nec melius de se cuiquam sperare propinquo
Concedet juvenis, qui radere tubera terrae,
Boletum condire, et eodem jure natantes
Mergere ficedulas didicit, nebulone parente,
Et cana monstrante gula. Quum septimus annus
Transierit puero, nondum omni dente renato,
Barbatos licet admoveas mille inde magistros,
Hinc totidem, cupiet lauto coenare paratu
Semper, et a magna non degenerare culina.

Mitem animum, et mores modicis erroribus aequos
Praecipit, atque animas servorum et corpora nostra
Materia constare putat paribusque elementis?
An saevire docet Rutilus, qui gaudet acerbo
Plagarum strepitu, et nullam Sirena flagellis
Comparat, Antiphates trepidi Laris ac Polyphemus,

SATIRE XIV.

L'Exemple[1].

Il est bien des vices, Fuscinus, bien des vices déshonorans et capables de flétrir à jamais les plus heureux caractères, que les parens eux-mêmes enseignent et transmettent à leurs enfans. Si le père a la passion du jeu, son fils, portant encore la bulle[2], remue déjà le dé dans un petit cornet[3]. Et cet autre, qu'espérer de lui, quand il aura appris d'un dissipateur à barbe grise, son maître en gourmandise, l'art de préparer les truffes et d'accommoder à la même sauce les champignons et les bec-figues? A peine la septième année de cet enfant sera-t-elle écoulée, n'eût-il pas encore renouvelé toutes ses dents, missiez-vous à ses côtés cent précepteurs austères, il n'en soupirera pas moins après une table délicate, et ne consentira jamais à dégénérer de la cuisine paternelle.

Rutilus peut-il enseigner à ses enfans la douceur et l'indulgence qui pardonne les fautes légères[4]? peut-il leur apprendre que l'âme et le corps d'un esclave sont pétris du même limon que les nôtres[5]? Ne les élevera-t-il pas plutôt dans des habitudes de cruauté, ce moderne Antiphate[6], cet autre Polyphème, la terreur de ses lares, qui se plaît au milieu des plus cruels supplices, et pour

Tum felix, quoties aliquis tortore vocato
Uritur ardenti propter duo lintea ferro?
Quid suadet juveni laetus stridore catenae,
Quem mire afficiunt inscripta ergastula, carcer
Rusticus? Exspectas, ut non sit adultera Largae
Filia, quae nunquam maternos dicere moechos
Tam cito, nec tanto poterit contexere cursu,
Ut non ter decies respiret? Conscia matri
Virgo fuit: ceras nunc hac dictante pusillas
Implet, et ad moechos dat eisdem ferre cinaedis.
Sic natura jubet: velocius et citius nos
Corrumpunt vitiorum exempla domestica, magnis
Quum subeunt animos auctoribus. Unus et alter
Forsitan haec spernant juvenes, quibus arte benigna
Et meliore luto finxit praecordia Titan;
Sed reliquos fugienda patrum vestigia ducunt,
Et monstrata diu veteris trahit orbita culpae.

Abstineas igitur damnandis; hujus enim vel
Una potens ratio est, ne crimina nostra sequantur
Ex nobis geniti: quoniam dociles imitandis
Turpibus ac pravis omnes sumus; et Catilinam
Quocumque in populo videas, quocumque sub axe,
Sed nec Brutus erit, Bruti nec avunculus usquam.
Nil dictu foedum visuque haec limina tangat,

qui le sifflement des fouets est plus doux que le chant des sirènes ? Il est heureux, toutes les fois que la main du bourreau marque d'un fer rouge le front d'un esclave pour deux serviettes volées [7]. Quels conseils donnera-t-il à un jeune homme, lui qui trouve ses délices dans le cliquetis des chaînes, dans le spectacle des tortures et des cachots [8] ? Veux-tu que la fille de Larga ne soit pas adultère, lorsqu'elle ne pourrait, même avec la plus rapide volubilité, énumérer tous les amans de sa mère, sans reprendre haleine trente fois ? Vierge encore, elle fut sa confidente [9] : aujourd'hui elle écrit, sous sa dictée [10], des billets amoureux qu'elle envoie par les ministres infâmes dont se servait Larga [11]. Ainsi le veut la nature : les exemples domestiques nous corrompent plus sûrement et plus vite, lorsqu'ils ont pour eux une si imposante autorité. Peut-être n'atteindront-ils pas un ou deux enfans que Prométhée, par une faveur particulière, aura formés d'une meilleure argile : tous les autres, entraînés sur des traces qu'ils devaient éviter, s'engageront dans le vice, dont on leur a montré depuis long-temps la route [12].

Interdisons-nous donc les actions condamnables, ne fût-ce (quel puissant motif !) que pour préserver de la corruption ceux qui nous doivent la vie. Car nous naissons tous imitateurs dociles de la perversité : tous les peuples, tous les climats ont leur Catilina ; mais cherchez-y des Brutus et des Catons [13] ! Écartez des murs qu'habite l'enfance ce qui pourrait choquer ses oreilles ou ses yeux [14]. Loin de cette maison, loin de cet asile vénérable [15], et

Intra quæ puer est. Procul hinc, procul inde puellæ
Lenonum, et cantus pernoctantis parasiti!
Maxima debetur puero reverentia. Si quid
Turpe paras, ne tu pueri contempseris annos;
Sed peccaturo obstet tibi filius infans.
Nam si quid dignum censoris fecerit ira
Quandoque, et similem tibi se non corpore tantum
Nec vultu dederit, morum quoque filius, et qui
Omnia deterius tua per vestigia peccet,
Corripies nimirum, et castigabis acerbo
Clamore, ac post hæc tabulas mutare parabis.
Unde tibi frontem libertatemque parentis,
Quum facias pejora senex, vacuumque cerebro
Jampridem caput hoc ventosa cucurbita quærat?

Hospite venturo, cessabit nemo tuorum:
Verre pavimentum, nitidas ostende columnas,
Arida cum tota descendat aranea tela:
Hic lavet argentum, vasa aspera tergeat alter:
Vox domini furit instantis, virgamque tenentis.
Ergo miser trepidas, ne stercore fœda canino
Atria displiceant oculis venientis amici,
Ne perfusa luto sit porticus; et tamen uno
Semodio scobis hæc emundat servulus unus.
Illud non agitas, ut sanctam filius omni
Adspiciat sine labe domum, vitioque carentem.
Gratum est, quod patriæ civem populoque dedisti,

les courtisanes et les chants nocturnes d'un parasite enivré. On ne saurait trop respecter l'innocence de l'enfant : médites-tu quelque action dont tu doives rougir, songe à ton fils au berceau, et que cette image arrête la pensée du crime [16]. S'il arrivait qu'il méritât un jour la colère du censeur [17]; qu'il fût ton fils par ses mœurs, comme il l'est par la ressemblance de sa figure et de son corps; s'il s'égarait plus loin que toi, dans la route que tu lui as ouverte, tu sévirais sans doute, tu le gourmanderais, tu songerais à le déshériter. Et cependant, de quel front, vieillard plus coupable que cet adolescent, irais-tu lui montrer le visage sévère d'un père justement irrité, toi dont la tête sans cervelle a depuis long-temps besoin de ventouses ?

Attends-tu la visite d'un hôte, tous tes esclaves sont en mouvement : « Balayez ces planchers, nettoyez ces colonnes ; que ces maigres araignées descendent avec leurs toiles. Toi, lave ces vases d'argent [18]; et toi, rends à ces coupes ciselées leur premier éclat. » C'est ainsi que d'une voix fulminante, et la verge à la main, le maître les excite à l'ouvrage. Misérable! tu t'agites dans la crainte que ton vestibule, sali par l'ordure d'un chien, ne choque les yeux d'un ami; tu trembles que ton portique ne soit souillé de boue : cependant un seul esclave, avec une demi-mesure de poussière, va tout réparer [19] : mais tu t'inquiètes peu de montrer à ton fils une maison exempte de vices et de souillures. Certes! la patrie te doit beaucoup, quand tu lui donnes un nouveau

Si facis, ut patriæ sit idoneus, utilis agris,
Utilis et bellorum, et pacis rebus agendis.
Plurimum enim intererit, quibus artibus et quibus hunc tu
Moribus instituas. Serpente ciconia pullos
Nutrit, et inventa per devia rura lacerta;
Illi eadem sumptis quærunt animalia pennis.
Vultur, jumento et canibus crucibusque relictis,
Ad fetus properat, partemque cadaveris affert :
Hic est ergo cibus magni quoque vulturis, et se
Pascentis, propria quum jam facit arbore nidos.
Sed leporem aut capream famulæ Jovis et generosæ
In saltu venantur aves; hinc præda cubili
Ponitur : inde autem, quum se matura levarit
Progenies, stimulante fame, festinat ad illam,
Quam primum prædam rupto gustaverat ovo.

ÆDIFICATOR erat Cetronius; et modo curvo
Litore Caietæ, summa nunc Tiburis arce,
Nunc Prænestinis in montibus, alta parabat
Culmina villarum, Græcis longeque petitis
Marmoribus, vincens Fortunæ atque Herculis ædem,
Ut spado vincebat Capitolia nostra Posides.
Dum sic ergo habitat Cetronius, imminuit rem,
Fregit opes : nec parva tamen mensura relictæ
Partis erat : totam hanc turbavit filius amens,
Dum meliore novas attollit marmore villas.

citoyen, pourvu toutefois que tu le rendes utile à la patrie, qu'il sache fertiliser la terre, servir ses concitoyens et dans la guerre et dans la paix : tout dépend des habitudes et des sentimens que tu lui inspireras. La cigogne nourrit ses petits de serpens et de lézards, trouvés loin des routes frayées; leurs ailes ne seront pas plutôt garnies de plumes, qu'ils chercheront les mêmes reptiles. Le vautour, revolant vers sa couvée, lui rapporte des lambeaux arrachés des carcasses de chevaux et de chiens, ou des cadavres suspendus aux gibets : tels seront encore les alimens de cette race sanguinaire, dès qu'elle pourra se nourrir elle-même, et nicher sur le sommet des arbres [20]. Le noble oiseau, ministre de Jupiter, chasse dans les forêts le lièvre et le chevreuil : il dépose cette proie dans son aire : bientôt, lorsque le jeune aiglon prendra son essor, vous le verrez, aux premiers aiguillons de la faim, fondre sur les animaux timides dont il suça le sang au sortir de la coque.

Cetronius avait la manie de bâtir : tantôt sur le rivage de Caïète, tantôt sur les hauteurs de Préneste et de Tibur, il élevait des maisons magnifiques : la Grèce et les pays lointains lui fournissaient les marbres dont il ornait ces édifices [21], plus somptueux que les temples d'Hercule et de la Fortune : c'est ainsi que nous avons vu l'eunuque Posidès [22] éclipser par son faste la magnificence même de notre Capitole. Cette folie de Cetronius diminua son patrimoine, et porta une première atteinte à sa fortune. Cependant il laissait encore un assez brillant héritage : son fils, insensé comme lui, dissipa le

Quidam sortiti metuentem sabbata patrem,
Nil præter nubes et cœli numen adorant,
Nec distare putant humana carne suillam,
Qua pater abstinuit; mox et præputia ponunt:
Romanas autem soliti contemnere leges,
Judaicum ediscunt, et servant ac metuunt jus,
Tradidit arcano quodcumque volumine Moses.
Non monstrare vias, eadem nisi sacra colenti;
Quæsitum ad fontem solos deducere verpos.
Sed pater in caussa, cui septima quæque fuit lux
Ignava, et partem vitæ non attigit ullam.

Sponte tamen juvenes imitantur cetera: solam
Inviti quoque avaritiam exercere jubentur.
Fallit enim vitium specie virtutis et umbra,
Quum sit triste habitu vultuque et veste severum.
Nec dubie, tanquam frugi, laudatur avarus,
Tanquam parcus homo, et rerum tutela suarum
Certa magis, quam si fortunas servet easdem
Hesperidum serpens aut Ponticus. Adde quod hunc, de
Quo loquor, egregium populus putat atque verendum
Artificem; quippe his crescunt patrimonia fabris:
Sed crescunt quocumque modo, majoraque fiunt
Incude assidua, semperque ardente camino.

reste de ses biens, en élevant de nouveaux palais d'un marbre plus précieux.

Le fils d'un superstitieux observateur du sabbat n'adore que la puissance des nuages et du ciel[23] : à l'exemple de son père, il n'a pas moins d'horreur pour la chair du porc que pour la chair humaine, et bientôt il se fait circoncire[24]. Élevé dans le mépris des lois romaines, il n'étudie, il ne pratique, il ne révère que la loi de Moïse, et tout ce que Moïse transmet à ses adeptes dans son livre mystérieux. Il n'indiquerait pas la route au voyageur qui n'est pas de sa secte[25]; il ne montrerait pas la fontaine à un incirconcis. Et tout cela, parce que son père coula dans l'inaction le septième jour de chaque semaine, sans prendre part aux devoirs de la vie.

La jeunesse, si docile aux mauvais exemples, ne suit cependant qu'avec contrainte les conseils de l'avarice; mais elle les suit enfin, trompée par les apparences de vertu sous lesquelles ce vice est déguisé; car il prête à l'extérieur, au visage, au vêtement un caractère grave et austère. Ajoutez qu'on donne à l'avare les même éloges qu'à l'homme économe et frugal[26] : son patrimoine n'est-il pas plus en sûreté entre ses mains, que s'il était défendu par le dragon des Hespérides ou de la toison d'or? D'ailleurs, l'homme dont je parle est honoré du vulgaire, comme un habile artisan de fortune[27]. Sous les mains d'un pareil ouvrier, les richesses vont toujours croissant[28]. Oui, mais elles s'accroissent par tous les moyens, et notre forgeron ne quitte pas un instant le soufflet et

Et pater ergo animi felices credit avaros,
Qui miratur opes, qui nulla exempla beati
Pauperis esse putat: juvenes hortatur, ut illam
Ire viam pergant, et eidem incumbere sectae.

Sunt quaedam vitiorum elementa: his protinus illos
Imbuit, et cogit minimas ediscere sordes:
Mox acquirendi docet insatiabile votum.
Servorum ventres modio castigat iniquo,
Ipse quoque esuriens; neque enim omnia sustinet unquam
Mucida caerulei panis consumere frusta,
Hesternum solitus medio servare minutal
Septembri, nec non differre in tempora coenae
Alterius conchem aestivam cum parte lacerti
Signatam, vel dimidio putrique siluro,
Filaque sectivi numerata includere porri.
Invitatus ad haec aliquis de ponte, negabit.
Sed quo divitias haec per tormenta coactas,
Quum furor haud dubius, quum sit manifesta phrenesis,
Ut locuples moriaris, egenti vivere fato?
Interea pleno quum turget sacculus ore,
Crescit amor nummi, quantum ipsa pecunia crescit;
Et minus hanc optat, qui non habet. Ergo paratur
Altera villa tibi, quum rus non sufficit unum,
Et proferre libet fines, majorque videtur
Et melior vicina seges: mercaris et hanc, et

l'enclume. Ainsi, croyant qu'il n'y a de vraiment satisfait que le cœur de l'avare, adorateur de la fortune, convaincu que la pauvreté heureuse est sans exemple, le père exhorte ses enfans à suivre la même route, et à s'attacher aux mêmes principes.

Le vice aussi a ses préceptes : ce père impatient se hâte de les graver dans leur esprit, et les force d'apprendre les moindres détails de la lésinerie : bientôt il leur inspire l'insatiable désir d'amasser. Voyez-le châtier l'estomac de ses esclaves, et retrancher à la mesure de leurs alimens[29] : voyez-le, mourant de faim lui-même, respecter un morceau de pain noir et moisi. Au milieu de septembre, il réservera pour le lendemain les restes d'un hachis, et gardera pour un autre repas un plat de fèves d'été, ou les débris de quelque poisson avancé : il renfermera jusqu'à des poireaux dont il a compté les filets. Un mendiant, ramassé sur nos ponts, refuserait de s'asseoir à une pareille table. Est-ce un bonheur que d'être riche à ce prix ? N'est-ce pas plutôt une fureur manifeste, une véritable phrénésie, que de vivre dans la misère pour mourir opulent ? Tandis que le sac s'enfle et se grossit[30], la cupidité croît avec l'or qu'on y entasse : moins on possède, moins on désire. — « Une seule métairie ne suffit pas; tâchons d'en acquérir une autre, et d'étendre mon domaine. Le champ de mon voisin paraît plus vaste et plus fertile : je veux l'acheter avec le petit bois et le coteau blanchi par les oliviers dont il est couvert. » Si le propriétaire ne veut pas vendre, malheur à lui! notre homme lâchera pendant la nuit au milieu des

Arbusta, et densa montem qui canet oliva.
Quorum si pretio dominus non vincitur ullo,
Nocte boves macri, lassoque famelica collo
Jumenta, ad virides hujus mittentur aristas;
Nec prius inde domum, quam tota novalia saevos
In ventres abeant, ut credas falcibus actum.
Dicere vix possis, quam multi talia plorent,
Et quot venales injuria fecerit agros.
Sed qui sermones! quam foedae buccina famae!
Quid nocet hoc? inquit. Tunicam mihi malo lupini,
Quam si me toto laudet vicinia pago,
Exigui ruris paucissima farra secantem.
Scilicet et morbis et debilitate carebis,
Et luctum et curam effugies, et tempora vitae
Longa tibi post haec fato meliore dabuntur,
Si tantum culti solus possederis agri,
Quantum sub Tatio populus romanus arabat.
Mox etiam fractis aetate, ac Punica passis
Proelia, vel Pyrrhum immanem gladiosque Molossos,
Tandem pro multis vix jugera bina dabantur
Vulneribus. Merces ea sanguinis atque laboris
Nullis visa unquam meritis minor, aut ingratae
Curta fides patriae. Saturabat glebula talis
Patrem ipsum, turbamque casae, qua feta jacebat
Uxor, et infantes ludebant quatuor, unus
Vernula, tres domini; sed magnis fratribus horum

épis encore verts ses bœufs décharnés et le troupeau famélique de ses chevaux harassés [31]; et ces animaux voraces ne rentreront au logis qu'après avoir fait tout disparaître sous leurs dents, comme si la faux tranchante avait passé dans la moisson. Vous compteriez à peine tous ceux que cette tyrannie contraignit à céder en pleurant l'héritage de leurs pères. — « Mais aussi quels propos ! quelle renommée ! — Que m'importe ? répond-il. Va, je préfère une cosse de lupin [32] aux stériles éloges que me prodigueraient les cantons d'alentour, si j'étais réduit en même temps à recueillir quelques épis de blé sur un coin de terre [33]. » Sans doute les maladies, les infirmités t'épargneront; tu éviteras les chagrins et les soucis; tu jouiras d'une vie plus longue et plus heureuse, si tu possèdes, seul, autant de champs cultivés qu'en labourait le peuple romain sous Tatius [34]. Alors nos soldats, accablés sous le poids des ans, lorsque le glaive du Carthaginois, de Pyrrhus ou de ses Molosses les avait épargnés, recevaient à peine, pour prix de leurs nombreuses blessures, deux arpens de terre. C'était la récompense des fatigues et du sang versé dans les combats [35]. Ils ne la trouvaient pas cependant au dessous de leurs services : jamais ils n'accusèrent la patrie d'ingratitude. Ce petit champ nourrissait le père et sa famille, son épouse enceinte, et quatre enfans en bas âge qui jouaient autour de leur mère, l'un né d'une esclave, les trois autres héritiers du maître [36]. Après le repas ordinaire, un repas plus ample attendait les aînés au retour de la vigne ou des champs, et le lait, épaissi par la farine, bouillonnait dans d'immenses bassins. Ces deux arpens

A scrobe, vel sulco redeuntibus, altera coena
Amplior; et grandes fumabant pultibus ollæ.
Nunc modus hic agri nostro non sufficit horto.
Inde fere scelerum causæ, nec plura venena
Miscuit, aut ferro grassatur sæpius ullum
Humanæ mentis vitium, quam sæva cupido
Indomiti census. Nam dives qui fieri vult,
Et cito vult fieri. Sed quæ reverentia legum,
Quis metus, aut pudor est unquam properantis avari?

Vivite contenti casulis et collibus istis,
O pueri, Marsus dicebat, et Hernicus olim,
Vestinusque senex : panem quæramus aratro,
Qui satis est mensis. Laudant hoc numina ruris,
Quorum ope et auxilio, gratæ post munus aristæ,
Contingunt homini veteris fastidia quercus.
Nil vetitum fecisse volet, quem non pudet alto
Per glaciem perone tegi; qui summovet Euros
Pellibus inversis. Peregrina ignotaque nobis
Ad scelus atque nefas, quæcumque est, purpura ducit.

Hæc illi veteres præcepta minoribus. At nunc
Post finem autumni media de nocte supinum
Clamosus juvenem pater excitat : Accipe ceras;
Scribe, puer, vigila, causas age, perlege rubras
Majorum leges, aut vitem posce libello.
Sed caput intactum buxo, naresque pilosas

ne suffisent pas aujourd'hui à nos jardins. De là, tous les crimes : aucune passion humaine n'a distillé plus de poisons, n'a aiguisé plus de poignards, que l'insatiable désir d'une fortune sans mesure[37]. Car celui qui souhaite la richesse, veut l'acquérir en un jour : et quel respect des lois, quelle crainte, quelle pudeur peuvent contenir l'impatience de l'avarice ?

O mes enfans, disait autrefois le Marse, l'Hernique, ou le vieillard du Vestin[38], sachez vous contenter de ces cabanes et de ces coteaux. Gagnons, en labourant la terre, le pain qui suffit à nos besoins. Ainsi nous serons agréables aux divinités champêtres, dont la bonté secourable, accordant aux humains des moissons délicieuses, les dégoûta du gland qui nourrissait leurs pères. Jamais il ne sera criminel celui qui ne dédaigne pas une chaussure grossière[39] pour affronter les glaces, et qui brave l'Aquilon avec des toisons retournées. C'est la pourpre étrangère, inconnue à nos climats, qui conduit à tous les crimes[40].

Tels étaient les préceptes que nos ancêtres donnaient à leurs enfans. Aujourd'hui, même après l'automne, un père, au milieu de la nuit, court au lit de son fils endormi : « Enfant, réveille-toi, s'écrie-t-il, prends tes tablettes, écris, prépare ton plaidoyer, médite nos anciennes lois[41], ou brigue dans un placet le grade de centurion. Mais, que Lélius remarque tes cheveux en dés-

Adnotet, et grandes miretur Laelius alas.

Dirue Maurorum attegias, castella Brigantum,
Ut locupletem aquilam tibi sexagesimus annus
Afferat : aut, longos castrorum ferre labores
Si piget, et trepidum solvunt tibi cornua ventrem
Cum lituis audita, pares quod vendere possis
Pluris dimidio, nec te fastidia mercis
Ullius subeant ablegandae Tiberim ultra;
Neu credas ponendum aliquid discriminis inter
Unguenta et corium. Lucri bonus est odor ex re
Qualibet. Illa tuo sententia semper in ore
Versetur, Dis atque ipso Jove digna, poetae :
UNDE HABEAS, QUÆRIT NEMO ; SED OPORTET HABERE.
Hoc monstrant vetulae pueris poscentibus assem;
Hoc discunt omnes ante alpha et beta puellae.

TALIBUS instantem monitis quemcumque parentem
Sic possem affari : Dic, o vanissime, quis te
Festinare jubet? meliorem praesto magistro
Discipulum. Securus abi : vinceris, ut Ajax
Praeteriit Telamonem, ut Pelea vicit Achilles.
Parcendum est teneris : nondum implevere medullas
Nativae mala nequitiae : quum pectere barbam
Cœperit, et longi mucronem admittere cultri,
Falsus erit testis, vendet perjuria summa
Exigua, Cereris tangens aramque pedemque.
Elatam jam crede nurum, si limina vestra

ordre, tes narines velues [42]; qu'il admire la largeur de tes épaules. Cours détruire les cabanes des Maures, les citadelles des Bretons, afin d'obtenir à soixante ans l'utile honneur de porter l'aigle romaine [43]. Si les travaux de Mars répugnent à ta faiblesse, si le son des clairons et des trompettes porte le trouble dans tes entrailles [44], achète des marchandises que tu puisses revendre moitié plus qu'elles ne t'auront coûté. Ne vas point te dégoûter de celles que tu seras contraint de reléguer au delà du Tibre. Cuirs ou parfums, n'importe; le gain a toujours bonne odeur, quelle qu'en soit la source [45]. Ne cesse de répéter cette sentence d'Ennius [46], digne des dieux et de Jupiter lui-même : ON NE S'INFORME POINT D'OÙ VIENNENT LES RICHESSES; IL SUFFIT D'ÊTRE RICHE. La grand'mère l'apprend à ses petits-fils, toutes les fois qu'ils viennent caresser sa bourse [47]; les jeunes filles la savent avant leur alphabet. »

INSENSÉ! dirais-je à ce père si pressant, pourquoi te hâter? je m'en rends caution; bientôt le disciple surpassera le maître. Va, ne t'inquiète pas : ton fils l'emportera sur toi, autant qu'Ajax l'emporta sur Télamon, et Achille sur Pélée. Épargne sa jeunesse : le levain du vice qu'il reçut en naissant n'a pas assez fermenté [48]. Laisse pousser sa barbe, attends qu'il commence à se raser, tu le verras porter un faux témoignage, et vendre le parjure à vil prix, aux pieds même de la statue de Cérès [49]. C'en est fait de ta bru, si elle passe le seuil de ta porte avec la dot qui doit lui être fatale : pendant son sommeil, elle sentira sa gorge pressée par les doigts de son homicide

20.

Mortifera cum dote subit. Quibus illa premetur
Per somnum digitis! Nam quæ terraque marique
Acquirenda putas, brevior via conferet illi :
Nullus enim magni sceleris labor. Hæc ego nunquam
Mandavi, dices olim, nec talia suasi.
Mentis causa malæ tamen est et origo penes te.
Nam quisquis magni census præcepit amorem,
Et lævo monitu pueros producit avaros,
Et qui per fraudes patrimonia conduplicare
Dat libertatem, totas effundit habenas
Curriculo; quem si revoces, subsistere nescit,
Et, te contempto, rapitur, metisque relictis.
Nemo satis credit tantum delinquere, quantum
Permittas; adeo indulgent sibi latius ipsi!

Quum dicis juveni, stultum, qui donet amico,
Qui paupertatem levet attollatque propinqui,
Et spoliare doces, et circumscribere, et omni
Crimine divitias acquirere, quarum amor in te,
Quantus erat patriæ Deciorum in pectore, quantum
Dilexit Thebas, si Græcia vera, Menœceus,
In quarum sulcis legiones dentibus anguis
Cum clypeis nascuntur, et horrida bella capessunt
Continuo, tanquam et tubicen surrexerit una.
Ergo ignem, cujus scintillas ipse dedisti,
Flagrantem late et rapientem cuncta videbis.
Nec tibi parcetur misero, trepidumque magistrum

époux. Ce que tu lui proposes d'acquérir en parcourant et la terre et les mers, un chemin plus court le lui donnera. Quelle peine coûte un grand crime ? Jamais, diras-tu quelque jour, je ne lui conseillai de tels forfaits. Ils n'en sont pas moins le fruit de tes leçons. Quiconque allume dans un jeune cœur le désir des richesses, et par d'imprudens avis lui donne le goût de l'avarice [50], a brisé pour lui tous les freins ; il a lâché les rênes à des coursiers fougueux. En vain il voudrait les retenir : méconnaissant sa voix, ils emportent loin des bornes et le char et le maître [51]. L'homme, naturellement disposé à étendre la liberté qu'on lui accorde, ne croit jamais avoir assez profité de la permission de faire le mal.

Quand tu dis à cet adolescent, « Ferme ta bourse à tes amis, ton cœur à la misère de tes parens », n'est-ce pas comme si tu lui disais, « Pille, vole ; ne t'interdis aucun des crimes qui peuvent t'assurer la richesse » ? la richesse, que tu chéris toi-même autant que les Décius chérissaient leur patrie, autant que Ménécée, si la Grèce ne ment pas [52], aimait Thèbes, cette Thèbes si célèbre par les légions armées naissant des dents du dragon, et se livrant tout à coup d'horribles combats, comme au signal de la trompette. Ainsi, tu verras bientôt l'incendie, dont tu allumas les premières étincelles, s'étendre au loin et tout dévorer sur son passage [53]. Tu ne seras pas toi-même épargné : ce lion que tu as nourri entraînera dans sa caverne, avec d'affreux rugissemens, son maître

In cavea magno fremitu leo tollet alumnus.
Nota mathematicis genesis tua; sed grave tardas
Exspectare colos; morieris stamine nondum
Abrupto. Jam nunc obstas et vota moraris;
Jam torquet juvenem longa et cervina senectus.
Ocius Archigenem quaere, atque eme, quod Mithridates
Composuit, si vis aliam decerpere ficum,
Atque alias tractare rosas. Medicamen habendum est,
Sorbere ante cibum quod debeat et pater et rex.

MONSTRO voluptatem egregiam, cui nulla theatra,
Nulla aequare queas praetoris pulpita lauti,
Si spectes, quanto capitis discrimine constent
Incrementa domus, aerata multus in arca
Fiscus, et ad vigilem ponendi Castora nummi,
Ex quo Mars ultor galeam quoque perdidit, et res
Non potuit servare suas. Ergo omnia Florae,
Et Cereris licet, et Cybeles aulaea relinquas;
Tanto majores humana negotia ludi!

AN magis oblectant animum jactata petauro
Corpora, quique solent rectum descendere funem,
Quam tu, Corycia semper qui puppe moraris,
Atque habitas; Coro semper tollendus et Austro,
Perditus, ac vilis sacci mercator olentis;
Qui gaudes pingue antiquae de litore Cretae
Passum, et municipes Jovis advexisse lagenas?

épouvanté. L'astrologue sait combien d'années t'étaient réservées ; mais il est dur d'attendre l'arrêt tardif du destin ; tu mourras avant que le fil ait été tranché de la main des Parques : en effet, n'es-tu pas un obstacle aux vœux de ton fils ? ta vieillesse éternelle est un tourment qu'il ne peut plus souffrir. Veux-tu cueillir encore la figue, et respirer le parfum de la rose ? cours chez Archigènes [54], et songe à te pourvoir au plus tôt du contre-poison inventé par Mithridate [55]. C'est un antidote que les pères et les rois doivent avaler avant chaque repas.

Voulez-vous un spectacle plus amusant que tous les jeux du cirque, que toutes les fêtes du plus magnifique de nos préteurs ? Voyez les périls qu'affronte l'avarice pour accroître ses richesses, et pour remplir un coffre-fort qu'elle se promet de confier à la vigilance de Castor, depuis que Mars vengeur, incapable de garder son propre bien, s'est laissé dérober jusqu'à son casque [56]. Laissez donc là les jeux de Flore, de Cérès et de Cybèle [57] ; la vie humaine est une comédie bien plus attachante !

Est-il plus divertissant de voir des voltigeurs [58] ou des danseurs de corde, qu'un homme habitant sans cesse la poupe d'un navire crétois, en butte à la fureur des vents, et cela pour rapporter, vil marchand, quelques drogues odoriférantes [59], ou quelques bouteilles d'un vin, dont l'épaisse liqueur [60] fut exprimée sur l'antique rivage qui vit naître Jupiter ? Ce malheureux cependant, qui d'un pas incertain parcourt une corde tendue, ne

Hic tamen ancipiti figens vestigia planta,
Victum illa mercede parat, brumamque famemque
Illa reste cavet : tu propter mille talenta
Et centum villas temerarius. Aspice portus,
Et plenum magnis trabibus mare : plus hominum est jam
In pelago. Veniet classis, quocumque vocarit
Spes lucri; nec Carpathium Gætulaque tantum
Æquora transiliet; sed, longe Calpe relicta,
Audiet Herculeo stridentem gurgite solem.
Grande operæ pretium est, ut tenso folle reverti
Inde domum possis, tumidaque superbus aluta,
Oceani monstra et juvenes vidisse marinos.

Non unus mentes agitat furor : ille sororis
In manibus vultu Eumenidum terretur et igni;
Hic, bove percusso, mugire Agamemnona credit,
Aut Ithacum. Parcat tunicis licet atque lacernis,
Curatoris eget, qui navem mercibus implet
Ad summum latus, et tabula distinguitur unda,
Quum sit causa mali tanti et discriminis hujus
Concisum argentum in titulos faciesque minutas.
Occurrunt nubes et fulgura : Solvite funem,
Frumenti dominus clamat piperisque coemptor :
Nil color hic cœli, nil fascia nigra minatur;
Æstivum tonat. Infelix hac forsitan ipsa
Nocte cadet, fractis trabibus, fluctuque premetur
Obrutus, et zonam læva morsuque tenebit.

cherche qu'à se défendre du froid et de la faim : toi, c'est pour posséder mille talens et cent maisons de plaisance que tu hasardes ta vie. Vois ce port et cette mer couverte de vaisseaux? déjà la terre a moins d'habitans que les humides plaines. Une nouvelle flotte va se précipiter partout où l'appellera l'espoir du gain : elle ne franchira pas seulement les mers de Carpathie et d'Afrique; mais, laissant loin derrière elle les colonnes d'Hercule, elle pénétrera jusqu'aux lieux où le soleil éteint son flambeau dans les ondes frémissantes. Pourquoi tant de fatigues? pour revenir, la bourse pleine, ravi d'étaler des sacs gonflés d'or[61], et fier d'avoir vu les monstres marins et les Tritons[62].

Chaque mortel a sa manie : l'un se figure que les furies, armées de flambeaux, le poursuivent jusque dans les bras de sa sœur[63]: l'autre, assommant un bœuf, croit entendre gémir Ulysse ou bien Agamemnon[64]. Mais l'avare, quoiqu'il ne déchire pas, en furieux, sa tunique et son manteau, en a-t-il moins besoin de curateur, lui qui surcharge son vaisseau de marchandises, et qui ne met entre la mort et lui que l'épaisseur d'une planche, lui qui n'affronte tant de maux et tant de périls que pour quelques pièces d'argent à la marque du prince? Le ciel s'obscurcit, la foudre gronde : « Détachez le cable, s'écrie néanmoins le marchand de poivre ou de blé : cet horizon rembruni, cette large bande noire, ne présagent rien de sinistre; ce n'est qu'un orage d'été. » Malheureux! peut-être que, dès cette nuit, les débris de ton vaisseau nageront dispersés sur les ondes; et que toi-

Sed cujus votis modo non suffecerat aurum,
Quod Tagus, et rutila volvit Pactolus arena,
Frigida sufficient velantes inguina panni,
Exiguusque cibus, mersa rate naufragus assem
Dum rogat, et picta se tempestate tuetur.

- -

Tantis parta malis, cura majore metuque
Servantur: misera est magni custodia census.
Dispositis prædives amis vigilare cohortem
Servorum noctu Licinus jubet, attonitus pro
Electro signisque suis, Phrygiaque columna,
Atque ebore et lata testudine. Dolia nudi
Non ardent Cynici: si fregeris, altera fiet
Cras domus, aut eadem plumbo commissa manebit.
Sensit Alexander, testa quum vidit in illa
Magnum habitatorem, quanto felicior hic, qui
Nil cuperet, quam qui totum sibi posceret orbem,
Passurus gestis æquanda pericula rebus.

Nullum numen habes, si sit prudentia; nos te,
Nos facimus, Fortuna, deam. Mensura tamen quæ
Sufficiat census, si quis me consulat, edam:
In quantum sitis atque fames et frigora poscunt,
Quantum, Epicure, tibi parvis suffecit in hortis,

même tu seras enseveli sous les flots, serrant de ta main et de tes dents ta riche ceinture ! Naguère tout l'or du Pactole et du Tage ne pouvait rassasier ses désirs : il faudra bien qu'il se contente des alimens les plus grossiers, et de lambeaux pour couvrir ses membres glacés, lorsqu'après son naufrage, il sera réduit à mendier un as, et à promener, pour vivre, le tableau de son désastre [65].

Ces richesses acquises au prix de tant de maux, on ne les conserve qu'avec des craintes et des soucis plus grands encore. Que de peines ne coûte pas la garde d'une grande fortune ! Le riche Licinus entoure sa maison de réservoirs [66] ; toutes les nuits, il tient sur pied une cohorte d'esclaves, tremblant pour ses vases d'ambre et ses statues, pour ses colonnes de marbre, pour ses meubles d'ivoire et d'écaille précieuse. Le tonneau du Cynique est à l'abri du feu ; s'il se brise, demain une autre maison sera construite, ou la même sera réparée avec du plomb. Alexandre sentit, en voyant l'habitation de l'illustre philosophe [67], combien un homme sans désirs est plus heureux que celui qui, méditant de subjuguer la terre, se prépare autant de revers que de succès.

O fortune ! ton pouvoir est détruit, si nous sommes sages : c'est à nos faiblesses que tu dois ta divinité [68]. Veut-on savoir toutefois à quoi je borne le nécessaire ? A ce qui est assez pour garantir de la soif, de la faim et du froid. Contentez-vous de ce qui suffisait à Épicure dans son modeste jardin, et, avant lui, à Socrate au sein de

Quantum Socratici ceperunt ante penates.
Nunquam aliud natura, aliud sapientia dicit.
Acribus exemplis videor te claudere : misce
Ergo aliquid nostris de moribus : effice summam,
Bis septem ordinibus quam lex dignatur Othonis.
Hæc quoque si rugam trahit, extenditque labellum,
Sume duos equites, fac tertia quadringenta.
Si nondum implevi gremium, si panditur ultra,
Nec Crœsi fortuna unquam, nec Persica regna
Sufficient animo, nec divitiæ Narcissi,
Indulsit Cæsar cui Claudius omnia, cujus
Paruit imperiis, uxorem occidere jussus.

ses pénates. Sur ce point, la nature est d'accord avec la raison. L'austérité de ces modèles vous paraît-elle trop rigoureuse : tempérez-la, j'y consens, en y mêlant quelque chose de nos mœurs ; acquérez la somme exigée par la loi d'Othon pour qu'on puisse s'asseoir sur les quatorze gradins[69]. Votre front se ride ? vous faites la grimace ? doublez, triplez cette somme. Si vous n'êtes pas content, ni les trésors de Crésus, ni les richesses des rois de Perse, ni la fortune de Narcisse, à qui le faible Claude accorda tout, même la mort de son épouse, ne seraient pas capables d'assouvir votre cupidité.

NOTES

SUR LA SATIRE XIV.

1. ARGUMENT. Les mœurs, dit Juvénal, dépendent en quelque sorte de l'exemple. Les fils d'un père joueur, cruel, gourmand et prodigue, les filles d'une mère galante, tôt ou tard leur ressembleront. On ne saurait donc assez s'observer à l'égard de ses enfans. Par une fatalité trop ordinaire, loin de profiter de la répugnance naturelle qu'ils ont pour l'avarice, on se hâte de leur inspirer de bonne heure l'amour des richesses, dont les progrès ne tardent point à devenir aussi funestes aux maîtres qu'aux élèves. Cette satire est encore l'une des arrière-pensées de Juvénal. On doit se rappeler qu'il a déjà fait sentir avec énergie le danger des commerces imprudens :

> Aspice quid faciant commercia?
> Sat. 2, vers. 164.

qu'il a montré combien l'exemple des souverains est contagieux :

> . . . . Quæ non faciet quod principis uxor?
> Sat. 6, vers. 617.

Il lui restait à parler des exemples domestiques, les plus puissans de tous; car ce sont les mobiles secrets des mœurs d'une nation. Que deviennent en effet les bonnes mœurs chez un peuple dont les parens eux-mêmes corrompent les enfans dès le berceau? C'est alors que c'en est fait, sans retour, de la chose publique. Comment régénérer ce peuple vicié jusque dans les premiers principes de son existence morale? Je n'y sache d'autres remèdes, affreux sans doute, mais nécessaires, que le malheur, la servitude ou l'anarchie. Triste condition des sociétés humaines, parcourant toujours le même cercle en dépit de nos vaines institutions, ne cessant, après bien des vicissitudes, de revenir au même point, c'est-à-dire, à leur primitive barbarie, et cela sans avoir pu trouver ce qu'elles cherchaient depuis l'origine des choses, des mœurs fixes et un bon gouvernement!

Laissons à nos lecteurs le soin, ou plutôt le plaisir d'apprécier cette satire, dont l'importance est assez reconnue. Qu'il suffise qu'elle offre un trait de lumière, dont on sera frappé sans en être ébloui ; je veux parler de l'une de ces maximes qui partent autant du cœur que de la raison, et retentissent en naissant dans l'univers, comme celle dont il s'agit. Cette sainte maxime, aussi simple que la vérité qu'elle exprime, la voici : « Un enfant, « grands dieux! en peut-on jamais assez respecter l'innocence? »

Maxima debetur puero reverentia.
Vers. 47.

Le soleil, disait Péréfixe, parlant de Henri IV, a des taches quelquefois. Je crois en avoir trouvé une dans la contexture de cette satire complexe. Au reste, le défaut dont il s'agit n'est que de forme. Comme si Juvénal avait manqué d'haleine ou de matériaux dans un sujet si vaste et si fécond, il y en a péniblement cousu un autre qui fait perdre de vue sa première intention. (*Voyez* le vers 106, où commence, à l'aide d'une transition forcée, une autre satire dirigée contre l'avarice.) Cette faute, si c'en est une, est facile à corriger. Que l'on fasse une coupure idéale à l'endroit indiqué, que l'on y mette un nouveau titre ; au lieu d'une satire, on en lira deux très-distinctes, et dignes des précédentes.

2. *Son fils portant encore la bulle*, etc., v. 4. *Voyez* satire 5, note sur le vers 164, et satire 13, note sur le vers 33.

3. *Remuer déjà le dé dans un petit cornet*, v. 5. Juvénal ne nomme point les dés : quand il s'agit des instrumens des jeux de hasard qu'il détestait singulièrement, il les désigne par *arma*: ceux qui fournissaient ces instrumens aux joueurs, il les appelle *armigeri*, comme dans la satire 1, vers 92 :

Prælia quanta illic dispensatore videbis
Armigero!

Voyez, sur la fureur du jeu, satire 1, note sur le vers 88.

4. *Rutilus peut-il enseigner*, etc., v. 15. Dusaulx a bouleversé tout ce passage dans sa traduction : les idées de Juvénal sont trop bien enchaînées pour qu'on puisse gagner à en intervertir l'ordre. J'ai donc autant que possible suivi la marche de l'auteur.

J. P.

5. *Peut-il leur apprendre que l'âme et le corps d'un esclave sont pétris du même limon que les nôtres ?* v. 16. Les anciens, ceux même qui croyaient à une autre vie, n'avaient pas la moindre idée de la spiritualité, telle que notre religion l'enseigne. Au reste, ce passage de Juvénal est imité de Sénèque (epist. 47) : *Vis tu cogitare illum, quem tuum servum vocas, ex iisdem seminibus ortum, eodem frui cœlo, æque spirare, æque vivere, æque mori ?* Je ne puis m'empêcher d'admirer les Romains, lorsqu'ils parlent d'humanité; mais je ne m'y fie pas indistinctement, depuis que j'ai lu dans Cicéron (*ad Attic.*, lib. 1, epist. 12) : « Je viens de perdre un « aimable garçon, nommé Sosisthée, qui me servait de lecteur ; « et j'en suis plus affligé qu'on ne devrait, ce me semble, l'être « de la mort d'un esclave. »

6. *Ce moderne Antiphate*, v. 20. Antiphate, roi des Lestrigons dont la cruauté est célèbre. Voyez *Odyss.* X, 114. J. P.

7. *Il est heureux toutes les fois*, etc., v. 21. On peut lier les deux vers *Tum felix*, etc., aux idées qui précèdent ou à celles qui suivent. Peut-être le latin gagnera-t-il en élégance et en énergie, si l'on suppose qu'ils sont le dernier coup de pinceau du tableau précédent.

J. P.

8. *Lui qui trouve ses délices*, etc., v. 23. Chez les Romains, on enchaînait souvent les esclaves pour les châtier : il y en avait même qui étaient toujours chargés de chaînes, *catenati cultores* (FLOR., III, 29), *vincti fossores* (LUCAN. VII, 402). Pour certains crimes, on les marquait au front d'un fer chaud, *inscribebantur* (MARTIAL, VIII, 75, 9) : pour des fautes plus légères, on les enfermait dans une partie de la maison ou lieu de correction, *in ergastulo* ; ils étaient condamnés à travailler dans des demeures souterraines, *in ergastulis subterraneis*. Ces prisons étaient ordinairement placées dans les maisons de campagne ; de là, *carcer*

rusticus. Pour interpréter *inscripta ergastula*, il faut supposer avec la plupart des critiques que *ergastula* est pour *servi qui in ergastulis continentur* : alors *inscripta* a le sens que nous avons exposé plus haut. J. P.

9. *Elle fut sa confidente*, v. 28. Dusaulx a traduit *conscia* par *témoin* : le sens du passage invite à donner au mot latin toute la force qu'il peut avoir. J. P.

10. *Sous sa dictée*, etc., v. 29. Juvénal, satire 6, vers 238, parle de ces infâmes qui trouvaient leur compte à corrompre leurs filles, et leur dictaient en effet des billets galans. Mais ici *hac dictante*, vu le but de cette satire, est purement métaphorique, c'est-à-dire, relatif à l'exemple.

(Pourquoi ne prendrait-on pas *dictante* au propre ? il faut se rappeler qu'on traduit Juvénal, qui exagère plutôt qu'il n'atténue les images et les idées. J. P.)

11. *Par les ministres infâmes dont se servait Larga*, v. 30. J'ai substitué *mœchos* à *mœchum*, d'après Ruperti et M. Achaintre, qui ont trouvé cette leçon dans la plupart de leurs manuscrits. J. P.

12. *Tous les autres, entraînés*, etc., v. 36. Il s'agit ici plus particulièrement de l'influence des exemples domestiques : mais on peut se rappeler que Juvénal n'a point oublié le danger de certaines liaisons, d'où naissent presque tous les malheurs de la société. Parlant, satire 2, vers 166, d'un jeune Arménien qui était venu à Rome en qualité d'ôtage, et qui s'était, dit-on, livré aux fureurs d'un tribun, il s'écrie : « O pouvoir des commerces imprudens ! » *Adspice quid faciant commercia!*

Voici une anecdote tirée du Voyage d'Anacharsis, et qui n'est point étrangère à ce sujet. — Je fus témoin d'une querelle survenue entre deux Cnossiens. L'un, dans un accès de fureur, dit à l'autre : Puisses-tu vivre en mauvaise compagnie ! et le quitta aussitôt. On m'apprit que c'était la plus forte imprécation à faire contre son ennemi. Voyez *Val. Max.*, lib. VII, cap. 2.

13. *Tous les peuples, tous les climats ont leur Catilina; mais cherchez-y des Brutus et des Catons!* v. 41. Sénèque (epist. 97) avait déjà dit : *Omne tempus Clodios, non omne Catones feret.*

14. *Écartez des murs qu'habite l'enfance*, etc., v. 44. Plutarque, dans la Vie de Caton, dit que ce Romain parlait en présence de son fils avec autant de précaution que s'il eût adressé la parole aux vestales.

15. *Loin de cet asile vénérable*, etc., v. 45. Juvénal a employé à propos la formule usitée dans les sacrifices : *Procul, o procul este, profani*, ἑκὰς, ἑκὰς ἔστε βέβηλοι. La demeure de l'enfance est comme un temple consacré à la divinité. J. P.

16. *Et que cette image arrête la pensée du crime*, v. 49. Nic. Heinsius témoigne que d'anciens et bons manuscrits ont ici *obstet*, au lieu d'*obsistat*; et il assure que cette dernière leçon vient des copistes qui ont cru l'élision nécessaire.

17. *S'il arrivait qu'il méritât un jour la colère du censeur*, etc., v. 50. Le censeur était chargé de faire le dénombrement du peuple et la répartition des taxes sur chaque citoyen. Ses fonctions avaient encore pour objet la police et la réformation des mœurs dans tous les ordres de la république.

18. *Lave ces vases d'argent*, v. 62. Ruperti susbtitue *leve argentum* à *lavet argentum* : cette dernière leçon, très-claire et très-plausible, se trouve dans la plupart des manuscrits et particulièrement dans tous les manuscrits de Paris consultés par M. Achaintre. J. P.

19. *Va tout réparer*, v. 67. Au lieu d'*emendat*, il y a *emundat* dans plusieurs manuscrits : j'ai adopté cette leçon avec Ruperti, comme exprimant mieux l'idée de Juvénal. J. P.

20. *Et nicher sur le sommet des arbres*, v. 80. Pline (lib. X, cap. 6) prétend que les vautours ne font pas leurs nids sur les arbres, mais sur la pointe des rochers les plus élevés.

21. *La Grèce et les pays lointains lui fournissaient les marbres*, etc., v. 89. Pline (XXXVI, 7) donne la préférence aux mar-

bres de Lacédémone. Les Romains en allaient encore chercher dans l'Égypte, l'Arménie et la Numidie. J. P.

22. *L'eunuque Posidès*, etc., v. 91. Cet eunuque, selon Suétone (*Vie de Claude*, chap. 28), fut affranchi de cet empereur, qui le combla ridiculement d'honneurs et de richesses. Pline (lib. XXXI, cap. 2) fait mention des bains de ce Posidès, qui furent appelés *Posidiana*.

23. *N'adore que la puissance des nuages et du ciel*, v. 97. Quelques commentateurs prétendent qu'il faut lire *lumen* au lieu de *numen*; mais cette correction est inutile : *Cœli numen* et *cœlum* signifient la même chose; de même que *Jovis numen* se prend pour Jupiter. Ceux qui veulent qu'on lise *numen*, et qui l'expliquent par « le dieu du ciel, » disent que Juvénal était trop instruit du culte des Juifs pour les accuser d'idolâtrie. Ils se trompent; les Romains du temps de notre auteur, ne connaissaient les livres de Moïse et le culte des Juifs que par une tradition très-confuse. Ayant ouï dire que le temple de Jérusalem n'avait point de toit, qu'il était *sub dio*, que les Juifs n'y adressaient leurs prières à aucune image, qu'ils priaient tournés à l'orient et les yeux élevés vers le ciel; ils pouvaient se figurer que ceux-ci l'adoraient en effet.

24. *Et bientôt il se fait circoncire*, v. 99. Les Juifs avaient rapporté cet usage de l'Égypte, où l'on sait qu'ils restèrent long-temps. Hérodote (lib. I, §. 37) dit que les Égyptiens se faisaient circoncire par principe de propreté, dont ils font plus de cas que de la beauté. M. de Voltaire ne s'est point payé de ces raisons : mais le témoignage de Philon, *de circumcisione*, et celui de Niebuhr, qui a voyagé en Arabie, ne laissent plus de doute à cet égard. Les habitans de l'île du Roi George, autrement dite Otahiti, pratiquent aujourd'hui la circoncision par le même principe, et pour éviter des maladies cruelles. *Voyez* la note 116 de M. Larcher sur le second livre d'Hérodote.

25. *Il n'indiquerait pas la route au voyageur qui n'est pas de sa secte*, v. 103. L'hospitalité des Orientaux est cependant célèbre dans l'histoire. Les Juifs eux-mêmes n'étaient pas inhospitaliers par inclination; ils l'étaient par système. Moïse, pour accomplir

les desseins de Dieu sur son peuple, devait le séparer, en quelque sorte, du reste des nations; l'exemple de l'idolâtrie eût été dangereux, et le peuple lui-même, se regardant comme l'objet des complaisances du Tout-Puissant, dédaignait les Gentils, livrés aux erreurs du paganisme. J. P.

26. *Ajoutez qu'on donne à l'avare les mêmes éloges qu'à l'homme économe et frugal*, v. 109. BOILEAU, sat. 4, v. 60:

> Un avare, idolâtre et fou de son argent,
> Rencontrant la disette au sein de l'abondance,
> Appelle sa folie une rare prudence...... J. P.

27. *Comme un habile artisan de fortune*, v. 115. Au lieu de *atque verendum Artificem*, Ruperti admet avec l'ancien scoliaste, *acquirendi Artificem*, ce qui offre un sens fort bon: mais l'autorité n'est pas suffisante pour changer la leçon très-intelligible des autres textes. J. P.

28. *Sous les mains d'un pareil ouvrier, les richesses vont toujours croissant*, v. 116. *Quippe his crescunt patrimonia fabris*, est dans la bouche du peuple; et Juvénal répond: *Sed crescunt quocumque modo*, etc. On sent que cette réflexion ne saurait convenir au peuple, stupide admirateur des richesses. Je ne sache pas que personne ait fait cette remarque.

(Il est inutile de supposer que *Quippe his crescunt patrimonia fabris* est dans la bouche du peuple, et *Sed crescunt quocumque modo* dans celle de Juvénal. L'auteur présente lui-même l'objection et la réponse: il n'y a pas là de dialogue. J. P.)

29. *Voyez-le châtier l'estomac de ses esclaves, et retrancher à la mesure de leurs alimens*, etc., v. 126. Théophraste dit, en parlant de l'imprudence d'un avare: « Il distribue à ses domestiques « leurs portions dans une certaine mesure, dont le fond, creux « par dessous, s'enfonce en dedans, et s'élève comme une py- « ramide: quand elle est pleine, il la rase lui-même avec le « rouleau..... Dans ces grands repas, où il faut traiter toute une « tribu, il fait recueillir par ceux de ses domestiques qui ont « soin de la table, le reste des viandes qui ont été servies, pour

« lui en rendre compte. Il serait fâché de leur laisser une rave à
« demi mangée. » (*Traduction de La Bruyère.*)

30. *Le sac s'enfle et se grossit*, v. 138.

   Interea pleno quum turget sacculus ore.

Ce vers, non suspect, a été omis dans l'édition de Baskerville,
l'une des plus correctes que je connaisse. L'erreur vient peut-
être de ce que l'éditeur anglais se sera mépris sur le vers qu'il
fallait supprimer; car il s'en est glissé un dans cette satire, qui
n'est point de Juvénal : j'aurai soin d'en avertir.

31. *Et le troupeau famélique de ses chevaux harassés*, v. 146.
La plupart des éditions modernes, et même celle de Baskerville,
portent *armenta*, qui ne convient point ici, puisqu'il s'agit de
bêtes de labour qui ont travaillé pendant toute la journée sans
manger, et dont le cou est fatigué par le joug qu'elles ont porté,
lasso collo. J'ai donc rappelé l'ancienne leçon, et j'ai remis *jumenta*, comme dans les premières éditions.

32. *Je préfère une cosse de lupin*, etc., v. 153. Dusaulx traduit
la gousse du moindre légume. Je crois avoir déjà remarqué que
Juvénal ne cherche pas à prêter plus de noblesse à ses idées en
les généralisant : il les particularise presque toujours pour leur
donner plus de réalité et de force ; c'est là un des traits caracté-
ristiques de sa manière, et il faut bien se garder de l'effacer dans
une traduction.   J. P.

33. *Aux stériles éloges*, etc., v. 154. BOILEAU, épît. 5, v. 89 :

  Qu'importe qu'en tous lieux on me traite d'infâme ?
  Dit ce fourbe sans foi, sans honneur et sans âme ;
  Dans mon coffre tout plein de rares qualités,
  J'ai cent mille vertus en louis bien comptés.
  Est-il quelque talent que l'argent ne me donne ?.... J. P.

34. *Qu'en labourait le peuple romain sous Tatius*, v. 160. Les
Romains ne possédaient guère alors que le Champ de Mars. Ta-
tius, chef des Sabins, fit alliance avec Romulus. On sait que
Fabricius, après avoir chassé Pyrrhus d'Italie, ne réserva pour

lui que sept arpens de terre, et que Curius Dentatus n'en obtint que quatre après avoir vaincu les Sabins.

35. *C'était la récompense des fatigues*, etc., v. 164. Tous les manuscrits de Paris, et la plupart de ceux de Ruperti ont *merces ea*, au lieu de *merces hæc*. J. P.

36. *L'un né d'une esclave, les trois autres héritiers du maître*, v. 168. L'enfant, né d'une esclave dans la maison du maître, s'appelait *vernula*, et les autres *domini* ou *ingenui*. Juvénal fait sentir qu'il y avait alors plus de maîtres que d'esclaves, ce qui ne dura pas long-temps.

37. *Que l'insatiable désir d'une fortune sans mesure*, v. 175. Markland, sur Stace, page 85, observe que *cœca* et *sœva*, avec le substantif *cupido*, ont souvent été changés par les copistes, et il propose d'écrire *cœca cupido*. Je ne sens point la nécessité de cette correction. Juvénal, sat. 10, vers 350, a dit :

. . . . Nos animorum
Impulsu et magna cæcaque cupidine ducti
Conjugium petimus.

On sent que *cœca* va très-bien avec *ducti*: mais il conviendrait moins que *sœva* aux effets de cette cupidité qui fait commettre les plus grands crimes.

38. *Le Marse, l'Hernique, ou le vieillard du Vestin*, etc., v. 180. Anciens peuples d'Italie.

39. *Celui qui ne dédaigne pas une chaussure grossière*, etc., v. 185. *Pero*, dont il s'agit ici, n'était, du temps de Juvénal, que la chaussure des gens de la campagne et des chasseurs. C'était une espèce de bottine ou de brodequin fait avec du cuir non préparé, *ex crudo corio*; et cette bottine montait jusqu'au milieu de la jambe. Tout le monde en portait dans l'origine, dit Caton, excepté les magistrats. *Voyez* FERRARIUS (*de Re vestiar. analect.*, pag. 110.)

40. *C'est la pourpre étrangère, inconnue à nos climats*, etc., v. 187. J'ai vu avec les derniers éditeurs *quæcumque est*, qui du reste offre le même sens que *quodcumque est*. J. P.

41. *Médite nos anciennes lois*, etc., v. 192. Juvénal dit *rubras leges*, parce que les titres des lois étaient en lettres rouges.

42. *Tes narines velues*, etc., v. 194. On ne trouve dans aucun auteur ancien que les narines velues soient un signe de force ; on lit au contraire dans Suidas et dans Hésychius : *Qui enim hirsutas nates habent, eos fortes putabant.* Il paraît donc que les éditeurs ont mis par pudeur *nares*, au lieu de *nates*.

43. *Afin d'obtenir à soixante ans l'utile honneur de porter l'aigle romaine*, v. 197. Juvénal s'est ici permis une hyperbole, sa figure favorite, s'il est vrai, comme l'attestent plusieurs historiens, que les Romains fussent dispensés de tout service militaire, passé cinquante ans. Quant à l'aigle dont il s'agit, les légions avant Marius avaient pour enseignes plusieurs sortes d'animaux différens, tels que l'aigle, le loup, le minotaure, le cheval, le sanglier, etc. Mais ce général ne conserva que l'aigle, qui devint l'enseigne propre à chaque légion. Cette aigle avait les ailes déployées, tenant quelquefois un foudre dans ses serres. Elle était ordinairement d'or ou d'argent, et quelquefois de bronze ou de fer : elle était posée au bout d'une pique, sur un piédestal rond ou carré de même métal : sa grosseur était à peu près celle d'un pigeon. Ceux qui portaient les enseignes avaient ordinairement la tête couverte d'une peau de lion. Les soldats avaient un si grand respect pour les aigles romaines, qu'ils les invoquaient comme leurs divinités spéciales : *Irent*, dit Tacite, *sequerentur romanas aves, propria legionum numina.* (*Annal.*, lib. II, cap. 17.)

44. *Si le son des clairons et des trompettes porte le trouble dans tes entrailles*, etc., v. 199. Juvénal dit, « te lâche le ventre », *solvunt ventrem.* — On raillait quelquefois Aratus, et l'on disait que le ventre du général des Achéens commençait à se brouiller, dès que les trompettes avaient donné le signal du combat. PLUTARQUE, *Vie d'Aratus.*

45. *Le gain a toujours bonne odeur, quelle qu'en soit la source*, v. 204. C'était l'avis de Vespasien. Son fils lui reprochait d'avoir mis un impôt sur les urines ; le premier argent que toucha l'empereur, il l'approcha du nez de son fils : « Tenez, sent-il mauvais ? »

et illo neganie : Atqui, inquit, e lotio est. (SUETON., *Vespasian.*, cap. 23.)

46. *Ne cesse de répéter cette sentence d'Ennius*, etc., v. 205. Juvénal ne nomme point Ennius; il se contente de dire, « cette sentence du poète. » Quintus Ennius fut le premier des Romains qui composa des vers héroïques : il fit un grand nombre de tragédies, et les annales de la république romaine. Virgile empruntait quelquefois des vers de ce poète, et disait que c'étaient des perles tirées du fumier d'Ennius. Il mourut environ 169 ans avant Jésus-Christ, et fut mis dans le tombeau de Scipion, son ami. Il ne nous reste que des fragmens de ses ouvrages.

47. *La grand'mère l'apprend à ses petits-fils, toutes les fois qu'ils viennent caresser sa bourse*, v. 208. L'ancien scoliaste et plusieurs autres interprètes lisent ici :

. . . . Vetulæ pueris poscentibus assæ.

Par *assa*, le scoliaste entend une vieille nourrice qui n'a plus de lait, et qui sert de gouvernante. D'autres veulent qu'elle soit ainsi nommée, *Quod assit sive adsit iis quos nutrit*. Mais il paraît, par ces vers de la satire 5, qu'il faut lire *assem*:

. . . . Jubebit
Afferri minimasque nuces, assemque rogatum,
Ad mensam quoties parasitus venerit infans.
Vers. 143.

(Ruperti a préféré *repentibus assæ*, leçon de plusieurs textes. M. Achaintre s'est prononcé pour la leçon de Dusaulx, qui, dit-il, est celle de la plupart des manuscrits. J. P.)

48. *Le levain du vice qu'il reçut en naissant*, v. 216. J'ai conservé *nativæ mala nequitiæ*, quoique Ruperti ait lu *maturæ mala nequitiæ*, et M. Achaintre, *naturæ mala nequitiæ*. Notre leçon, fondée sur l'autorité de sept manuscrits de Ruperti, me semble plus naturelle et de meilleur goût. J. P.

49. *Aux pieds même de la statue de Cérès*, v. 219. On lit dans Arnobe, relativement à cet usage : *Ita non videtis spirantia hæc*

signa, quorum plantas et genua contingitis, et contrectatis orantes. (*de Sign. Deor.*, lib. VI.) Juvénal a déjà parlé, satire 13, des faussaires qui touchent les autels avec intrépidité. *Voyez* la note 20 sur cette même satire, page 280.

50. *Et par d'imprudens avis lui donne le goût de l'avarice*, etc., v. 228. On lit ensuite dans toutes les éditions:

   Et qui per fraudes patrimonia conduplicare.

J'ai supprimé ce vers postiche, et visiblement intercalé dans le texte de Juvénal. Je l'ai supprimé, parce qu'il trouble le sens, et que d'ailleurs les anciens scoliastes ne l'ont pas trouvé dans leurs exemplaires.

(Si les anciens scoliastes n'ont pas trouvé ce vers dans leurs textes, il n'en existe pas moins dans presque tous les manuscrits et dans la plupart des éditions, notamment dans celles de Ruperti et de M. Achaintre. Le sens en est clair et il ne trouble aucunement la liaison des idées : « Celui qui inspire à ses enfans l'amour des richesses, qui les rend avares par ses sinistres conseils, qui leur permet d'employer la fraude pour doubler leur patrimoine, les précipite dans la carrière des vices et des crimes. » Le détail *qui per fraudes patrimonia conduplicare Dat libertatem* se rapporte aux moyens indiqués plus haut, v. 126 et suivans, pour s'enrichir par la fraude et l'injustice. M. B*** dans sa traduction détache le vers *lævo monitu*, etc., du vers suivant : « Celui qui inspire à ses enfans l'amour des richesses les rend avares : celui qui leur permet d'employer la fraude pour doubler leur patrimoine, abandonne les rênes aux coursiers. » J. P.)

51. *En vain il voudrait les retenir : méconnaissant sa voix*, etc., v. 231. Virgile avait dit, *Georg.* I, 512 :

   Ut, quum carceribus sese effudere quadrigæ,
   Addunt in spatia, et frustra retinacula tendens
   Fertur equis auriga, neque audit currus habenas... J. P.

52. *Autant que Ménécée, si la Grèce ne ment pas*, etc., v. 239. On a déjà vu, satire 10, vers 174:

> . . . . Et quidquid Græcia mendax
> Audet in historia.

Le détail dans lequel est entré Juvénal paraîtrait superflu, si l'on ne savait pas qu'il tourne souvent en ridicule l'histoire héroïque et fabuleuse des Grecs, et qu'il ne manque jamais l'occasion de donner la préférence aux Romains. Il oppose ici le dévouement de Décius à celui de Ménécée: mais il rend le dévouement du second aussi suspect que la fable des soldats nés des dents du dragon de Cadmus. Au reste Ménécée, second fils de Créon, pour accomplir l'oracle de Tirésias, se précipita du haut des tours de Thèbes, tandis que cette ville était assiégée par Polynice. *Voyez* les *Phéniciennes* d'Euripide, dont Grotius nous a laissé en vers latins une traduction élégante et fidèle.

Quant à cet amour inné, à cet ardent amour des richesses dont parle ici Juvénal,

> . . . . Quarum amor in te,
> Quantus erat patriæ Deciorum in pectore, quantum
> Dilexit Thebas, si Græcia vera, Menæceus,

je ne sache rien qui le peigne mieux que le trait suivant, cité par Hérodote, liv. VI, §. 125. — « Alcméon, fils de Mégaclès, rendit aux Lydiens que Crésus avait envoyés pour consulter l'oracle de Delphes, tous les services qui dépendaient de lui. Ce prince, instruit de l'accueil qu'il avait fait à ses députés, le manda à Sardes, et lui fit présent à son arrivée d'autant d'or qu'il en pourrait emporter en une seule fois. Alcméon mit en usage toute son industrie, afin de tirer parti d'un tel don. Ayant pris un habit des plus amples, et les plus larges brodequins qu'il put trouver, il alla au trésor, conduit par les officiers du prince. Il se jeta sur un tas de paillettes d'or, en entassa premièrement le long de ses jambes autant qu'il en pouvait tenir dans ses brodequins; il en remplit ensuite toute l'ampleur de son habit, en poudra ses cheveux, et en ayant mis dans sa bouche, il sortit du trésor les joues bouffies, le corps bossu, traînant à peine ses brodequins, et ressemblant moins à un homme qu'à toute autre chose. Crésus se mit à rire en le voyant, etc. » (*Traduction de M. Larcher.*)

53. *Tu verras bientôt l'incendie*, etc., v. 244. RACINE, *Britannicus*, acte IV, scène 8 :

> Vous allumez un feu qui ne pourra s'éteindre..... J. P.

54. *Cours chez Archigènes*, etc., v. 252. Les médecins de ce temps-là composaient eux-mêmes les drogues, et les vendaient. *Voyez* sur Archigènes, satire 6, note 49.

55. *Contre-poison inventé par Mithridate*, v. 252. On voit dans Pline (lib. XXIII, cap. 8) la recette de ce fameux contre-poison, recette qui fut trouvée par le grand Pompée dans les papiers de Mithridate, roi de Pont ; et voici comme elle a été décrite par Sérénus (cap. *de Venenis*) :

> Bis denum rutæ folium, salis et breve granum
> Juglandesque duas, totidem cum corpore ficus,
> Hæc oriente die parco conspersa lyæo
> Sumebat, metuens dederat quæ pocula tutor.

56. *Un coffre-fort qu'elle se promet de confier à la vigilance de Castor, depuis que Mars vengeur*, etc., v. 260. Dans les marchés ou forum dont il a été parlé satire 10, note 6, il y avait des temples où les riches déposaient leurs effets les plus précieux. Juvénal donne à Castor l'épithète de *vigilant*, parce qu'il y avait un corps-de-garde auprès de son temple. Il appelle Mars *vengeur*, parce qu'Auguste, méditant de venger son père adoptif, fit vœu de lui bâtir un temple ; ce qui fut exécuté après la guerre civile. *Voyez* SUETON., *in August.*, cap. 29 ; et MARTIAL., lib. VII, epigr. 50.

57. *Laissez donc là les jeux de Flore, de Cérès et de Cybèle*, etc., v. 262. Sur Flore, voyez satire 6, note 53. Les jeux célébrés en l'honneur de Cérès, et qui s'appelaient *cerealia*, furent institués par Caius Memmius, édile curule : on s'y exerçait particulièrement à la course de chevaux. Quant aux jeux de Cybèle, que l'on

appelait *ludi Megalenses*, voyez satire 6, note 18, et sat. 11, note 44. Juvénal, prenant la partie pour le tout, se sert ici du mot *aulœa*, qui, relativement aux théâtres, signifiait les voiles, les tapis, les tentures, et les autres décorations de ce genre.

58. *Est-il plus divertissant de voir des voltigeurs*, etc., v. 265. On ne sait pas bien exactement ce que les anciens entendaient par le mot *petaurum*. Il paraît par ces vers de Manilius (lib. v) que c'était une espèce de bascule qui élevait rapidement l'un, tandis que l'autre descendait en sens contraire :

> Ad numeros etiam ille ciet cognata per artem
> Corpora, quæ valido saliunt excussa petauro,
> Alternosque ciet motus, elatus et ipse
> Nunc jacet, atque hujus casu suspenditur ille.

59. *Pour rapporter, vil marchand, quelques drogues odoriférantes*, v. 269. C'est le sens qu'on donne généralement à *sacci olentis*. Forcellini, dans son Lexique, explique *olens* par *aromatium plenus*, et M. Achaintre voudrait substituer *a Siculis* à la leçon commune *ac vilis*, parce que, dit-il, « *saccus olens* est crocum, quod plurimum in Sicilia, unde et *Sicanium* dicatur Statio, *Sylv.*, v, 3, 41. » J'ajoute à ces autorités qu'il est inutile pour le sens que *olens* soit pris en mauvaise part, comme Dusaulx semble l'avoir compris en traduisant *des marchandises infectes*. Juvénal oppose à l'avidité du gain les peines et les périls où elle engage. « Voyez, dit-il plus haut, les périls qu'affronte l'avarice pour accroître ses richesses » ; et plus bas : « Pourquoi tant de fatigues? pour revenir la bourse pleine. » Il dit encore : « L'avare surcharge son vaisseau de marchandises, et ne met entre la mort et lui que l'épaisseur d'une planche, pour acquérir quelques pièces d'argent à la marque du prince. » Qu'ajouterait-on à ces idées en reprochant à notre navigateur avide de charger son vaisseau de marchandises infectes ?   J. P.

60. *Quelques bouteilles d'un vin dont l'épaisse liqueur*, etc., v. 270. Juvénal appelle ce vin *passum*. Columelle et Varron disent qu'on le faisait dans l'île de Crète avec des raisins qui

avaient été exposés au soleil, et qu'il était ainsi nommé *a patiendo sole*. Pline (lib. XIV, cap. 1) affirme la même chose : *A patientia nomen acinis datur passis.*

61. *Ravi d'étaler des sacs gonflés d'or*, v. 282. Dusaulx avait passé, dans sa version, *tumidaque superbus aluta*. M. B*** dans sa traduction publiée en 1823, interprète ainsi la pensée de Juvénal : *Fier d'avoir vu, du haut de son navire surchargé, les monstres*, etc. *Tumida aluta* offre une autre idée : *aluta* signifie le cuir dont on faisait les bourses et les sacs. J. P.

62. *Fier d'avoir vu les monstres marins et les Tritons*, etc. v. 283. Les navigateurs romains rapportaient bien des fables de leurs courses maritimes. Ceux qui échappèrent à la furieuse tempête que la flotte de Germanicus essuya sur les côtes de l'Océan germanique, racontèrent des choses plus merveilleuses à proportion qu'ils revenaient de plus loin. Ils avaient, disaient-ils, éprouvé des ouragans terribles ; ils avaient vu des oiseaux singuliers, des monstres marins, et des corps qui tenaient de l'homme et de la brute : *Ut quis e longinquo revenerat, miracula narrabant, vim turbinum, et inauditas volucres, monstra maris, ambiguas hominum et belluarum formas.* (TACIT., *Annal.*, lib. II, §. 24.)

63. *L'un se figure que les furies*, etc., v. 284. Allusion aux fureurs d'Oreste parricide. J. P.

64. *L'autre, assommant un bœuf*, etc., v. 286. Ajax en démence massacrait les troupeaux des Grecs et croyait égorger Ulysse ou Agamemnon. *Voyez* SOPHOCLE, *Ajax furieux*.
 J. P.

65. *A promener, pour vivre, le tableau de son désastre*, v. 302. *Picta se tempestate tuetur* : mot à mot, « il se met sous la protection du tableau de son naufrage. » Les naufragés portaient ce tableau suspendu à leur cou pour exciter la compassion, et n'être pas obligés de répéter sans cesse la même chose. Ceux qui n'avaient pas le moyen de payer le peintre, portaient un bâton entouré de

bandelettes, mais qui ne les dispensait pas de raconter leurs infortunes, comme on le voit dans Martial (lib. XII, epigr. 57):

> Nec fasciato naufragus loquax trunco.

Voyez sur les tableaux votifs, sat. 12, note sur le vers 27.

66. *Le riche Licinus entoure sa maison de réservoirs*, etc., v. 305. Quelques-uns écrivent *hamis*, et l'expliquent par « crampons. » De très-bons critiques ont prouvé qu'il fallait mettre *amis*. *Ama* était une espèce de cuve dont on dirigeait l'eau avec des siphons sur les batimens incendiés. *Voyez* Saumaise sur l'Histoire d'Auguste, pag. 337, édition de Paris.

(On ne peut expliquer *amis* par *crampons*, même en écrivant *hamis*, puisque dans *hamus* (hameçon, crochet), la première est toujours longue. Quant à *ama*, signifiant le vase où l'on versait l'eau préparée contre les incendies, on peut, en consultant l'usage, l'écrire avec un *h* ou sans *h*. Cependant les mots grecs ἄμη et ἀμάω, d'où le mot latin semble tiré, étant écrits sans aspiration, je suis d'avis de lire *ama*. J. P.)

67. *Alexandre sentit, en voyant l'habitation de l'illustre philosophe*, etc., v. 311. Il s'agit ici de Diogène de Sinope, de la secte des cyniques. « Les Grecs, dit M. de Paw, nourrissaient volontiers ces sortes de philosophes, qui n'étaient pas des personnages aussi déplacés qu'on le croit dans un état républicain; et ils formaient peut-être un ressort secret du gouvernement d'Athènes. » (*Recherches philosoph. sur les Grecs*, tom. II, p. 147.)

Quant à ce fameux Diogène, dont Platon, au rapport d'Élien, disait que c'était Socrate en délire, son indécence était plutôt dans ses manières que dans ses mœurs, de sorte que ses grands talens et ses grandes vertus n'en firent qu'un homme singulier. On en cite cependant plusieurs réponses ingénieuses. Arrivant dans Athènes, à son retour de Lacédémone, quelqu'un lui demande : « D'où venez-vous ? — De l'appartement des hommes à celui des femmes. — Y avait-il beaucoup de monde aux jeux olympiques, lui dit un autre ? — Beaucoup de spectateurs, et peu d'hommes, etc. »

68. *C'est à nos faiblesses que tu dois ta divinité*, v. 315. Il paraît que Juvénal aimait beaucoup ce vers et le précédent, puisqu'il les a répétés. *Voyez* sat. x, note sur le vers 365.

69. *La somme exigée par la loi d'Othon, pour qu'on puisse s'asseoir sur les quatorze gradins*, v. 323. *Voyez* sat. 3, note sur le vers 159.

SATIRA XV.

Superstitio.

Quis nescit, Volusi Bithynice, qualia demens
Ægyptus portenta colat? Crocodilon adorat
Pars hæc; illa pavet saturam serpentibus ibin.
Effigies sacri nitet aurea cercopitheci,
Dimidio magicæ resonant ubi Memnone chordæ,
Atque vetus Thebe centum jacet obruta portis.
Illic cæruleos, hic piscem fluminis, illic
Oppida tota canem venerantur; nemo Dianam.
Porrum et cæpe nefas violare et frangere morsu.
O sanctas gentes, quibus hæc nascuntur in hortis
Numina! Lanatis animalibus abstinet omnis
Mensa: nefas illic fetum jugulare capellæ;
Carnibus humanis vesci licet. Attonito quum
Tale super cœnam facinus narraret Ulysses
Alcinoo, bilem aut risum fortasse quibusdam
Moverat, ut mendax aretalogus. In mare nemo
Hunc abicit, sæva dignum veraque Charybdi,
Fingentem immanes Læstrygonas atque Cyclopas?
Nam citius Scyllam, vel concurrentia saxa
Cyaneas, plenos et tempestatibus utres
Crediderim, aut tenui percussum verbere Circes,

SATIRE XV.

La Superstition [1].

Qui ne sait pas, Volusius [2], à quelles monstrueuses divinités l'Égyptien insensé adresse ses hommages? Ceux-ci adorent le crocodile [3]; ceux-là tremblent à la vue d'un ibis engraissé de serpens [4]. On voit briller encore l'image sacrée du singe d'or à longue queue [5] aux lieux où la statue tronquée de Memnon rend des sons magiques [6], où l'antique ville de Thèbes [7] est ensevelie sous les ruines de ses cent portes. Ici l'on révère le poisson de la mer [8], là le poisson du fleuve [9] : des cités entières honorent un chien; Diane seule n'a point de culte [10]. C'est un sacrilége de presser sous sa dent le poireau ou l'ognon. O la sainte nation! qui voit ses dieux croître dans les jardins [11]. On n'oserait servir sur aucune table l'animal qui porte la laine, on n'oserait égorger un chevreau; mais il est permis de se nourrir de chair humaine. Quand Ulysse, à la table d'Alcinoüs, racontait des horreurs de ce genre à son hôte étonné, sans doute plus d'un convive dut s'en indigner, ou en rire, comme de fictions absurdes : « Ne jettera-t-on pas à la mer ce menteur impudent, bien digne d'être la proie d'une véritable Charybde, après tant de fables atroces sur les Lestrygons et les Cyclopes? Mieux vaudrait croire aux aboiemens de Scylla, aux roches Cyanées qui s'entrechoquent [12], aux outres pleines de tempêtes, à Elpénor et ses compa-

Et cum remigibus grunisse Elpenora porcis.
Tam vacui capitis populum Phæaca putavit?
Sic aliquis merito nondum ebrius, et minimum qui
De Corcyræa temetum duxerat urna :
Solus enim hoc Ithacus nullo sub teste canebat.

Nos miranda quidem, sed nuper consule Junio
Gesta super calidæ referemus mœnia Copti;
Nos vulgi scelus, et cunctis graviora cothurnis.
Nam scelus, a Pyrrha quanquam omnia syrmata volvas,
Nullus apud tragicos populus facit. Accipe, nostro
Dira quod exemplum feritas produxerit ævo.

INTER finitimos vetus atque antiqua simultas,
Immortale odium, et nunquam sanabile vulnus
Ardet adhuc Coptos et Tentyra. Summus utrinque
Inde furor vulgo, quod numina vicinorum
Odit uterque locus, quum solos credat habendos
Esse deos, quos ipse colit. Sed, tempore festo
Alterius populi, rapienda occasio cunctis
Visa inimicorum primoribus ac ducibus, ne
Lætum hilaremque diem, ne magnæ gaudia cœnæ
Sentirent, positis ad templa et compita mensis
Pervigilique toro, quem nocte ac luce jacentem
Septimus interdum sol invenit. Horrida sane
Ægyptus : sed luxuria, quantum ipse notavi,

gnons transformés en immondes pourceaux par la baguette de Circé. Croit-il donc les Phéaciens si dépourvus de sens? » Tel dut être le langage de quelqu'un d'entre eux, avant qu'il fût ivre et qu'il eût trop puisé dans l'urne de Corcyre; car le roi d'Ithaque était le seul garant des contes qu'il faisait.

Moi, je vais rapporter un fait aussi authentique qu'il est surprenant : cette horrible scène s'est passée récemment près des murs de Coptos, sous le consulat de Junius [13]; c'est le crime d'une cité entière, plus atroce que les forfaits présentés sur la scène tragique; car, de Pyrrha jusqu'à nos jours, tu chercherais vainement dans les annales du théâtre [14] le crime de tout un peuple. Écoute, et frémis d'un trait de cruauté qui n'appartient qu'à notre siècle.

Il règne encore entre les habitans de deux villes voisines, Coptos et Tentyre [15], une antique aversion, une immortelle haine, plaie profonde que rien ne pourra guérir. La fureur de ces deux cités vient de ce que chacune déteste les dieux de l'autre, persuadée que les divinités qu'elle adore sont les seules auxquelles on doive rendre hommage [16]. Les habitans de Tentyre célébraient une fête [17] : les nobles et les chefs de Coptos résolurent d'en troubler la joie, de les surprendre au milieu de leurs festins, à ces tables dressées dans les temples, dans les places, où quelquefois la septième aurore les trouve encore étendus sur leurs lits. Tout sauvage qu'il est, ce canton d'Égypte, autant que j'ai pu le remarquer moi-même [18], ne le cède point en voluptés à l'infâme Ca-

Barbara famoso non cedit turba Canopo.
Adde quod et facilis victoria de madidis et
Blæsis, atque mero titubantibus. Inde virorum
Saltatus nigro tibicine, qualiacumque
Unguenta et flores, multæque in fronte coronæ;
Hinc jejunum odium. Sed jurgia prima sonare
Incipiunt animis ardentibus; hæc tuba rixæ.
Dein clamore pari concurritur, et vice teli
Sævit nuda manus. Paucæ sine vulnere malæ :
Vix cuiquam; aut nulli, toto certamine nasus
Integer. Adspiceres jam cuncta per agmina vultus
Dimidios, alias facies, et hiantia ruptis
Ossa genis, plenos oculorum sanguine pugnos.
Ludere se credunt ipsi tamen, et pueriles
Exercere acies, quod nulla cadavera calcent.
Et sane quo tot rixantis millia turbæ,
Si vivunt omnes? Ergo acrior impetus, et jam
Saxa inclinatis per humum quæsita lacertis
Incipiunt torquere, domestica seditioni
Tela : nec hunc lapidem, quales et Turnus et Ajax,
Vel quo Tydides percussit pondere coxam
Æneæ; sed quem valeant emittere dextræ
Illis dissimiles, et nostro tempore natæ.
Nam genus hoc vivo jam decrescebat Homero.
Terra malos homines nunc educat atque pusillos :
Ergo deus, quicumque adspexit, ridet et odit.

nope[19]. D'ailleurs la victoire semblait facile sur des hommes noyés dans le vin, et que l'ivresse faisait balbutier et chanceler : d'un côté, des danses animées par la flute d'un rustique Æthiopien, des parfums tels qu'on peut en imaginer chez ces peuples, des fleurs, des couronnes; de l'autre, la haine affamée. Les esprits s'échauffent et préludent par des injures; c'est le signal du combat. Les deux partis s'attaquent, en poussant les mêmes cris : le bras nu tient lieu de javelot. Déjà peu de mâchoires sont exemptes de blessures : peu ou point de nez intacts. Ce ne sont de toutes parts que visages mutilés, figures méconnaissables, crânes entr'ouverts, mains souillées par le sang des yeux crevés. Ce conflit, néanmoins, ne leur paraît qu'un jeu d'enfans, parce qu'ils ne foulent point encore de cadavres sous leurs pieds. En effet, pourquoi tant de combattans, s'il n'en périt aucun? L'acharnement redouble : les pierres, armes ordinaires de la sédition, sont ramassées et lancées avec force[20]; non des pierres telles qu'en envoyaient à l'ennemi et Turnus et Ajax, ou pareilles au rocher dont le fils de Tydée froissa la cuisse d'Énée[21], mais telles qu'en peut jeter un bras moins vigoureux, un bras de notre siècle. L'espèce humaine dégénérait déjà au temps d'Homère : aujourd'hui la terre ne porte plus que des hommes méchans et faibles : aussi, les dieux ne les voient-ils qu'avec un sourire amer de mépris et de haine[22].

A diverticulo repetatur fabula. Postquam
Subsidiis aucti, pars altera promere ferrum
Audet, et infestis pugnam instaurare sagittis;
Terga fugæ celeri præstantibus omnibus, instant
Qui vicina colunt umbrosæ Tentyra palmæ.
Labitur hinc quidam, nimia formidine cursum
Præcipitans, capiturque; ast illum in plurima sectum
Frusta et particulas, ut multis mortuus unus
Sufficeret, totum corrosis ossibus edit
Victrix turba : nec ardenti decoxit aheno,
Aut verubus; longum usque adeo tardumque putavit
Exspectare focos, contenta cadavere crudo.
Hinc gaudere libet, quod non violaverit ignem,
Quem summa cœli raptum de parte Prometheus
Donavit terris. Elemento gratulor, et te
Exsultare reor. Sed qui mordere cadaver
Sustinuit, nil unquam hac carne libentius edit.
Nam scelere in tanto ne quæras et dubites, an
Prima voluptatem gula senserit; ultimus autem
Qui stetit absumpto jam toto corpore, ductis
Per terram digitis, aliquid de sanguine gustat.

Vascones, ut fama est, alimentis talibus usi
Produxere animas : sed res diversa, sed illic
Fortunæ invidia est, bellorumque ultima, casus
Extremi, longæ dira obsidionis egestas.

Reprenons le fil de ce récit. De nouveaux combattans viennent au secours des Tentyrites [23] : ils osent alors tirer le glaive, décocher les flèches meurtrières et recommencer le combat. L'ennemi prend la fuite; ils volent sur ses traces. Un Coptite, dont la terreur précipitait les pas, glisse et tombe; on le prend, on le coupe en mille pièces, afin que chacun des vainqueurs puisse en avoir sa part : la troupe triomphante le dévore et ronge jusqu'à ses os. Elle n'attendit point qu'on le fît bouillir ou rôtir : ces apprêts eussent semblé trop longs à son impatience; elle se contenta d'un cadavre crû. Il faut s'applaudir que ces anthropophages n'aient pas violé le feu sacré, dérobé par Prométhée à la voûte des cieux et donné à la terre. Noble élément, je t'en félicite, et je crois, Volusius, que tu t'en réjouis avec moi. Au reste, ceux dont la dent homicide osa s'enfoncer dans un cadavre, savourèrent ce mets avec délices. Ne demande pas si le premier qui fit l'essai de cet horrible repas y trouva quelque jouissance, puisque le dernier qui survint, voyant la victime dévorée, pressa la terre de ses doigts, afin de sucer au moins quelques gouttes de sang [24].

On dit que les Gascons prolongèrent quelque temps leur vie à l'aide d'un pareil aliment [25] : mais la conjoncture était bien différente. La fortune jalouse, les derniers malheurs de la guerre, les horreurs d'un long siége, tout

Hujus enim, quod nunc agitur, miserabile debet
Exemplum esse cibi. Sicut modo dicta mihi gens
Post omnes herbas, post cuncta animalia, quidquid
Cogebat vacui ventris furor, hostibus ipsis
Pallorem ac maciem, et tenues miserantibus artus,
Membra aliena fame lacerabant, esse parati
Et sua. Quisnam hominum veniam dare, quisve deorum
Viribus abnuerit dira atque immania passis,
Et quibus illorum poterant ignoscere manes
Quorum corporibus vescebantur? Melius nos
Zenonis præcepta monent : nec enim omnia, quædam
Pro vita facienda putat. Sed Cantaber unde
Stoicus, antiqui præsertim ætate Metelli?
Nunc totus Graias nostrasque habet orbis Athenas.
Gallia causidicos docuit facunda Britannos :
De conducendo loquitur jam rhetore Thule.

Nobilis ille tamen populus quem diximus, et par
Virtute atque fide, sed major clade Saguntus
Tale quid excusat. Mæotide sævior ara
Ægyptus : quippe illa nefandi Taurica sacri
Inventrix, homines (ut jam quæ carmina tradunt
Digna fide credas) tantum immolat, ulterius nil
Aut gravius cultro timet hostia. Quis modo casus
Impulit hos? Quæ tanta fames infestaque vallo
Arma coegerunt tam detestabile monstrum
Audere? Anne aliam, terra Memphitide sicca,

les réduisait à cette affreuse extrémité. Leur exemple ne doit inspirer que de la compassion. Ce ne fut qu'après avoir épuisé les herbes, les troupeaux, et tous les alimens que leur suggérait la rage de la faim, que ces malheureux, dont les corps pâles et décharnés touchaient de compassion leurs propres ennemis, dévorèrent les membres de leurs concitoyens : ils étaient prêts à se dévorer eux-mêmes. Qui des mortels ou des dieux oserait condamner un peuple qui avait enduré de telles souffrances [26] ? ne méritait-il pas d'obtenir son pardon de ceux même qui lui avaient servi de nourriture? Zénon, je le sais, nous a transmis des préceptes plus humains [27] : il ne permet pas tous les moyens pour conserver la vie. Mais un Cantabre pouvait-il être stoïcien, surtout au siècle de l'ancien Métellus [28]? Aujourd'hui le flambeau de la philosophie grecque et romaine éclaire l'univers. Déjà le Breton a reçu du Gaulois des leçons d'éloquence [29]; et l'on parle dans Thulé [30] d'y gager un rhéteur.

Ces généreux Gascons, ainsi que les Sagontins, leurs égaux en bravoure et en fidélité, mais plus célèbres par leur désastre, pouvaient alléguer de tels motifs. Il n'en est pas de même de l'Égyptien, et l'on peut dire qu'il surpassa en cruauté les habitans de la Tauride. Ces derniers, il est vrai, s'il faut en croire les traditions poétiques, imaginèrent les sacrifices humains; mais du moins la victime, en tombant sous le couteau sacré, n'avait rien de plus à redouter. Qui put donc forcer les Tentyrites à cette détestable et monstrueuse atrocité? Étaient-ils pressés par la faim, ou assiégés dans leurs murailles [31] ? Qu'auraient-ils

Invidiam facerent nolenti surgere Nilo?
Qua nec terribiles Cimbri, nec Britones unquam,
Sauromatæque truces aut immanes Agathyrsi,
Hæc sævit rabie imbelle et inutile vulgus,
Parvula fictilibus solitum dare vela phaselis,
Et brevibus pictæ remis incumbere testæ.

Nec pœnam sceleri invenies, nec digna parabis
Supplicia his populis, in quorum mente pares sunt
Et similes ira atque fames. Mollissima corda
Humano generi dare se Natura fatetur,
Quæ lacrymas dedit : hæc nostri pars optima sensus.
Plorare ergo jubet causam dicentis amici
Squaloremque rei, pupillum ad jura vocantem
Circumscriptorem, cujus manantia fletu
Ora puellares faciunt incerta capilli.
Naturæ imperio gemimus, quum funus adultæ
Virginis occurrit, vel terra clauditur infans,
Et minor igne rogi. Quis enim bonus, et face dignus
Arcana, qualem Cereris vult esse sacerdos,
Ulla aliena sibi credat mala? Separat hoc nos
A grege mutorum : atque ideo venerabile soli
Sortiti ingenium, divinorumque capaces,
Atque exercendis capiendisque artibus apti,
Sensum a cœlesti demissum traximus arce,
Cujus egent prona et terram spectantia. Mundi
Principio indulsit communis conditor illis

fait de plus, si le Nil eût refusé ses eaux à l'aride Memphis? Ce que n'osèrent jamais le Cimbre terrible, le farouche Sarmate[32], le Breton et l'impitoyable Agathyrse[33], un vil peuple, voguant dans des canots d'argile[34] décorés de peintures, vient de l'exécuter!

Non, jamais on n'inventera ni peines ni supplices assez grands pour des peuples aussi barbares dans leur ressentiment qu'on l'est quelquefois dans les horreurs de la faim. La nature, en nous donnant les larmes, témoigne assez qu'elle nous a doués d'un cœur compatissant[35]; et c'est le plus beau présent qu'elle ait fait au genre humain. Elle veut que nous pleurions sur le sort d'un ami réduit à plaider sa propre cause et à revêtir la robe du suppliant[36], et sur le pupille contraint d'appeler devant les tribunaux son perfide tuteur; aimable enfant, à qui ses joues virginales arrosées de larmes, et ombragées de longs cheveux, prêtent les grâces de l'autre sexe. Soumis au pouvoir de la nature, nous gémissons encore lorsque nous rencontrons la pompe funèbre d'une jeune fille adulte, ou quand la terre reçoit le corps d'un enfant trop petit pour le bûcher[37]. Quel homme de bien, digne de porter la torche pendant les mystères de la bonne déesse et d'être choisi par la prêtresse de Cérès pour ce saint ministère[38], peut voir avec indifférence les maux de ses semblables? C'est la pitié qui nous distingue des animaux, et c'est pour nous rendre dociles à sa voix, que la main qui nous créa mit en nous seuls cet esprit élevé, capable de commercer avec

Tantum animas, nobis animum quoque; mutuus ut nos
Affectus petere auxilium et præstare juberet,
Dispersos trahere in populum, migrare vetusto
De nemore, et proavis habitatas linquere sylvas;
Ædificare domos, laribus conjungere nostris
Tectum aliud, tutos vicino limine somnos
Ut collata daret fiducia; protegere armis
Lapsum, aut ingenti nutantem vulnere civem;
Communi dare signa tuba, defendier isdem
Turribus, atque una portarum clave teneri.

Sed jam serpentum major concordia. Parcit
Cognatis maculis similis fera. Quando leoni
Fortior eripuit vitam leo? quo nemore unquam
Exspiravit aper majoris dentibus apri?
Indica tigris agit rabida cum tigride pacem
Perpetuam : sævis inter se convenit ursis.
Ast homini ferrum letale incude nefanda
Procudisse parum est, quum rastra et sarcula tantum
Assueti coquere, et marris ac vomere lassi
Nescierint primi gladios excudere fabri.
Adspicimus populos, quorum non sufficit iræ
Occidisse aliquem; sed pectora, brachia, vultum

les dieux, d'inventer et de perfectionner les arts : c'est du ciel que nous tenons ce noble attribut, refusé à la brute dont la tête a été courbée vers la terre. Dès l'origine des choses, l'architecte du monde n'accorda aux animaux que la vie : à nous, il nous donna encore une âme intelligente, pour qu'une bienveillance mutuelle nous fît chercher tour à tour et prêter un appui; pour que les hommes, si long-temps dispersés, apprissent à se réunir en un seul peuple, à sortir des antiques forêts habitées par leurs pères, à bâtir des demeures, à joindre leurs lares aux lares de leurs voisins, et à gouter ainsi, au sein d'une confiance mutuelle, un sommeil tranquille, à protéger de leurs armes un concitoyen abattu ou affaibli par de larges blessures, à marcher au combat sous les mêmes drapeaux, à se défendre derrière les mêmes remparts et les mêmes portes.

MAIS aujourd'hui les serpens s'accordent mieux ensemble que les humains entre eux. La brute reconnaît et épargne son espèce. Quand vit-on le lion le plus fort égorger un autre lion ? Dans quelle forêt le jeune sanglier expira-t-il jamais sous la dent d'un sanglier plus robuste ? Le tigre indien vit en paix avec le tigre furieux, l'ourse avec l'ourse cruelle[39]. Ce n'était point assez pour l'homme d'avoir fabriqué le glaive homicide sur une enclume sacrilége, tandis qu'ignorant cet art funeste, les premiers forgerons ne façonnaient que des sarcloirs et des râteaux; il fallait encore que des nations, non contentes d'avoir immolé des hommes à leur ressentiment, regardassent comme un aliment leurs membres déchirés. Té-

Crediderint genus esse cibi. Quid diceret ergo,
Vel quo non fugeret, si nunc hæc monstra videret
Pythagoras, cunctis animalibus abstinuit qui
Tanquam homine, et ventri indulsit non omne legumen?

moin de ces horreurs, que dirait Pythagore? où ne fuirait-il pas? lui qui s'abstint de la chair des animaux aussi religieusement que de la chair humaine, et ne se permit pas même toute espèce de légumes [40] !

NOTES

SUR LA SATIRE XV.

1. ARGUMENT. Nous devons cette satire à un trait de fanatisme dont Juvénal fut témoin pendant son séjour dans la Pentapole. D'abord il expose la superstition des Égyptiens qui adoraient des animaux et des ognons : ensuite il raconte la scène horrible dans laquelle un habitant de Coptos fut dévoré par les Tentyrites : enfin il réclame les droits de la pitié.

Il paraît que Juvénal avait terminé son ouvrage par la satire de l'exemple ; et certes il n'était pas possible de le mieux couronner. Mais son exil dans la Pentapole d'Égypte acheva de lui dévoiler l'affreux caractère de la superstition qu'il détestait, et qu'il avait déjà combattue. (*Voyez* sat. 6, vers 511 ; et sat. 14, vers 96.) Il ne l'avait d'abord considérée que du côté de l'imposture et de l'abrutissement des esprits. Quand il en vit sortir, sur les bords du Nil, le sanglant fanatisme, quand il vit un homme dévoré par d'autres hommes, et cela parce que deux cités rivales n'adoraient pas les mêmes dieux, malgré son grand âge et la mort qui s'approchait, il se crut comptable à la postérité de la fatale expérience qu'il venait d'acquérir. C'est à cette circonstance fortuite que nous devons cette dernière satire, l'une des plus estimées, depuis la renaissance des lettres, par les philosophes de toutes les sectes.

Je ne la mettrai pas au rang de celles dont le style et la poésie ne laissent rien à désirer : l'imagination et l'oreille ne sauraient être les mêmes à plus de quatre-vingts ans. Si la marche en est moins rapide, le vers moins saillant, on en est dédommagé par la profondeur des pensées, la vérité des images, surtout par cette précieuse sensibilité, presque toujours compagne du génie, et que l'on a vue plus d'une fois y suppléer. *Voyez* le tableau de la pitié, vers 131.

Je l'ai déjà dit, le fragment mis à la fin de ce volume ne me paraît pas de Juvénal; ainsi ma tâche est achevée. Mais ai-je tenu parole? ai-je en effet prouvé que les satires dont il s'agit ont plus d'ensemble et d'unité d'intention qu'on ne l'avait encore soupçonné? ai-je, par des considérations nouvelles, suffisamment motivé mes diverses assertions? Dût-on en rejeter les preuves, comme insuffisantes et purement idéales; dût-on me taxer de trop d'enthousiasme, malgré mes observations critiques et l'impartialité que l'on a dû remarquer dans le discours préliminaire et dans les notes, je n'en ferai pas moins un dernier aveu plus hardi que les autres, et qui tiendra lieu de résultat.

Pour mieux expliquer mes pensées, je compare les Satires de Juvénal, quels qu'en soient l'ordre et les sujets, aux scènes d'un long drame où tout se tient par des anneaux, il est vrai très-déliés, mais dont on retrouve enfin l'intention primitive et la chaîne contiguë, quand on a la patience de les chercher dans le caractère de l'auteur et les mœurs de son temps. Ce drame, tel que je le conçois, je l'appellerais volontiers drame de la vie humaine, parce que, soit en bien, soit en mal, il en offre tous les exemples, toutes les vicissitudes, parce qu'on y reconnaît les principales causes de la prospérité des empires et de leur décadence périodique. D'ailleurs, les vertus et les vices domestiques y sont si bien mis en action, que les citoyens, quels qu'ils soient, s'ils ne veulent écouter que la raison, peuvent se décider, et n'ont plus qu'à choisir.

Si je n'ai rien avancé que d'après ma propre conviction et sur de bons garans, je demande à présent ce que l'on doit penser de l'esprit et du cœur de Juvénal. Qui peut nier que l'un n'ait été aussi fort que l'autre était sensible, mais, comme Hercule, d'une sensibilité virile? Qui ne conviendra pas, soit qu'il approuve ou qu'il blâme, de la justesse de son tact moral, telle qu'à ces deux égards on ne saurait lui reprocher une seule erreur, une seule méprise? Qu'on ne me parle point ici de quelques ironies hyperboliques si vainement objectées contre lui: j'ai prouvé qu'elles ne servent, en dernière analyse, qu'à confirmer l'opinion que l'on doit avoir et de la pureté de ses motifs, et de sa constante aversion pour tout ce qui blessait les mœurs ou contrariait le vœu de la nature.

Puisse donc la lecture de Juvénal devenir plus familière à ceux qui cultivent les lettres ! leurs ouvrages s'en ressentiraient, le caractère national y gagnerait.

2. *Volusius*, v. 1. Le texte dit *Volusius de Bithynie*. Cet ami de Juvénal n'est pas autrement connu. J. P.

---

3. *Ceux-ci adorent le crocodile*, etc., v. 2. Hérodote, *in Euterpe*, dit qu'on adorait les crocodiles dans le district de Thèbes, et qu'on les mangeait dans celui d'Éléphantine. Outre les animaux et les légumes dont va parler Juvénal, on rendait encore des honneurs divins aux faucons, aux hippopotames, aux boucs, aux taureaux, aux vaches; et suivant Porphyre, *de Abstinentia*, on adorait un homme dans la ville d'Anubis, on lui offrait des sacrifices et de l'encens. Les anciens affirment que ce culte était purement symbolique. Plutarque, *de Iside et Osiride*, dit que dans les cérémonies sacrées des Égyptiens il n'y avait rien de déraisonnable, comme quelques-uns se l'imaginent, mais qu'elles étaient fondées sur des motifs utiles, et que plusieurs de ces cérémonies renfermaient des vérités morales, historiques et physiques. Cicéron dit aussi, *de Natura Deorum*, lib. 1, que les Égyptiens, qui paraissaient si ridicules, n'avaient consacré aucun animal qu'en vertu de l'utilité que l'on en retirait : *Ipsi illi, qui irridentur, Ægyptii, nullam belluam nisi ob aliquam utilitatem quam ex ea caperent consecraverunt.*

4. *Ceux-là tremblent à la vue d'un ibis engraissé de serpens*, v. 3. L'ibis est un oiseau d'Égypte, blanc ou noir, comme le dit Hérodote, et qui ressemble beaucoup à la cigogne. Le même auteur (lib. II) ajoute que l'ibis délivre ce pays de serpens ailés qui viennent y fondre au commencement du printemps, et que c'est la cause du culte qu'on lui rend. Cicéron, et Pline (lib. X, cap. 28) confirment le témoignage d'Hérodote : *Invocant ei Ægyptii ibes suas contra serpentium adventum.*

5. *Du singe d'or à longue queue*, v. 4. Juvénal se sert d'un seul mot, *cercopithecus* (κέρκος, *cauda*, et πίθηκος, *simia*). J. P.

6. *Où la statue tronquée de Memnon rend des sons magiques*, v. 5. Les anciens croyaient que la statue de Memnon, qui était dans le temple de Sérapis, saluait le soleil tous les matins à son lever. Cette erreur venait, dit-on, de ce que la statue étant creuse, la chaleur du soleil échauffait l'air qu'elle contenait; et cet air, en sortant par quelque issue, produisait un bruit que les prêtres interprétaient à leur gré.

Strabon raconte qu'un tremblement de terre renversa la moitié de cette statue. Mais Pausanias dit qu'elle fut brisée par l'ordre de Cambyse. Elle existe encore aujourd'hui telle que l'ont vue tous les anciens qui en ont parlé, c'est-à-dire, tronquée : la partie inférieure est restée sur la base, et la partie supérieure est étendue sur la terre.

Pockock, dans ses Voyages, tome I, page 102, a donné deux grands dessins de cette statue, et deux planches des inscriptions qui sont gravées sur les jambes et sur la base. M. Toup a restitué une épigramme, et M. l'abbé Brotier plusieurs inscriptions qui attestent que la statue de Memnon rendait encore des sons sous l'empire de Domitien, d'Adrien, et plusieurs années après le temps où Juvénal a écrit. *Voyez* l'édition de Tacite, in-4°. tom. I, page 382.

On a rejoint par le dessin les deux parties séparées de la statue: on en a pris la forme exacte, et telle qu'on la trouvera dans un petit livre dont voici le titre : *Pauli Ernesti Jablonski, de Memnone Græcorum et Ægyptiorum, hujusque celeberrima in Thebaide statua, Syntagmat.* (Francof. ad Viadr., 1753, in-4°.)

Si l'on consulte le livre et le dessin que je viens d'indiquer, on verra que la statue de Memnon n'était pas représentée avec une lyre, comme le suppose gratuitement l'ancien scoliaste. Grangæus dit fort bien : *Non revera chordæ, sed statua chordarum citharæ instar resonabat.* On ne lit pas dans le texte *resonabant*, mais *resonant*; ce qui marque que ce prodige avait encore lieu du temps de Juvénal.

7. *Où l'antique ville de Thèbes*, v. 6. Thèbes, ville de la haute Égypte. Elle donna son nom à la Thébaïde. Ses cent portes, chantées par Homère, lui valurent le surnom d'Hécatompyle. A cause de sa magnificence on l'appela Diospolis, la ville de Jupiter. Pomponius Mela nous dit avec emphase, qu'elle pouvait au besoin faire sortir dix mille combattans par chacune de ses portes. *Voyez* satire XIII, note 6, tome II, page 275.

8. *Ici l'on révère le poisson de mer*, v. 7. La plupart des éditions portent : *Illic cœruleos*, etc., mais Brodæus prétend qu'il faut lire *aluros*, qui signifie des chats, et cela parce qu'on voit dans Hérodote, dans Diodore, et dans tous les auteurs qui ont traité des antiquités égyptiennes, que cet animal était singulièrement honoré en Égypte. J'ai vu chez M. l'abbé Brotier une statue égyptienne antique du dieu chat en bronze : elle a une tête de chat sur un corps humain. Il ne saurait y avoir dans le texte *cœruleos*, parce qu'on ne trouve nulle part que l'on ait adoré dans ce pays aucun poisson de mer.

(J'ai rétabli *cœruleos*: c'est la leçon de tous les manuscrits de Paris et de tous ceux que Ruperti a consultés; faut-il la changer sur la foi d'une conjecture ? On a douté si les Égyptiens adoraient des poissons de mer : mais l'érudition des savans peut être en défaut sur ce point, et d'ailleurs, pour de pareils détails, il faut accorder quelque liberté à la poésie. Enfin, fût-ce une erreur, il faut la laisser à Juvénal. Le premier devoir est de ne pas corriger sans autorité. J. P.)

9. *Là le poisson du fleuve*, v. 7. Juvénal n'a pas nommé le poisson dont il voulait parler. Quelques-uns croient qu'il s'agit de l'oxyrinchus; mais il paraît plus vraisemblable à M. l'abbé Brotier qu'il s'agit du latos, lequel était fort révéré dans la ville de Latopolis, maintenant Assena, située entre Ombos et Tentyre.

10. *Diane seule n'a point de culte*, v. 8. Juvénal, relégué dans la haute Égypte, ignorait peut-être qu'à plus de cent cinquante lieues de lui on révérait Diane dans la basse Égypte, où son culte était si célèbre, que les Égyptiens lui donnèrent le nom de Bubastis, à cause du temple fameux qu'elle avait dans cette ville. *Voyez* HÉRODOTE, lib. II, cap. 137 et 154.

11. *Qui voit ses dieux croître dans les jardins,* v. 10. Boileau a imité ces vers de Juvénal, sat. 12 :

> On vit le peuple fou, qui du Nil boit les eaux,
> Adorer les serpens, les poissons, les oiseaux;
> Aux chiens, aux chats, aux boucs, offrir des sacrifices,
> Conjurer l'ail, l'ognon, d'être à ses vœux propices,
> Et croire follement maîtres de ses destins
> Ces dieux nés du fumier porté dans ses jardins.

et sat. 8, v. 267 :

> ..... Cent fois la bête a vu l'homme hypocondre
> Adorer le métal que lui-même il fit fondre,
> A vu dans un pays les timides mortels
> Trembler aux pieds d'un singe assis sur leurs autels,
> Et sur les bords du Nil les peuples imbécilles,
> L'encensoir à la main, chercher les crocodiles..... J. P.

12. *Aux roches Cyanées qui s'entrechoquent,* etc., v. 19. Les Cyanées sont des rochers très-voisins l'un de l'autre, situés à l'entrée du Pont-Euxin. Le voyageur qui les aperçoit de loin croit qu'ils s'entrechoquent, à cause du mouvement des vagues qui produit cette illusion.

(Le texte de Dusaulx portait *Cyanes*, qu'il était fort difficile d'expliquer. Ruperti, d'après un de ses manuscrits, a lu *Cyaneas*: c'est une leçon qu'il faut adopter; elle est aussi claire qu'élégante. — Les Cyanées ou Symplégades sont deux rochers placés à l'entrée du Pont-Euxin. Les anciens prétendaient que ces deux rochers, dont l'un touchait à l'Europe et l'autre à l'Asie, se rapprochaient et s'unissaient quelquefois, pour se séparer ensuite et reprendre leur première position. Et en effet, suivant la distance et le lieu d'où le navigateur les considérait, elles pouvaient paraître se confondre ou se diviser. *Voyez* Val. Flaccus, IV, 637. J. P.)

13. *Cette horrible scène s'est passée récemment près des murs de Coptos, sous le consulat de Junius,* v. 27. Coptos, ville de la haute Égypte, presque toujours embrasée par les rayons perpendiculaires d'un soleil ardent. Strabon dit qu'elle servait d'entrepôt au commerce de l'Arabie et de l'Éthiopie.

On trouve dans les fastes de ce temps deux consuls du nom de Junius : l'un fut collègue de Domitien l'an 84 de notre ère, et il s'appelait Appius Junius Sabinus; l'autre, nommé Quintus Junius Rusticus, fut, l'an 119, collègue d'Adrien. Henri Dodwel a prouvé qu'il s'agit ici du second Junius, et que Juvénal était alors en Égypte, où il a composé cette satire, après avoir été témoin du fanatisme des Coptites et des Tentyrites.

14. *Tu chercherais vainement dans les annales du théâtre*, v. 30. Juvénal désigne ici la tragédie par le cothurne et par la robe flottante que portaient les acteurs tragiques. Martial (lib. IV, epigr. 49) emploie aussi le mot *syrma* pour *tragœdia* :

Musa nec insano syrmate nostra tumet.

15. *Il règne encore entre les habitans de deux villes voisines, Coptos et Tentyre*, v. 33. Aujourd'hui *Keft* et *Denderah*. Nous possédons à Paris le fameux *zodiaque* ou *planisphère* de Denderah. On trouvera la description des monumens qui restent encore des deux anciennes villes de Coptos et Tentyre dans un ouvrage publié à Paris, en 1818 : *Description de l'Égypte, ou Recueil des observations et des recherches qui ont été faites en Égypte pendant l'expédition de l'armée française*. Tome II, liv. 3e, ch. 10. — Les éditions modernes portent *Ombos*, au lieu de *Coptos*. On va voir par la note suivante que *Coptos* est la leçon la plus raisonnable. Ajoutons que cette leçon n'est pas condamnée par les manuscrits. La plupart portent *Combos, Cambos, Combros*, et un manuscrit très-ancien, consulté par M. Achaintre, porte *Copos*. Il y a moins loin de là à *Coptos* qu'à *Ombos*. J. P.

J'ai prié trois savans des plus illustres dont la France s'honore, MM. Brotier, Barthelemy et Larcher, de vouloir bien apprécier les doutes que des critiques renommés m'avaient fait naître sur plusieurs passages de cette satire, et particulièrement sur ce vers, qui est la clef des autres. Quelles que fussent leurs opinions, ils m'ont unanimement conseillé de ne point changer le texte, qu'ils ont ensuite pris la peine de discuter.

Les mœurs antiques, et surtout égyptiennes, dit M. l'abbé Brotier, sont si différentes des nôtres, qu'on ne peut trop les ap-

profondir pour avoir l'intelligence et juger de l'exactitude des auteurs qui les ont décrites. Juvénal, témoin oculaire, comme le remarque son ancien scoliaste, rapporte que les Ombites et les Tentyrites avaient des cultes totalement opposés ; que les uns détestaient ce que les autres révéraient, et que cette opposition de culte fut la cause de leur querelle sanglante. Élien, dans son Histoire des animaux (lib. x, cap. 21) s'exprime clairement sur cette différence de cultes : « Les Ombites, dit-il, adorent le cro-
« codile comme nous adorons les dieux de l'Olympe. Quand
« leurs enfans sont enlevés par des crocodiles, ils en sont char-
« més, et les mères en sont ravies de joie. Celles-ci regardent
« comme le comble de la gloire et du bonheur d'avoir mis au
« monde ce qui a servi de pâture à leur dieu. » Au contraire, comme l'observe le même Élien (cap. 24), les Tentyrites haïssent le crocodile, et adorent l'épervier : c'est le symbole du feu qu'ils révèrent dans cet oiseau de proie, comme les adorateurs des crocodiles révèrent dans ces animaux le symbole de l'eau. Autant ces élémens sont opposés, autant l'étaient les cultes et les idées de ces villes rivales. On peut juger de la manière dont on traitait à Tentyre les crocodiles, par ce qu'Élien rapporte des Apolloniates, qui faisaient partie des Tentyrites sur la rive droite du Nil, où ils habitaient la ville d'Apollinopolis Parva. « Les Apol-
« loniates, dit-il (cap. 21), prennent les crocodiles dans des
« filets, les suspendent à des arbres nommés *persea* ou *persica*,
« l'amandier d'Égypte ; et après quelques lamentations, ils les
« fustigent, les coupent en morceaux et les dévorent. » On voit par ces différens traits, quelle était l'opposition des cultes de ces deux cités, et quelle était la cause de leurs fureurs.

Juvénal, continue M. l'abbé Brotier, ajoute que les habitans de ces deux villes sont voisins, *finitimi*. Mais, disent les critiques, Ombos était éloignée de Tentyre de plus de trente lieues. Soit ; cependant Juvénal a pu les appeler *finitimi*. Pourquoi ? c'est que, lorsqu'il écrivait, Ombos faisait partie du nome ou de la préfecture de Thèbes. On le voit clairement marqué dans Ptolémée (lib. IV, cap. 5) ; et le P. Sicard, qui a si bien vu l'Égypte, les auteurs anciens à la main, a très-exactement fixé les limites du nome de Thèbes et de celui de Tentyre, immédiatement au dessus d'Apollinopolis Parva, sur la rive droite du Nil. Observez que dans cette querelle il s'agit de la rive droite, et non de la gauche. Les Ombites ont attaqué sur la première, comme on le voit par leur retraite vers Coptos qui était située à l'opposite, et où ils pouvaient espérer du secours, parce que dans Coptos on adorait aussi les crocodiles. Mais, dira-t-on, comment les Ombites pouvaient-ils venir de si loin pour insulter les Tentyrites? On le comprendra, si l'on considère que les Égyptiens se portaient rapidement, à l'aide de leurs canots, à des distances très-considérables. A Bubasie, dans la basse Égypte, on adorait Diane; et le jour de sa fête on se rendait de fort loin dans cette ville. Ouvrez Hérodote (lib. II, cap. 59), et vous y trouverez le détail suivant : « Une multitude d'hommes et de femmes s'embarquaient « sur le Nil, et faisaient éclater des transports de joie. Les fem- « mes faisaient retentir leurs crotales, espèces de castagnettes; « les hommes jouaient de la flûte ou frappaient des mains. Quand « on abordait quelque part, les femmes redoublaient leurs con- « certs, provoquaient les autres femmes, sautaient, dansaient, etc. « On recommençait à chaque ville que l'on rencontrait sur la « route. Lorsqu'on était arrivé à Bubaste, on célébrait la fête, « et il s'y buvait plus de vin que toute la ville n'en consommait « dans le cours de l'année. Ces bandes d'étrangers étaient si nom- « breuses, que, sans compter les enfans, elles montaient jusqu'à « soixante-dix mille personnes, tant hommes que femmes. »

Ces autorités d'Élien, de Ptolémée, du P. Sicard et d'Hérodote, dit M. l'abbé Brotier, sont si claires, si concluantes, qu'il ne faut pas d'autre commentaire pour la parfaite intelligence de cette satire, dont le texte n'est certainement point corrompu, dont les peintures sont belles, fortes et vraies.

Voyons maintenant ce qu'en pensent MM. Barthelemy et Larcher.

L'opinion précédente est fondée sur deux raisons : 1°. Ptolémée, dans sa Géographie, comprend les Ombites dans le nome où la préfecture de Thèbes, lequel nome confinait avec celui des Tentyrites. Ces deux peuples étaient donc limitrophes, *finitimi*. M. l'abbé Barthelemy répond qu'il s'est fait à la vérité un changement dans la division des nomes de la haute Égypte; mais que ce changement est postérieur à Juvénal. En effet, Pline, contemporain de ce poète, distingue expressément (lib. v, cap. 9) la préfecture d'Ombos de celle de Thèbes; et son témoignage en cette occasion est préférable à celui de Ptolémée, qui n'a écrit que sous Antonin. M. Larcher ajoute, que si on avait donné le nom d'Ombite aux deux nomes réunis de Thèbes et d'Ombos, les Ombites auraient alors été limitrophes des Tentyrites; mais que le nome de Thèbes ayant conservé sa dénomination après sa réunion avec celui d'Ombos, le passage de Ptolémée ne saurait éclaircir celui de Juvénal. Pour mettre ma pensée dans tout son jour, dit-il, je me sers du premier exemple qui s'offre à mon esprit. Les Champenois et les Bourguignons sont limitrophes. Si le Lyonnais, qui fait actuellement un gouvernement particulier, était réuni à celui de Bourgogne, sous le nom de Bourgogne, pourrait-on dire que les Lyonnais sont limitrophes des Champenois? 2°. Les Ombites, dit M. l'abbé Brotier, adorent le crocodile : au contraire les Tentyrites, suivant Élien (*de Natura Animal.*, lib. x, cap. 21) prennent les crocodiles dans des filets, les suspendent à des arbres, et les dévorent. L'induction que l'on tire de ce passage, répond M. l'abbé Barthelemy, serait sans réplique si l'opposition de culte n'avait subsisté qu'entre les Ombites et les Tentyrites; mais le même Élien (lib. x, cap. 24) dit que les Tentyrites détruisent les crocodiles, et qu'outre les Ombites et les Arsinoïtes, ceux de Coptos leur accordent les honneurs divins. Il est donc certain que le nome de Coptos était limitrophe de celui de Tentyre; et que du temps de Juvénal celui d'Ombos en était séparé par d'autres nomes. Il est certain encore qu'à Coptos on adorait les crocodiles, et qu'à Tentyre on les détruisait. Il y avait donc entre ces deux villes une cause naturelle de haine.

Le résultat des deux savans que je viens de citer est que le texte a été manifestement corrompu, et qu'il s'agit ici de Coptos, et non d'Ombos. M. de Paw, dans ses Recherches philosophiques sur les Égyptiens et les Chinois, tome II, page 160, a formé la même conjecture, mais il ne l'appuie que sur la distance des lieux. J'ai suivi, quoi qu'il en soit, le conseil que l'on m'a donné; je n'ai point touché au texte, et j'y ai conformé ma traduction.

16. *La fureur de ces deux cités vient de ce que chacune déteste les dieux de l'autre, persuadée que les divinités qu'elle adore sont les seules auxquelles on doive rendre hommage*, v. 35. Strabon (lib. XVII, pag. 814) dit que les Tentyrites passaient pour avoir reçu de la nature le don de détruire sans danger les crocodiles; mais Sénèque (*Quæst. natural.*, lib. IV, cap. 2) nie que les Tentyrites eussent à cet égard aucun avantage sur les autres hommes. « Ils ne « maîtrisent les crocodiles, dit-il, que parce qu'ils les méprisent « et les bravent : ils les poursuivent vivement; ils leur jettent une « corde, les lient, et les traînent où ils veulent, etc. » Cette antipathie des Tentyrites pour les crocodiles que les habitans d'Ombos adoraient, causa la haine qui produisit les hostilités dont il s'agit. L'intolérance religieuse est donc plus ancienne, et ses fureurs ont été communes à plus de sectes que ne l'ont cru des auteurs fameux.

17. *Les habitans de Tentyre célébraient une fête*, etc., v. 38. *Alterius populi*, etc. Les habitans d'Ombos ne sont pas l'*alter populus*, comme on l'a cru jusqu'à présent, et comme je l'ai dit dans ma première édition; ce sont les Tentyrites. C'est à Tentyre que la fête a été célébrée ; ce furent par conséquent les nobles et les chefs d'Ombos qui attaquèrent. Ceux-ci furent repoussés jusqu'au bord du Nil, vis-à-vis de Coptos, *super calidæ mœnia Copti*, vers 28, et l'un d'eux y fut dévoré par les Tentyrites. La situation de Coptos, voisine de Tentyre, suffit pour lever toute difficulté.

(En substituant, comme nous l'avons fait (*voyez* la note 15), Coptos à Ombos, le récit de Juvénal n'a plus de détail obscur, et rien ne s'oppose à ce qu'*alterius populi* se rapporte, selon son acception ordinaire, à la seconde des deux villes précédemment nommées, c'est-à-dire à *Tentyre*. Consultez, au reste, la note 23. J. P.)

18. *Autant que j'ai pu le remarquer moi-même*, v. 45. Pendant l'exil de Juvénal dans la Pentapole d'Égypte. J. P.

19. *Ne le cède point en voluptés à l'infâme Canope*, v. 46. *Voyez* sat. 6, note 23, tome I, page 231.

20. *Les pierres, armes ordinaires de la sédition, sont ramassées et lancées avec force*, v. 63. Farnabe et plusieurs autres interprètes ne me paraissent pas avoir bien entendu *inclinatis lacertis*. « Ils s'inclinent, disent-ils, pour ramasser des pierres : » et moi je crois qu'ils s'inclinaient aussi pour les lancer avec plus de vigueur. Voici la construction du texte : *Et jam saxa per humum quæsita incipiunt torquere inclinatis lacertis.*

(Dusaulx avait admis *domestica seditione tela* : c'est aussi la leçon suivie par M. Achaintre, d'après la plupart de ses manuscrits. Mais *domestica seditione* est peu latin. J'ai adopté, avec Ruperti, *domestica seditioni tela*, qui se dit très-élégamment pour *domestica seditionis tela* : cette leçon a d'ailleurs pour elle de respectables autorités. J. P.)

21. *Telles qu'en envoyaient à l'ennemi et Turnus et Ajax, ou pareilles au rocher dont le fils de Tydée froissa la cuisse d'Énée*, etc., v. 65. Juvénal fait ici une allusion satirique à ce qu'Homère et Virgile racontent de la force de leurs héros. Observons que le poète latin qui, dans cette circonstance, a imité le poète grec, pousse trop loin l'hyperbole lorsqu'il parle (lib. XII) de la pierre que Turnus lança contre Énée.

>........ Saxum circumspicit ingens,
> Saxum antiquum, ingens campo quod forte jacebat
> Limes agro positus litem ut discerneret arvis.
> Vix illud lecti bis sex cervice subirent,
> Qualia nunc hominum producit corpora tellus.
> Ille manu raptum, etc.

Ces six vers sont imités, les trois premiers du livre XIII de l'Iliade, où Homère se garde bien de dire combien il aurait fallu d'hommes pour lever la pierre que Minerve lança contre Mars, parce que les dieux sont tout-puissans, et que la comparaison eût été déplacée. Les trois derniers vers sont imités du livre V de l'Iliade, où l'on voit que Diomède lança contre Énée une pierre telle, que deux hommes d'alors ne l'auraient pas portée : cependant Virgile en met douze, et des plus vigoureux. Il est vraisemblable que ce grand poète, s'il avait eu le temps de revoir l'Énéide, se serait rapproché de son modèle et de la nature.

Toutes les éditions que je connais, excepté celle de Baskerville, portent, v. 65 :

> Nec hunc lapidem quales et Turnus et Ajax.

On lit dans celle que je viens d'indiquer : *Quali se Turnus et Ajax*, etc. Cette leçon me paraît excellente, et bien plus relative à *vel quo Tydides*, etc., mais j'ignore si elle est suffisamment autorisée.

22. *Aussi les dieux ne les voient-ils qu'avec un sourire amer de mépris et de haine*, v. 70. Par *malos homines*, Juvénal ne veut pas dire ce que nous entendons par « des méchans : » ce mot signifie souvent en grec et en latin, « des hommes sans cœur, des lâches. » Ce passage a été généralement mal expliqué, parce qu'on n'a pas eu égard à ce qui précède, et que l'on n'a pas senti que c'était encore une allusion à l'Iliade, dans laquelle Jupiter se plaît à considérer les combats des Grecs et des Troyens, et même ceux des dieux. *Voyez* l'Iliade, liv. XXI, v. 385 et suiv.

(Je ne partage pas l'idée de Dusaulx. Sans perdre de vue ce qui précède, et en admettant l'allusion au Jupiter de l'Iliade, on peut conserver à *malos* son véritable sens. « Les hommes de notre temps, dit Juvénal, sont à la fois méchans et faibles : ils ont dégénéré de la force, comme de la vertu de leurs aïeux. » En lançant ce trait contre l'affaiblissement de notre race, il est très-naturel qu'il rappelle notre corruption, sujet ordinaire de ses satires. Dans cette satire même, n'est-ce pas la cruauté des Tentyrites qu'il peint avec son énergie ordinaire? Faut-il donc s'étonner qu'en décrivant leurs combats, il accuse la méchanceté des hommes? J. P.)

23. *De nouveaux combattans viennent au secours des Tentyrites*, etc., v. 73. Tous les commentateurs et tous les traducteurs, sans exception, ont mal expliqué les vers suivans; les uns, parce qu'ils ne connaissaient pas la situation géographique des villes dont il s'agit, les autres, parce qu'ils ont gratuitement changé le texte.

Pour comprendre l'issue de ce combat, pour savoir où et comment il a dû se passer, il faut se rappeler quels étaient les agresseurs et ceux qui se défendaient. On a vu que les Ombites vinrent attaquer les Tentyrites pour insulter à leur culte. Il paraît que, dans le premier assaut, les deux partis contraires n'avaient point d'armes; car ils auraient commencé par s'en servir, au lieu de se jeter des pierres et de se battre à coups de poing. Cependant les Tentyrites, répandus dans les places et dans les temples, *ad templa et compita*, v. 42, appellent du secours, et sont renforcés par leurs concitoyens, *subsidiis aucti*, v. 73. La troupe qui survint tira le glaive, décocha des flèches, *Pars altera promere ferrum Audet, et infestis pugnam instaurare sagittis*, v. 74. Observez que *pars altera*, étant une manière de parler collective, se rapporte très-bien à *subsidiis aucti*, quoique *aucti* soit au nominatif pluriel. Au reste, ce fut à l'aide de ce renfort que les Tentyrites chassèrent de leurs propres foyers les Ombites, qui étaient trop loin de chez eux pour en obtenir du secours et y aller chercher des armes.

C'en est assez pour faire sentir qu'il ne faut pas adopter les corrections suivantes, corrections démenties tant par l'exposition que par le dénouement du fait, et par le local même que Juvénal a décrit avec une extrême précision.

Les meilleurs et les plus anciens manuscrits portent, vers 75 :

Terga fugæ celeri præstantibus, omnes instant
Qui vicina colunt umbrosæ Tentyra palmæ.

Mercerus écrit,

Terga fugæ celeri præstant, instantibus Ombis.....

tandis qu'il est prouvé que les Ombites furent poursuivis par les Tentyrites jusqu'à Coptos. Quoiqu'il y eût deux villes entre Pampe et Tentyre, Saumaise veut qu'on lise,

Qui vicina colunt umbrosæ Tentyra Pampæ,

au lieu de *umbrosæ Tentyra palmæ*. Indépendamment de l'invraisemblance, peut-on donner à une ville l'épithète de *umbrosa*, comme à une forêt de palmiers dont on sait que les plantations et les ombrages sont très-communs en Égypte et dans le reste de l'Afrique?

On trouve encore cette correction faite seulement pour éviter le vers spondaïque, comme si Juvénal n'en fournissait pas plusieurs exemples :

> Terga fugæ celeri præstantibus omnibus, instant
> Qui vicina colunt, etc.,

il aurait été facile à notre auteur de ne pas faire un vers spondaïque en mettant,

> Ombis terga fugæ celeri præstantibus, instant
> Qui vicina colunt, etc.,

mais il n'aurait pas rendu toute sa pensée; il n'aurait pas exprimé le concours des habitans de Tentyre et des citoyens armés qui fondirent sur les Ombites.

(De quels anciens manuscrits Dusaulx invoque-t-il l'autorité, pour justifier sa leçon *præstantibus, omnes instant*? On sait qu'il n'en a consulté aucun. Ruperti ne dit pas un mot de cette leçon, et M. Achaintre ne la trouve dans aucun des manuscrits de Paris. J'ai suivi le texte de Ruperti. J. P.)

24. *Afin de sucer au moins quelques gouttes de sang*, v. 92. Si les Ombites avaient triomphé des Tentyrites, s'ils s'étaient rendus maîtres de leur ville, n'auraient-ils pas tué plus d'un homme? et, vu la rage qui les transportait, n'en auraient-ils pas mangé plusieurs? Ainsi l'opinion de ceux qui veulent qu'un Tentyrite ait été dévoré par ceux d'Ombos est insoutenable.

25. *On dit que les Gascons prolongèrent quelque temps leur vie à l'aide d'un pareil aliment*, v. 92. Les habitans de Calagurris, maintenant Calahorra, ville de l'Espagne tarragonaise, furent réduits aux dernières extrémités, tandis que Pompée et Metellus les assiégeaient. Dénués de tout, dit Valère-Maxime (lib. VII, cap. 6), *Uxores suas natosque ad usum nefariæ dapis verterunt.*

(Ruperti approuve *ut fama est*, leçon de presque tous les manuscrits; et cependant je trouve dans l'édition donnée par M. Lemaire, *hæc fama est*. J. P.)

26. *Qui des mortels ou des dieux oserait condamner un peuple qui avait enduré de telles souffrances*, v. 103. On lit dans l'édition de Baskerville, *Urbibus abnuerit*, etc. Je ne vois pas pourquoi l'éditeur a changé *viribus*, qui va si bien avec

>Et quibus illorum poterant ignoscere manes
>Quorum corporibus vescebantur?

27. *Zénon, je le sais, nous a transmis des préceptes plus humains*, v. 106. Zénon, qui avait étudié la morale sous Cratès, fut fondateur du stoïcisme, qu'il emprunta de l'école cynique; c'est pourquoi Juvénal a dit, sat. 13, v. 121, que les cyniques et les stoïciens ne différaient que par la tunique. Dans le système de ce philosophe, l'humanité provenait de la raison, au préjudice de la sensibilité naturelle. Il voulait que son sage, s'il tend la main à celui qui a fait naufrage, s'il console celui qui pleure, s'il reçoit celui qui manque d'asile, s'il donne la vie à celui qui périt, s'il présente du pain à celui qui a faim, ne fût point ému, gardât sa sérénité, et ne permît point au spectacle de la misère d'altérer sa tranquillité. *Voyez* sat. 13, note 30, tome II, page 377.

28. *Mais un Cantabre pouvait-il être stoïcien, surtout au siècle de l'ancien Metellus?* v. 108. Les Cantabres, anciens peuples de l'Espagne tarragonaise. Ils habitaient le pays de Guipuscoa, la Biscaye, les Asturies et la Navarre. Ils étaient très-belliqueux, et défendirent long-temps leur liberté.

>Cantaber sera domitus catena.
>HORAT.

Le Metellus dont il s'agit fut joint à Pompée pour combattre Sertorius, environ l'an 670 de Rome. Juvénal lui donne l'épithète d'ancien, pour le distinguer de ses descendans.

29. *Déjà le Breton a reçu du Gaulois des leçons d'éloquence*, etc.,

v. 111. Il est certain que les Gaulois avaient alors, et même depuis plus d'un siècle, des écoles assez florissantes de poètes et d'orateurs. Mais on ne voit pas que ceux-ci eussent jamais été fort estimés à Rome. Cicéron dit au contraire, dans son oraison *pro Fonteio*, que le plus illustre des Gaulois ne mérite pas à cet égard d'être comparé avec le moindre des Romains : *Non modo cum summis civitatis nostræ viris, sed cum infimo cive romano quisquam amplissimus Galliæ comparandus est*. Quand les Gaulois, du temps de Jules-César et de Claude, furent introduits dans le sénat, on se plaignit, disent Tacite et Suétone, de ce qu'il était inondé de barbares : *Effusa est in curiam omnis barbaries*. Cependant Ausone affirmait, quelques siècles après, que la Gaule disputait le prix de l'éloquence au Latium :

Æmula te Latiæ decorat facundia linguæ.

Voyez sat. 1, note 16, tome I, page 21.

J'avais écrit dans un ou deux endroits les Britons, en parlant de ceux que nous nommons aujourd'hui Anglais ou habitans de la Grande-Bretagne : mais on m'a fait remarquer qu'il était plus usité de dire les Bretons, quoique le mot latin soit *Britones*.

30. *Et l'on parle dans Thulé*, etc., v. 112. On lit dans la Géographie ancienne de M. d'Anville : « L'opinion de ceux qui pren-
« nent l'Islande pour Thulé ne peut se soutenir contre une ana-
« lyse des circonstances qui sont données sur Thulé, etc., etc.
« On apprend de Tacite, que la flotte romaine qui fit le tour de
« la Bretagne, et soumit les Orcades, eut en même temps la vue
« de Thulé, ce qui ne peut avoir de rapport qu'avec les îles de
« Shethland. »

M. de Keralio a lu, à l'Académie des belles-lettres, un Mémoire sur la connaissance que les anciens ont eue des pays du nord de l'Europe, dans lequel il a discuté les deux principales opinions des savans sur la position de l'ancienne Thulé. Son résultat est le même que celui de M. d'Anville ; mais il a prouvé de la manière la plus satisfaisante ce que ce grand géographe n'avait, pour ainsi dire, que conjecturé.

31. *Étaient-ils pressés par la faim ou assiégés dans leurs murailles*, v. 120. J'ai dit dans la note 23, qu'il paraissait que les Ombites étaient arrivés tumultuairement et sans armes; ce vers en est la preuve.

32. *Le cruel Sarmate*, v. 125. J'ai admis *Sauromatœve*, avec Ruperti et M. Achaintre, au lieu de *Sauromatœque*, que l'on trouve dans la plupart des éditions modernes. J. P.

33. *L'impitoyable Agathyrse*, etc., v. 125. Les Agathyrses, peuple de la Sarmatie d'Europe, dont Hérodote, Virgile et saint Jérôme ont fait mention. Virgile a dit qu'ils se peignaient le visage ; saint Jérôme, qu'ils étaient riches sans être avares, et Hérodote qu'ils étaient efféminés. M. d'Anville les soupçonne d'avoir été anthropophages.

Voici ce qu'en dit Hérodote : « Les Agathyrses portent la plupart du temps des ornemens d'or, et sont de tous les hommes ceux qui vivent le plus dans la mollesse. Les femmes sont communes entre eux, afin qu'étant unis par les liens du sang, et que ne faisant tous, pour ainsi dire, qu'une seule et même famille, ils ne soient sujets ni à la haine ni à la jalousie. Quant au reste de leurs coutumes, elles ont beaucoup de conformité avec celles des Thraces. » Livre IV, §. 104.

Je ne vois point ici que les Agathyrses aient été cruels : mais Hérodote convient qu'ils vivaient dans la mollesse ; cela me suffit pour savoir ce qu'ils sont nécessairement devenus.

34. *Voguant dans ses canots d'argile*, etc., v. 127. Ces canots étaient faits, selon Strabon, liv. XVII, avec les coquillages ou la terre cuite dont les Égyptiens de l'île de Delta (et non de Della, comme on le voit dans les *Variorum*) se servaient pour naviguer dans les deux grandes branches que le Nil forme avant d'arriver à la mer. Ils s'en servaient surtout pour communiquer ensemble dans l'intérieur du Delta, où ils avaient creusé plusieurs canaux. Grangæus renvoie à Sénèque (*Quæst. natural.*, lib. III, cap. 25), pour savoir comment des barques d'argile peuvent surnager. Voici le passage : « Il y avait en Sicile, et il y a encore en Syrie un « étang sur lequel surnage la brique, et dans lequel les corps les « plus pesans ne peuvent s'enfoncer. »

Ce passage ne prouve rien. Sénèque parle d'une eau bitumineuse et sulfureuse ; au lieu que celle du Nil était douce et limpide. On sait qu'un vaisseau, de quelque matière qu'il soit, peut surnager lorsqu'il présente assez de surface pour que l'eau le soutienne.

35. *La nature, en nous donnant les larmes, témoigne assez qu'elle nous a doués d'un cœur compâtissant*, v. 132. Le proverbe grec disait : *Boni viri lacrymabiles*, tandis que l'on donnait aux autres l'épithète d'*illacrymabiles*. On lit dans Horace, lib. II, ode 14 : *Illacrymabilem Plutona.*

Après avoir lu ce sublime tableau de la pitié, si conforme à la belle nature, et qui caractérise spécialement Juvénal, lisez, si vous le pouvez, les sophismes de Sénèque entassés dans son Traité de la Clémence, liv. II, chap. 5.

En voici le résultat : — « La compassion, dit Sénèque, est une maladie de l'âme, excitée par la vue du malheur d'autrui, ou une tristesse causée par des maux étrangers que l'on croit non mérités. Or, le sage est inaccessible aux maladies de l'âme; son cœur est serein, et n'est jamais enveloppé des nuages de la tristesse, etc. Le sage n'a donc pas de pitié, parce que la pitié est un état malheureux : mais, sans ressentir la pitié, il n'en fera pas avec moins de zèle tout ce que fait un homme compatissant. »

Ici le sentiment réfute Sénèque et tous les auteurs de sa secte fameuse. Jusqu'où l'amour du paradoxe et des systèmes n'entraîne-t-il pas les meilleurs esprits?

36. *Réduit à plaider sa propre cause et à revêtir la robe du suppliant*, v. 134. L'édition de Baskerville porte, *Caussam lugentis amici*. Celle de Sandby, *Casum lugentis amici;* et l'éditeur s'autorise de ce vers de Virgile :

Et casum insontis mecum indignabar amici.

Pour moi je m'en tiens à la leçon des manuscrits, *Causam dicentis amici Squalloremque rei;* car les deux corrections précédentes ne sont pas fondées. Il paraît au contraire que ceux qui les ont faites n'ont pas senti que Juvénal peignait l'une des plus grandes calamités de Rome, ces délations odieuses et ces accusations continuelles, qui forçaient des hommes considérables à plaider leurs propres causes, et à paraître en justice comme des coupables. Les exemples en sont fréquens dans Tacite et dans les autres écrivains du même temps.

(Ruperti a préféré *Casum lugentis amici*, quoique *casum* ne se trouve que dans un seul de ses manuscrits. J. P.)

37. *Quand la terre reçoit le corps d'un enfant trop petit pour le bûcher*, v. 139. Pline (lib. VII, cap. 16) dit qu'il n'est pas d'usage de brûler les enfans à qui il n'a point encore percé de dents : *Hominem priusquam genito dente cremari, mos gentium non est.*

La coutume de brûler les corps était presque générale chez les Grecs et les Romains. Elle a précédé chez les premiers le temps de la guerre de Troie. Il ne faut pourtant pas s'imaginer que cette coutume ait été la plus ancienne, même chez ces peuples. « La « première manière d'inhumer, dit Cicéron, est celle de Cyrus « dans Xénophon : le corps est ainsi rendu à la terre, et il est « couvert du voile de sa mère. Sylla, vainqueur de Caius Marius, « le fit exhumer et jeter à la voirie. Ce fut peut-être par la crainte « d'un pareil traitement qu'il ordonna que son corps fût brûlé. « C'est le premier des patrices Cornéliens à qui on ait élevé un « bûcher. » L'usage de brûler les corps et celui de les inhumer ont subsisté à Rome dans le même temps. « Celui de les brûler « n'est pas, dit Pline, fort ancien dans la ville; il doit son ori- « gine aux guerres que nous avons faites dans des contrées éloi- « gnées : comme on y déterrait nos morts, nous prîmes le parti « de les brûler. » Cette coutume dura jusqu'au temps du grand Théodose.

38. *Quel homme de bien, digne de porter la torche pendant les mystères de la bonne déesse et d'être choisi par la prêtresse de Cérès pour ce saint ministère*, etc., v. 141. La prêtresse choisissait parmi les gens de bien un inspecteur que l'on nommait *epopta*. Cet inspecteur était chargé de plusieurs fonctions relatives à ces mystères, d'où l'on avait soin d'écarter les impies. Néron voyageant dans la Grèce, n'osa pas se présenter à ceux d'Éleusis : *Peregrinatione quidem Græciæ, Eleusiniis sacris, quorum initiatione impii et scelerati voce præconis submoventur, interesse non ausus est.* (SUETON., *in Neron.*)

Il n'était pas permis, dit Tibulle (lib. III, eleg. 5), de révéler, même aux dieux, les mystères de Cérès :

> Non ego tentavi nulli temeranda deorum
> Audax laudandæ sacra docere deæ.

Horace (lib. III, od. 2), témoigne de l'horreur contre ceux qui violaient ce secret :

> . . . . Vetabo, qui Cereris sacrum
> Vulgarit arcanæ, sub isdem
> Sit trabibus, fragilemque mecum
> Solvat phaselum.

Quant à la fonction de porter la torche, etc., elle était non-seulement importante, mais encore honorable. Les porte-torches des mystères avaient la tête ceinte d'un bandeau, et ils étaient admis aux cérémonies les plus secrètes. Pausanias, dans ses Attiques, félicite une femme de ce qu'elle avait vu son frère, son mari et son fils jouir de cet honneur. *Voyez*, sur les Mystères de Cérès, la sat. 6, note 13, tome I, page 228.

39. *Mais aujourd'hui les serpens s'accordent mieux ensemble que les humains entre eux*, v. 164. Boileau a imité ce vers et les suivans, sat. 8, v. 125 :

> Voit-on les loups brigands, comme nous inhumains,
> Pour détrousser les loups courir les grands chemins?
> Jamais, pour s'agrandir, vit-on dans sa manie
> Un tigre, en factions partager l'Hyrcanie?
> L'ours a-t-il dans les bois la guerre avec les ours?
> Le vautour dans les airs fond-il sur les vautours?
> A-t-on vu quelquefois dans les plaines d'Afrique,
> Déchirant à l'envi leur propre république,
> *Lions contre lions, parens contre parens,*
> *Combattre follement pour le choix des tyrans?*
> L'animal le plus fort qu'enfante la nature,
> Dans un autre animal respecte sa figure.
> . . . .
> L'homme seul, l'homme seul, en sa fureur extrême,
> Met un brutal honneur à s'égorger soi-même.
> C'était peu que sa main, conduite par l'enfer,
> Eût pétri le salpêtre, eût aiguisé le fer, etc., etc.... J. P.

40. *Témoin de ces horreurs, que dirait Pythagore ? où ne fuirait-il pas ? lui qui s'abstint de la chair des animaux aussi religieusement que de la chair humaine, et ne se permit pas même toute espèce de légumes,* v. 171. Finissons la note précédemment ébauchée sur Pythagore. (*Voyez* sat. 3, note 55, tome I, page 111.) Ce philosophe jouissait d'un si grand crédit, que ses disciples ne répondaient le plus souvent aux objections qu'on leur faisait que par ces mots : — C'est lui qui l'a dit. (CICER., *de Natur. Deor.*, lib. I, cap. 5.) On lui attribue encore ce mot consolant : « Mon ami est un autre « moi-même. » En effet, quand je suis avec mon ami, je ne suis pas seul, et nous ne sommes pas deux. Aristote a dit aussi que, par l'amitié, une seule âme vivait dans deux corps ; et cette définition vaut bien l'autre.

Quand Juvénal a prétendu que Pythagore ne se permettait pas toutes sortes de légumes, il est évident qu'il désignait les fèves, et suivant l'opinion d'Horace : *Faba Pythagoræ cognata.* Mais ce préjugé est réfuté dans le Voyage du jeune Anacharsis, où il est dit, chap. 75 : — « Vous entendrez dire, et l'on dira encore plus dans la suite, que Pythagore attachait un mérite infini à l'abstinence des fèves. Il est certain néanmoins qu'il faisait un très-grand usage de ce légume dans ses repas. C'est ce que j'ai appris de Xénophile et de plusieurs vieillards presque contemporains de Pythagore. »

SATIRA XVI.

Militiæ commoda.

FRAGMENTUM.

Quis numerare queat felicis præmia, Galle,
Militiæ? Nam si subeantur prospera castra,
Me pavidum excipiet tironem porta secundo
Sidere : plus etenim fati valet hora benigni,
Quam si nos Veneris commendet epistola Marti,
Et Samia genitrix quæ delectatur arena.

COMMODA tractemus primum communia; quorum
Haud minimum illud erit, ne te pulsare togatus
Audeat; immo et, si pulsetur, dissimulet, nec
Audeat excussos prætori ostendere dentes,
Et nigram in facie tumidis livoribus offam,
Atque oculos, medico nil promittente, relictos.
Bardaicus judex datur hæc punire volenti
Calceus, et grandes magna ad subsellia suræ,
Legibus antiquis castrorum, et more Camilli
Servato, miles ne vallum litiget extra,
Et procul a signis. Justissima centurionum
Cognitio est igitur de milite; nec mihi deerit

SATIRE XVI.

Prérogatives de l'état militaire [1].

FRAGMENT.

Qui pourrait compter, mon cher Gallus, tous les priviléges de l'état militaire, quand on y entre sous d'heureux auspices [2] ? Que je sois reçu dans un camp favorisé du destin, et, malgré mon inexpérience et ma timidité, je vais m'y trouver sous l'influence de la plus heureuse étoile [3]. Car il est plus utile de bien choisir son moment, que d'être recommandé à Mars par une lettre de Vénus, ou de la déesse qu'on adore à Samos.

Examinons d'abord les prérogatives communes à tous ; en voici une, et qui n'est pas la moindre. Nul citoyen n'oserait frapper un soldat ; et même, si c'est lui qui est frappé, qu'il dissimule [4], et se garde bien d'aller montrer au préteur sa mâchoire froissée, sa figure meurtrie, et ses yeux si maltraités que le médecin en désespère [5]. Poursuit-il son agresseur, on lui donne un juge en casque et en bottines, un Illyrien, devenu centurion d'esclave qu'il était, et dont la haute stature a besoin d'un siége élevé [6] : ainsi le veulent les anciennes lois et l'ordonnance de Camille, qui défend au soldat de plaider hors du camp et loin de ses drapeaux. — Fort bien : il est juste que la connaissance des délits militaires appartienne aux cen-

Ultio, si justæ defertur causa querelæ.
Tota cohors tamen est inimica, omnesque manipli
Consensu magno officiunt. Curabitis ut sit
Vindicta gravior quam injuria? dignum erit ergo
Declamatoris Mutinensis corde Vagelli,
Quum duo crura habeas, offendere tot caligas, tot
Millia clavorum. Quis tam procul absit ab urbe?
Præterea quis tam Pylades, molem aggeris ultra
Ut veniat? Lacrymæ siccentur protinus, et se
Excusaturos non sollicitemus amicos.
Da testem, judex quum dixerit, audeat ille
Nescio quis, pugnos qui vidit, dicere, VIDI;
Et credam dignum barba, dignumque capillis
Majorum. Citius falsum producere testem
Contra paganum possis, quam vera loquentem
Contra fortunam armati contraque pudorem.

PRÆMIA nunc alia, atque alia emolumenta notemus
Sacramentorum. Convallem ruris aviti
Improbus, aut campum mihi si vicinus ademit,
Et sacrum effodit medio de limite saxum,
Quod mea cum vetulo coluit puls annua libo,
Debitor aut sumptos pergit non reddere nummos,
Vana supervacui dicens chirographa ligni,
Exspectandus erit qui lites inchoet annus
Totius populi : sed tunc quoque mille ferenda

turions; et, si ma plainte est fondée, ils n'en puniront pas moins le coupable. — Oui, mais toute la cohorte se soulève contre vous ; tous les soldats s'unissent pour rendre l'accusation inutile. Vous exposerez-vous à ce que la vengeance soit pire encore pour vous que l'injure[7]? Vous seriez aussi fou que cet avocat de Modène[8], l'insensé Vagellius, si vous risquiez vos deux jambes contre tant de bottines armées de clous[9]. Et qui voudra courir si loin de Rome, pour déposer en votre faveur? quel ami si dévoué osera franchir les barrières du camp? Croyez-moi, séchez vos larmes au plus tôt, et ne sollicitez pas de vos amis un service dont ils vont vous prier de les dispenser. — Produisez vos témoins, dira le juge. — Des témoins? Parmi ceux qui virent porter les coups, s'il s'en trouvait un seul assez hardi pour dire J'AI VU[10], ce serait un homme à comparer au plus vertueux de nos ancêtres[11]. Sachez qu'il est plus facile de trouver un faux témoin contre le citoyen sans défense, qu'un témoin sincère contre l'honneur et la fortune d'un soldat armé.

Poursuivons : le serment militaire assure bien d'autres avantages[12]. Un voisin avide s'est-il approprié un vallon de nos domaines; nous a-t-il ravi le champ de nos pères; en a-t-il arraché la borne sacrée, sur laquelle, suivant l'antique usage, nous portions tous les ans notre offrande[13]; un débiteur, désavouant le billet qu'il a souscrit[14], refuse-t-il de nous rendre notre argent; une année s'écoule à juger les causes de tout le peuple, avant qu'on puisse commencer à plaider la nôtre. Encore éprouvons-nous alors mille dégoûts, mille délais. Cent fois les

Tædia, mille moræ: toties subsellia tantum
Sternuntur: jam facundo ponente lacernas
Cæditio, et Fusco jam micturiente, parati
Digredimur, lentaque fori pugnamus arena.
Ast illis, quos arma tegunt et balteus ambit,
Quod placitum est ipsis, præstatur tempus agendi,
Nec res atteritur longo sufflamine litis.

- -

Solis præterea testandi militibus jus
Vivo patre datur: nam, quæ sunt parta labore
Militiæ, placuit non esse in corpore census,
Omne tenet cujus regimen pater. Ergo Coranum
Signorum comitem, castrorumque æra merentem,
Quamvis jam tremulus, captat pater. Hunc favor æquus
Provehit, et pulchro reddit sua dona labori.
Ipsius certe ducis hoc referre videtur,
Ut, qui fortis erit, sit felicissimus idem;
Ut læti phaleris omnes, et torquibus omnes
. . . . , ...

siéges sont inutilement préparés : déjà l'éloquent Céditius a déposé sa lacerne, et Fuscus se hâte de satisfaire un besoin naturel ; nous sommes prêts [15].... La cause n'en est pas moins remise : il n'est pas facile de se rencontrer sur l'arène du barreau. Mais s'agit-il d'un homme qui porte le casque et le baudrier, il choisit pour sa cause le moment qui lui plaît : il ne se verra pas ruiné par la longueur d'un procès.

AUTRE avantage : les soldats ont le droit exclusif de tester du vivant de leurs pères [16] ; car nos lois ont statué que le fruit des travaux de la guerre n'entre point dans les biens dont le père dispose à son gré. Voilà pourquoi le père de Coranus, quoique vieux et chancelant, a soin de caresser son fils, qui sert sous nos drapeaux. Une faveur légitime conduit Coranus à la fortune, et lui assure le prix de son zèle [17]. D'ailleurs, il importe au général que les plus braves soient le mieux traités ; qu'ils soient distingués par des marques glorieuses [18]. . . . .
. . . .

NOTES

SUR LA SATIRE XVI.

---

1. Argument. Le métier de la guerre est le plus sûr pour s'avancer et pour jouir de toutes sortes de priviléges. Le soldat frappe-t-il un citoyen, personne n'ose déposer contre lui; a-t-il un procès, il est jugé sans délai; fait-il fortune, il peut tester du vivant même de son père.

Il est évident que cette satire est tronquée; on le sentira si l'on observe que la division n'en est point remplie. La plupart des anciens scoliastes présument, sans en donner aucune raison, qu'elle n'est point de Juvénal: ils la rejettent, sans doute parce qu'elle leur paraît indigne des précédentes. En effet, j'ai de la peine à me persuader que l'auteur des satires du Turbot, de la Noblesse, et de plusieurs autres non moins vigoureuses, ait été si différent de lui-même. Dans les ouvrages les plus négligés des grands maîtres, il y a toujours quelque trait caractéristique, quelque passage qui les décèle: or, dans l'ébauche en question, rien ne rappelle l'âme et l'esprit de notre auteur. Juvénal est ardent et positif; au lieu qu'ici tout se réduit à des ironies froides et ambiguës, à des détails subalternes et minutieux. Cependant il s'agissait de peindre le silence des lois sous un gouvernement despotique et purement militaire; il fallait donc attaquer le sujet avec plus de gravité. On rencontre, il est vrai, quelques tours et quelques bouts de vers des satires précédentes; mais, comme ils concourent obliquement à former un sens moral et satirique, ils prouvent à mon gré, plus que toute autre chose, que ce faible début vient d'un imitateur. Au reste, je ne propose que des doutes, et je laisse à d'autres le soin de décider.

2. *Quand on y entre sous d'heureux auspices*, v. 1. Tel est le sens que je donne avec M. B*** à *felicis*, et qu'il faut adopter, ce me semble, pour bien expliquer ces premiers vers. Les circonstances ajoutées par Juvénal *si subeantur prospera castra, secundo sidere, fati hora benigni* demandent une restriction à l'éloge qu'il fait d'abord de l'état militaire, *quis numerare queat prœmia militiœ*; et cette restriction est exprimée par *felicis*. Comme cette satire n'est qu'un fragment, il n'est pas facile d'expliquer pourquoi Juvénal ou son imitateur, appuie tant sur l'idée de *destin heureux* : cependant on peut croire, qu'avant d'entrer dans le détail des prérogatives attachées à l'état militaire, il vante celle-là comme la plus générale, c'est qu'il ne faut pour réussir dans le métier de la guerre qu'une heureuse étoile, et que le bonheur fait plus que l'habileté ou le courage. J. P.

3. *Que je sois reçu dans un camp favorisé du destin*, etc., v. 2. Ruperti a lu, d'après plusieurs manuscrits, *subeuntur* et *excipiat*. Notre leçon est plus régulière et peut s'appuyer aussi de l'autorité des manuscrits. J. P.

4. *Et même, si c'est lui qui est frappé, qu'il dissimule*, etc., v. 9. Juvénal a dit, satire 3, vers 289 : « Veux-tu savoir comment s'engage la querelle, si je puis nommer querelle une rencontre où je reçois, sans me défendre, les coups de ce brutal :

Si rixa est, ubi tu pulsas, ego vapulo tantum.

5. *Et ses yeux si maltraités*, etc., v. 12. L'édition de Ruperti porte *oculum relictum* : mais la plupart des manuscrits de Paris et même presque tous ceux de Ruperti ont *oculos relictos*. J. P.

6. *Poursuit-il son agresseur, on lui donne un juge en casque et en bottines*, etc., v. 13. Voici la traduction de Dusaulx, qui me semble renfermer plus d'une inexactitude : *s'il poursuit son agresseur, un Illyrien, devenu tribun, d'esclave qu'il était, préside au jugement, assisté de farouches centurions en bottines, conformément à l'ancien usage et à l'ordonnance de Camille*, etc. *Calceus et grandes suræ magna ad subsellia* sont oubliés : le traducteur ajoute, comme par compensation, *assisté de farouches centurions*; *calceus* et *suræ*

se rapportent cependant au juge illyrien et seulement à lui : d'autres juges sont qualifiés par leur équité ou leur pénétration ; celui-ci l'est par sa chaussure militaire, *calceus* : c'est pour faire sentir cette intention du poète, que j'ai traduit *un juge en casque et en bottines*. Il reste à expliquer *Bardaicus* et la manière dont Dusaulx l'a rendu. On appelait *Bardei* des esclaves illyriens, satellites de Cinna et de Marius : « *Bardaicus judex*, dit Henninius, *id est, centurio miles ex servili illa traduce, qui a suis dominis fugitivi Cinnanæ Marianæque sævitiæ quondam satellites fuerant, ut ex Plut. Mario constat. At quinam hi* Bardæi *vel* Bardiæi *Marii? Glossæ Latino-Græcæ* : Bardei, Ἰλλύριοι δοῦλοι, οἳ καὶ ἀγωνισάμενοι ὑπὲρ τῆς Ἰταλίας, κατὰ Κίννου καὶ Μαρίου στρατευσάμενοι· καὶ ἐκ τούτου τυραννῆσαι κατὰ τῶν δεσποτῶν. » J. P.

Je ne sache qu'Henninius, page 398, qui ait bien entendu *bardaicus judex;* mais il avait trouvé son thème presque fait dans l'Étymologique de Vossius. *Bardaicus*, c'est-à-dire *bardocucullo indutus*, espèce de cape dont se servaient les soldats illyriens ou gaulois, lorsqu'ils étaient en sentinelle.

7. *Tous les soldats s'unissent pour rendre l'accusation inutile. Vous exposerez-vous*, etc., v. 20. Ruperti a lu *omnesque manipli Consensu magno efficiunt, curabilis ut sit*, etc. Notre leçon est cependant d'accord avec la plupart des manuscrits. J. P.

8. *Vous seriez aussi fou que cet avocat de Modène, l'insensé Vagellius*, etc., v. 23. Il y a ici deux leçons reconnues par les anciens scoliastes ; celle que j'ai suivie porte,

Declamatoris Mutinensis corde Vagelli.

et l'autre :

Declamatoris mulino corde Vagelli.

Par *mulino corde*, le scoliaste entend un homme lâche ; et Grangæus, au contraire, un homme opiniâtre, insolent.

9. *Parmi tant de bottines armées de clous*, v. 24. *Voyez*, sur la chaussure du soldat romain, sat. 3, note 60, vol. 1, p. 113.

(L'édition de Dusaulx portait *offendere tot caligatos, Millia clavorum*. C'est la leçon de beaucoup de manuscrits : mais celle que nous avons adoptée avec Ruperti et qui a aussi pour elle de nombreuses autorités, est plus naturelle et plus correcte. J. P.)

10. *S'il s'en trouvait un seul assez hardi pour dire,* J'AI VU, *etc.,* v. 30. Ce vers est imité de la satire 7, vers 13, où Juvénal dit aux poètes indigens : Ne feriez-vous pas mieux de suivre la profession de Machera, etc., que d'aller dire, en présence d'un juge, J'AI VU, quand vous n'avez rien vu ?

> Hoc satius, quam si dicas sub judice, VIDI,
> Quod non vidisti.

11. *Ce serait un homme à comparer au plus vertueux de nos ancêtres*, v. 31. Mot à mot : « Je le comparerais à ceux qui portaient jadis la barbe et les cheveux. » On a déjà vu, satire 4, vers 104 :

> . . . . . Facile est barbato imponere regi.

Pline (lib. VII, cap. 59) dit que l'usage de se couper la barbe et les cheveux ne s'introduisit à Rome que fort tard.

12. *Le serment militaire assure bien d'autres avantages*, v. 35. Mot à mot : Remarquons maintenant plusieurs autres grâces accordées à ceux qui ont prêté serment. » Par *sacramentorum*, Juvénal entend les soldats qui n'avaient le droit d'attaquer l'ennemi qu'après avoir juré de ne point abandonner leurs enseignes jusqu'au temps prescrit, *nisi completis stipendiis;* et c'est là ce qu'on appelait *sacramentum*. Ce mot, selon Varron, *de Lingua latina*, signifiait encore l'argent consigné par les plaideurs entre les mains du grand pontife. Après la décision du procès, le gagnant retirait sa mise ; celle du perdant était portée au fisc.

13. *Borne sacrée sur laquelle, suivant l'antique usage, nous portions tous les ans notre offrande*, v. 39. Denys d'Halicarnasse (lib. II) dit que Numa sépara les champs des Romains par des pierres consacrées *Jovi terminali*, et que chaque pierre ou borne fut honorée sous le nom de dieu Terme. Les habitans de la campagne eurent un si grand respect pour ce dieu, qu'ils le couronnèrent de fleurs, et lui firent des sacrifices d'abord de fruits,

ensuite d'un cochon de lait ou d'un agneau. *Vel agna festis cœsa terminalibus*, dit Horace.

Je ne vois pas pourquoi, vers 39, la plupart des éditeurs modernes mettent *vetulo libo*, au lieu de *patulo*, etc. *Patulus* est l'épithète ordinaire des gâteaux qui, comme nos galettes, étaient minces et larges.

(Au lieu de *patulo libo* qui se trouvait dans Dusaulx, j'ai admis *vetulo libo*. Cette dernière leçon est celle de vingt-neuf manuscrits de Paris et de la plupart des manuscrits de Ruperti. *Vetulo* a d'ailleurs plus de sens. J. P.)

14. *Désavouant le billet qu'il a souscrit*, v. 41.

Vana supervacui dicens chirographa ligni.

On trouve le même vers satire 13, vers 137, excepté qu'il y a *dicunt*, au lieu de *dicens*. Les Romains, avant l'usage du *papyrus*, écrivaient sur des tablettes de bois enduites de cire : c'est ce que signifie *supervacui ligni*.

15. *Déjà l'éloquent Céditius a déposé sa laterne, et Fuscus se hâte de satisfaire un besoin naturel; nous sommes prêts*, v. 45. Dusaulx avait entendu la phrase autrement : il traduisait : *Tantôt l'éloquent Céditius rompt l'assemblée pour aller prendre un vêtement plus léger : une autre fois, c'est Fuscus qui court satisfaire un besoin naturel*. Je ne vois pas comment l'assemblée serait rompue, parce que Fuscus *court satisfaire un besoin naturel* : c'est plutôt une précaution qu'il prend avant cette longue séance, pendant laquelle il ne pourra pas sortir. J. P.

Il est parlé de Céditius, satire 13, vers 197; et de Fuscus, satire 4, vers 112. On voit par ce passage de Macrobe (lib. III) à quel point les juges de ce temps étaient négligens et dissolus : *Judex testes poscit; postea it mictum; ubi redit, ait se omnia audivisse, tabulas poscit, litteras inspicit; vix præ vino sustinet palpebras.*

16. *Les soldats ont le droit exclusif de tester du vivant de leurs*

pères, v. 51. Le pouvoir des fils de famille sur le *peculium castrense*, était absolu et indépendant de la puissance paternelle; ils en pouvaient disposer en tout temps, et par testament. *Voyez* satire 3, note 45, tome I, page 107.

17. *Une juste faveur le conduit à la fortune, et lui assure le prix de ses travaux*, v. 57. J'ai de la peine à croire, si ce vers était de Juvénal, qu'il eût écrit

. . . . . Et pulchro reddit sua dona labori.

Quel est le nominatif de *reddit?* c'est *labor æquus* du vers précédent : ainsi *labor æquus reddit sua dona labori*, ce qui me paraît dénué de toute sorte d'élégance. De quelque main que soit ce vers, peut-être trouverait-on dans les manuscrits

. . . . . Et pulchro redeunt sua dona labori.

(Britannicus, Ruperti et M. Achaintre, ont senti, comme Dusaulx, que cette phrase *labor reddit sua dona labori* était intolérable. Britannicus propose de lire :

. . . . Hunc labor æquus
Provehit, et pulchro reddi sua dona labori,
Ipsius certe ducis hoc referre videtur,
Ut qui fortis erit, etc.

M. Achaintre adopte cette correction. Ruperti, sans la désapprouver, aimerait mieux substituer *favor* à *labor*. Cette conjecture m'a paru très-heureuse : elle explique fort bien le passage; elle s'accorde parfaitement avec l'idée des vers précédens, *solis militibus testandi jus datur;* enfin, elle s'éloigne très-légèrement du texte reçu et consacré par les manuscrits : *favor* et *labor* ont beaucoup d'analogie, et si l'on remarque que *labori* est placé immédiatement au dessous, on s'étonnera peu de l'erreur du copiste; les fautes de ce genre abondent dans les manuscrits. J. P.)

18. *Et qu'ils soient distingués par des marques glorieuses*, v. 60. Tarteron traduit *phaleris* comme s'il s'agissait d'un harnois ou d'une housse : mais ici *phaleræ* et *torques* signifient deux sortes de

colliers, dont l'un pendait sur la poitrine, et l'autre était juste au cou. Ces vers de Silius Italicus en sont la preuve :

..... Phaleris hic pectore fulget,
Hic torque aurato circumdat bellica colla.

TRADUCTIONS FRANÇAISES

DES SATIRES DE JUVÉNAL.

Quatre satires de Juvénal, translatées du latin en vers françois, par Michel d'Amboyse. Paris, J. Longis, 1544, in-8°.

Les Satires de Perse et de Juvénal, traduites en françois, avec des annotations, par André Duchesne, Tourangeau. Paris, 1607, in-8°.

Les Satires de Juvénal, en vers françois, avec un Discours de la satire, par Denys Challine, advocat. Paris, Edme Pepingué, 1653, in-12.

Les Satires de Juvénal, en vers burlesques, par Colletet. 1657, in-12.

Les Satires de Juvénal et de Perse, avec des remarques en latin et en françois, par Mich. de Marolles, abbé de Villeloin. Paris, 1658, in-8°.

Les Satires d'Horace et de Juvénal, et quelques Épigrammes de Martial, en vers françois, traduites par le président Nicole. Paris, 1669, in-8°.

Les Satires de Juvénal et de Perse, traduites par M. de la Valterie. Paris, 1681, in-8°.

Les Satires de Juvénal, traduites par Jérôme Tarteron. Paris, 1689, in-12.

Traduction nouvelle des Satires de Juvénal, avec des remarques sur les passages les plus difficiles, par M. de Silvecane, président en la cour des Monnoies. Chez Robert Pépie, à Paris, 1690, in-12.

Le nouveau Juvénal en vers, par Ch. Utrecht. 1716, in-12.

Les Satires de Juvénal, traduites par M. Dusaulx. Chez Lambert, à Paris, 1769, in-8º.

Les Satires I, II, XV, de Juvénal, traduites en vers français, par M. Taillade d'Hervilliers, à la suite de sa traduction en vers des Satires de Perse. Chez Nyon, à Paris, 1776, in-8º.

Les Satires de Juvénal, traduction nouvelle, par M. M***, de l'imprimerie de *Monsieur*. Paris, 1779. (Je trouve dans le Dictionnaire des ouvrages anonymes, de M. Barbier, que cette traduction est de M. Maupetit.)

Les Satires de Juvénal, traduites par Auguste Creuzé. Paris, imprimerie de P. Didot l'aîné, 1796, in-18.

Les Satires de Juvénal et de Perse, traduites en vers, par Dubois-Lamolignière. 1800, in-8º.

Pensées de Juvénal, extraites de ses Satires, avec la traduction française à page de regard, par P.-N. G***. 1803, in-12.

Le Turbot, satire de Juvénal, traduite en vers français, par A. de la Ch***, in-8º.; latin-français, chez F. Didot, 1811.

Satire des Vœux de Juvénal, traduite en vers français, par A. de la Ch***, in-8º.; latin-français, chez Firmin Didot, 1811.

Satires de Juvénal, traduites en vers français, par L.-V. Raoul. Meaux, 1811, 2 vol. in-8º.

Satires de Juvénal, traduites en vers français, par M. le baron Mechin. P. Didot, Paris, 1817, in-8º.

Les Vœux, satire de Juvénal, traduction nouvelle, par M. A. L., ancien régent au collége de Lisieux. Paris, 1821, in-8º.

Satires de Juvénal, traduites en français, par M. B***, avec des notes. Paris, 1823, in-8º. (L'auteur de cette traduction est M. Baillot, membre de l'une des assemblées nationales, pendant la révolution : il est mort en 1825.)

Les VIIIe, X^e et XIVe Satires de Juvénal, traduites en vers français, par U.-E. Bouzique. Paris, 1825, in-8º.

Satires de Juvénal, traduites en vers français, avec le texte en regard, et accompagnées de notes explicatives, par V. Fabre de Narbonne, professeur à l'institution de Ste.-Barbe. Paris, 1825, 3 vol. in-8º.

Il faut ajouter à ces traductions celle de la dixième satire de Juvénal, sur les Vœux, par Thomas. *Voyez* ses poésies diverses.

TABLE

DES MATIÈRES

CONTENUES DANS LE SECOND VOLUME.

	Pages.
Avertissement.	i
Satire VII.	1
Notes sur la Satire VII.	22
Satire VIII.	44
Notes sur la Satire VIII.	68
Satire IX.	90
Notes sur la Satire IX.	104
Satire X.	118
Notes sur la Satire X.	148
Satire XI.	186
Notes sur la Satire XI.	204
Satire XII.	226
Notes sur la Satire XII.	238
Satire XIII.	250
Notes sur la Satire XIII.	272
Satire XIV.	290
Notes sur la Satire XIV.	318
Satire XV.	336
Notes sur la Satire XV.	352
Satire XVI.	374
Notes sur la Satire XVI.	380
Traductions françaises de Juvénal.	386

FIN DU SECOND ET DERNIER VOLUME.

www.ingramcontent.com/pod-product-compliance
Lightning Source LLC
Chambersburg PA
CBHW052034230426
43671CB00011B/1645